RESEARCH OF CONTEMPORARY IMAGE COMMUNICATIONS

AND MEDIA DEVELOPMENT

当代影像传播
与媒体发展研究

周建青 ▲ 著

中国出版集团

世界图书出版公司

广州·上海·西安·北京

图书在版编目（CIP）数据

当代影像传播与媒体发展研究／周建青著 . -- 广州：
世界图书出版广东有限公司，2013.3
　ISBN 978-7-5100-5864-6

　Ⅰ . ①当… Ⅱ . ①周… Ⅲ . ①视听传播－传播媒
介－文集 Ⅳ . ① G206.2-53

中国版本图书馆 CIP 数据核字（2013）第 055135 号

当代影像传播与媒体发展研究

策划编辑	赵　泓
责任编辑	阮清钰
封面设计	梁嘉欣
出版发行	世界图书出版广东有限公司
地　　址	广州市新港西路大江冲 25 号
电　　话	020-84459702
印　　刷	东莞虎彩印刷有限公司
规　　格	787mm×1092mm　　1/16
印　　张	19
字　　数	310 千
版　　次	2013 年 11 月第 2 版　2013 年 11 月第 2 次印刷
ＩＳＢＮ	978-7-5100-5864-6/G•1308
定　　价	76.00 元

序

罗以澄

收到周建青寄来的这部取名为《当代影像传播与媒体发展研究》的论文自选集，我感到十分高兴。周建青曾经在我的名下攻读博士学位，他勤奋好学、勇于质疑、勤于探索的治学态度给我留下了很深刻的印象。摆在眼前的这部论文自选集，汇集了他近 10 年来在新闻传播类 CSSCI 期刊、全国学术会议及其它学术刊物上发表的论文、文章 38 篇，内容涉及电视新闻和影像传播多维形态、媒体发展新形态、广电政策与民营影视、粤港媒体发展、当代传播教育策略等诸多方面；也见证了一位青年学者的学术追求和成长。

电视新闻和影像传播多维形态研究，是周建青学术研究的一大重点，这与他攻读硕士、博士学位的研究方向分不开。看了这方面的有关研究论文，觉得其间提出的不少见解，至今仍然受用。比如《"战争"使新闻直播真正滚动起来》一文中，通过对央视国际频道关于"美伊战争"的具体分析，提出了"动态滚动＋静态滚动"、"主播滚动＋新闻栏目滚动＋文字新闻滚动"等多种新闻滚动直播方式，以改变过去那种"滚"而"不动"的局面（即主要是静态滚动，动态滚动极少甚至没有）。这对今天新闻栏目或新闻频道进行直播无疑仍具重要的启迪和借鉴价值。《试析电视新闻跨媒体传播形式》是国内较早关注跨媒体传播的一篇研究论文，文中倡导电视新闻传播要"取众家之长，扬独家之优"，提出"电视新闻广播化与电视新闻报纸化"的观点富有"先锋"意义。君不见，当下一些电视新闻传播，不仅运用这一传播方式，还借鉴网络、手机媒体的传播优势，进行跨媒体传播。又如，《电视新闻"主编主播制"特点及其意义》一文，通过对"主编主播制"特点及其意义的分析，提出我国新闻栏目改革要创新栏目运行机制，注意与国际接轨，实施"主编主播制"；《电视新闻中同期声的功能及其运用》一文，针对当前电视新闻在同期声运用中的问题，提出了"消除两种错误观念"与"正确处理两种关系"的意见等等，对现今电视新闻的改革与创新也都有着明显的指导作用。更难能可贵的是，他10年前就关注了台湾电视新闻，《电视新闻的核心竞争力——画面》是他观看了台湾TVBS与TTV关于台湾地震报道之后所写的一篇论文，文中从画面角度，分析了台湾电视新闻从业者的制作手法，提出了"淡化主播画面，强化导语画面；使用小标题，增强易受性；精挑特写镜头，把握好'暴露度'；用好有效画面，缩减无效画面；捕捉线条，把握色彩；运用电子手段，增添可视性"等观点，可以说，直到今天，这些观点仍然值得内地电视记者学习。据我所知，周建青经常通过卫星电视收看境外节目（当然是经过主管部门批准的），这相对于国内有些电视研究者只是囿于国内频道作研究而言，他的学术视野更具开拓性与国际化。在影像传播多维形态研究中，还收集了他这两年发表的3篇论文《新媒体影像传播的伦理冲突及其影响因素研究》、《"随手拍"伦理问题探析》与《传媒"乱象"与"把关"》。前两篇论文从伦理角度分析了当前新媒体影像传播中存在的伦理问题、伦理冲突的表现及其影响因素，对如何进行"随手拍"提出了自己的看法。后一篇论文对当前传媒存在的"乱象"进行了梳理，对传媒"乱象"的原因进行了较深入的探讨，提出多层次的"把关"措施，也都具有很强的针对性与现实意义。

在网络通讯技术与社会需求的推动下，新兴媒体不断产生，媒体形态不断发展。凭借敏锐的学术嗅觉，周建青还高度关注新兴媒体发展中存在的问题，并注意从学理层面加以探讨。《网络电视发展问题及其策略》、《网络视频盗版现象探析》与《地铁电视不妨借用无声电影之妙》等论文中所提出的一些策略，对解决当前网络电视与地铁电视传播中的问题都有着一定的参考价值。尤其值得肯定的是，他在做学问中不是人云亦云，而是敢于质疑，提出自己的见解。在学界与业界纷纷认为媒介融合已经实现时，他却撰文《对"媒介融合"的质疑》，指出媒介融合仅是一种理想，在当前并不存在，科学的提法应是媒体聚合。文中论述自有其理。

广电政策与民营影视发展是周建青学术研究的又一个重点。2004年当国家广电总局和商务部联合发布《中外合资、合作广播电视节目制作经营企业规定》时，他利用寒暑假时间，实地调研了我国规模较大的民营影视制作公司，例如光线传媒、欢乐传媒、派格太合、冠华世纪等；同时专访了主管民营影视制作公司的国家广电总局社管司领导，通过深入调研，他写出的《从广电政策的开放性看我国民营电视公司的发展走向》与《我国民营影视制作公司运营经验、存在问题及发展策略》两篇论文，对我国民营影视的发展现状进行了深入剖析，提出的发展策略切合实际，为主管部门的决策提供了科学依据，也为广电产业改革提供了有益的参考。

由于地缘关系，周建青对粤港媒体也有着较深入的研究，其内容主要涉及粤港的报纸与电视。比如，《广东传媒内容产业创新发展战略探析》一文，对广东传媒内容产业存在问题作了深入、准确的分析，并提出了相应的具有可操作性与前瞻性的对策。《图文并重，比翼齐飞》一文，则较早关注广州的报纸重视运用图片这一做法。通过对图片量剧增、图片传播信息主体地位的确立以及图片版面占有率三个方面的分析，他认为广州三大报实践着"图文并重"的编排理念，代表了图片在版面运用中的发展趋势。实践证明，由"图文并茂"转为"图文并重"的编排手法深受读者欢迎。还如，2001年12月成立的南方电视台，收视市场占有率从当初的6.5％提高到2005年初的19％，经营创收每年递增一个亿，能取得这样的好成绩主要靠什么？该台400名员工如何办6个频道？《南方电视台如何崛起》一文，运用访谈的形式，对此作了深度、到位的解读。此外，《试论粤港两地中文报纸的不同特点》与《我所认识的香港记者》，则通过对香港传媒的实地调研、访谈、查阅文献等方式，不仅对香港传媒的现状、问题与原因等作了深入的剖析，还提出了对内地传媒发展颇具启迪意义的见解。

周建青在从事影像传播与媒体发展研究的同时，作为高校的青年学者，还肩负着培养新闻传播人才的重任；因此，当代传播教育策略研究是他的又一关注点。《论我国影视行业与影视教育现状、问题及发展策略》、《传播学专业人才培养模式探析》等论文中，所提出的着力培养影视传播复合型人才，影视教学应运用"讲理论＋赏节目＋制节目＋评节目"的四结合教学法等意见，均彰显出他对新闻传播人才培养的真知灼见。事实上，周建青在教学实践中也努力践行着自己的理论，从而取得了骄人的教学成果。他连续4年指导学生所创作的DV作品，先后在第五届与第六届"中国纪录片国际选片会"、中国高校影视学会第三届"学院奖"、第四届全国大学生广告艺术大赛等全国大赛中多次斩获大奖。

总之，纵览这部论文自选集，可以看出周建青的研究视野开阔，时代性强；研究注重理论与实践的紧密结合，注重观点的前瞻性与务实性的结合，注重宏观思考与微观落实的结合。当然，从收集的论文来看，研究方法的多样性与理论色彩的丰富性还有待进一步加强。

期待他在下一个10年学术研究中结出更多的硕果。是为序。

2013年1月15日于武汉大学

（作者系国务院学位委员会新闻传播学科评议组专家，武汉大学新闻与传播学院原院长、教授、博士生导师。）

目录
CONTENTS

目录
CONTENTS

五、当代传播教育策略研究

影像传播多维形态研究

新媒体影像传播的伦理冲突及其影响因素研究

手机与网络作为两种主要新媒体，在传播影像时，行为主体的隐秘性与自由性很强，远离了现实社会各种制度与观念的约束，在此种情况下人的"本性"得以充分释放。为了某种目的，作为行为主体，在传播实践中可能会扮演不同的角色，表现出不同的道德观与价值观，伦理冲突不可避免。伦理冲突没有解决好，伦理问题势必产生，因此，深入剖析这种冲突以及影响冲突的因素，可以为人们正确的伦理抉择、健康的影像传播提供方法论的指导。为了更好地了解新媒体影像传播社会伦理冲突及其影响因素，笔者对广东省两所重点大学的本科生和研究生进行了一项问卷调查，调查对象特点是经常使用手机与网络，素质较高。本次调查共发放问卷 450 份，有效问卷 400 份。调查数据与分析将在文中依需而用。

一、新媒体影像传播伦理冲突的多维透视

纵观新媒体影像传播伦理冲突，主要表现在以下四个方面：传者角色与社会角色的冲突、影像新闻价值与人文关怀的冲突、自由传播与社会责任的冲突以及知情权与隐私权的冲突。下面就从这四个方面展开论述，着重分析其

冲突的表现及其解决冲突的方法。

1. 传者角色与社会角色冲突。角色（role）是对群体或社会中具有某一特定身份的人的行为期待。在每一天的社会互动过程中，人们都扮演着许多不同的角色。每个人都可能具有两个或更多的角色以及与之相联系的两种或更多的身份，当来自于这些角色与身份的要求出现对立时，置身于其中的个人就处于了一种角色冲突的状态。[①] 在传统的大众传播中，一般来讲，传者与受者分工明确。新媒体兴起后，传者受者角色可以合二为一，即新媒体影像传播中，人人都是影像的创作者、传播者与接受者，这与传统媒体从业者角色有着明显的不同。按照职业化程度，传者可以分为职业传者、半职业传者与业余传者。无论哪种传者，只要进入影像传播情境角色，他就要承担与传者角色相应的职责与任务。对传者来说，发布信息、传播真相、监督社会与提供娱乐是其主要职责。同时，任何一个传者都离不开生活的社会环境。作为社会的人，每个传者都扮演着一定的社会角色，承担着相应的职责与任务，遵循相应的社会规范，履行相应的社会义务。在新媒体影像传播实践中，传者所承担的角色与自身的社会角色有时难免不一致，于是二者冲突产生。

在灾难性事件报道中，传者常常遇到这种困境：是先拍照还是先救人。如果从履行传者职责来看，就会选择先拍照；如果从社会公德角度来看，就会选择先救人。在专业影像新闻传播实践中，传者往往站在自身职业角度来考虑问题，看重传播价值，忽视了社会道义。二者如何兼顾值得每个传者深思。在新媒体影像传播中，传者表现出的事实道德与社会要求的应有道德常常发生冲突。有些拍客，为了个人利益，通过传播一些低俗的影像，引起受众的点击，扩大流量，赚取利润。这些低俗的影像与社会道德要求格格不入，败坏了社会风气。

解决传者角色与社会角色冲突的关键在于寻找传者职责与社会道德之间的平衡点与契合点。既不能偏重社会道德而忽视传者的职责，也不能只重视传者的职责而忽略了应有的社会道德。以"随手拍"为例，作为社会化的"随手拍"行为，无论是拍摄正面事件还是负面现象，都得把维护公共利益放在第一位。因为，随手拍来的影像，一旦传播开来，就会在社会上产生影响。广东《新快报》连续报道区伯用手机拍下民警公车私用被恶骂、涉事警员当面道歉一事，作为

---

① ［美］戴维・波普诺：《社会学》（第十版），李强等译，中国人民大学出版社，1999年版，第97~98页。

传者，区伯用手机影像进行社会监督；同时，作为社会公民，他为了维护公共利益挺身而出，不怕得罪民警。在区伯身上，作为传者履行社会监督与作为公民维护公共利益的角色得以和谐统一。

2. 影像新闻价值与人文关怀冲突。一般来说，新闻价值愈高传播价值愈大。在新媒体影像新闻传播中，作为传者，要有真实、客观、公正的传播理念。第一时间把新闻事件传递给受众，以满足受众的知情权。在随手拍活动中，拍摄后就用手机上传到微博，这种即拍即传的传播方式，近似于手机现场直播，这种现场直播的优势是可以随时随地进行。英国伦敦地铁爆炸事件发生时，有拍客用手机拍下爆炸现场，照片传到网上后，第二天成为世界主要媒体的头版照片。汶川大地震发生两分钟后，优酷网就收到了网民上传来的短短 51 秒的视频《实拍朝阳门地震现场》；旋即土豆网上出现了《成都地震》的视频。"7.23" 甬温线重大铁路事故中的第一条求救信息是由微博客以图文形式发出。在突发事件的影像传播中，虽然拍客的第一手影像极大地满足了公众的知情权，但是往往容易引发新闻价值与人文关怀的冲突。灾难事件由于其突发性与重要性，因此新闻价值大。在拍摄中，为了强调灾难之严重，传者通常选取遇难者的遗体、伤者的惨状、幸存者的哀痛场景来拍摄，例如印尼海啸后横七竖八的尸体、地铁爆炸后的残肢、空难后遇难者家属撕心裂肺的哭叫等等，这样的影像新闻报道，虽然视觉冲击力强，但是缺乏对人生命的尊重、对伤者的鼓励以及对家属的抚慰。

在新媒体影像传播中，无论是对被摄人物还是对受众，传者要体现人文关怀的思想，不能因为事件影响大而忽视对被摄人物生命的尊重以及对受众心灵的爱护。卡扎菲被打死，其血腥尸照在传统媒体与新媒体上不断扩散，在微博上展开了讨论。反对媒体传播卡扎菲血腥尸照的意见有两种：一种认为传播太血腥的照片，会使受众生理或心理受到伤害；另一种认为这是对人的生命的严重亵渎。赞成传播卡扎菲血腥尸照的意见有三种：一是真实诉求；二是正义诉求；三是媒体自我免责的理由。其实，对卡扎菲尸照的处理要从伦理角度来考虑，应该采取既能告知事实又能让受众接受的处理方式。[①] 在许多 DV 作品中，往往选择社会上的弱势群体作为拍摄对象，这并不是从关爱人、体恤弱者的角度拍摄，而在于满足人们猎奇的心理。

---

① 王辰瑶：《对卡扎菲血腥尸照微博讨论的再讨论》，南方传播研究，第 33 辑，南方日报出版社，2011 年 12 月版。

在新媒体影像传播实践中，当新闻价值与人文关怀发生冲突时，传播者应该在兼顾人文关怀的情况下最大限度地挖掘新闻价值；要在新闻价值与人文关怀之间寻找平衡点。如此报道才有生命力，才能为大众所接受。在追求新闻价值、履行专业职责的同时，不应忽视对拍摄人物与受众的人文关怀。

3. 自由传播与社会责任冲突。 网络与手机媒体的诞生，打破了传统媒体一统天下的局面，为人们的自由传播提供了广阔的天地，公民表达权在这两种新媒体中得到了充分的体现。网络的匿名特点使得现实法律与道德的约束力大大降低，传播者自由地发表言论，自由地传播影像。由此网络上各种各样的信息铺天盖地，良莠不齐，人们在信息的海洋里自由地畅游，"网上冲浪"一词形象表达了这一特点。"互联网以其多点状分布带来的高度表达自由在很大程度上瓦解了权威和经典，而式样更多样的建立在互联网基础上的新媒体更是提高了使用者的自由度。"[①] 现实社会伦理与法规的约束难以适应自由开放的网络，人们在虚拟的网络空间变得日益自由散漫。

手机拍摄功能与移动互联网的应用，为影像的自由传播创造了绝好的条件。想拍就拍，想传就发；"随手拍"不断拓展到各个领域。随手拍实现了人们自由传播影像的愿望，正如广东《新快报》提出的"人人做记者，拍摄身边事"。视频网站土豆网提出"人人都是生活的导演"。拍客只要觉得有料可爆，即刻就能"发布新闻"。从随手拍传播现状来看，其中不乏暴力与低俗的内容，不断挑战社会伦理底线。近年来，晒自拍照或视频在网上掀起一股股浪潮。年轻人利用网络展示自己的美好形象未尝不可。但是有些女性网民，为了博得更多网民的注意，衣着裸露。更有甚者，裸体出现在网民面前。2010年网络"门事件"中，有10起是属于自我传播，如广院"献身门"，这些自我传播的目的常与炒作、揭露、报复等有关。自我传播中当事人均为女性且传播的主要形式是图片，其比例超过了80%。[②] 新媒体的诞生，改变了人们的传播观念。作为社会公民，不能忽视社会的容忍度，不能突破社会伦理底线，更不能利用新媒体进行违法犯罪活动。在自由传播影像的同时，要有社会伦理与法规约束自己的行为，处理好自由与责任之间的关系。

手机拍摄的简便性与网络平台的开放性，为人们自由传播提供了物质条件。

---

① 熊澄宇：《对新媒体未来的思考》，现代传播，2011年第12期。
② 张名章、冉华：《2010年中国网络"门事件"的传播特征分析》，新闻与传播研究，2011年第2期。

但是，自由传播应该伴随着责任，没有责任的自由是不长久的。"只有出于责任的行为才具有道德价值"（康德提出道德的第一个命题）。不能承担责任的自由往往给社会给他人带来损害。随着手机技术的不断更新，手机的作用已不仅仅局限于方便联系，手机传播影像的功能也得以充分展示。在自由传播影像的同时，传者不能丢掉该承担的社会责任。

4. 知情权与隐私权的冲突。知情权又称为了解权或知悉权，从广义上讲，是指寻求、接受和传递信息的自由，是从官方或非官方获知有关情况的权利。隐私是指个人与社会公共生活无关的而不愿为他人知悉或者受他人干扰的私人事项。隐私权就是个人有依照法律规定保护自己的隐私不受侵害的权利。[①]知情权在于公开信息，隐私权在于保护信息。在我国法规中，知情权与隐私权至今还没有明确的独立地位，因此，在新媒体影像传播实践中，二者的冲突难以避免；处理好影像传播知情权与隐私权之间的冲突，是每个拍客面临的现实问题。

在随手拍过程中，拍客不能以牺牲隐私权换得知情权的满足，要把握好二者之间的平衡。虽然随手拍能够及时提供事件真相，维护了公民的知情权；但是在一些随手拍过程中有时会把握不好，使得个人隐私泄露，造成侵犯个人隐私权。例如在随手拍解救乞讨儿童的活动中，明显存在着侵犯了公民的隐私权。以致出现了《长沙：随手拍惹怒行乞者，网络拍客遭拳袭》的视频新闻。[②]一旦乞讨儿童及其父母的照片上传到网上，就会被网友"人肉搜索"，乞讨儿童与其父母之隐私，一览无余。在"随手拍解救高校单身联盟"活动中，有些拍客通过偷拍方式获得影像，然后擅自在网上发布照片或视频给当事人征友，从而侵犯了别人的肖像权与隐私权。在随手拍过程中，既要保证公众的知情权，又要防范侵犯别人的隐私，因此就要讲究拍摄技巧，选好拍摄角度，保护自己的正当权益。如果是想通过拍摄不文明行为作个善意的提醒，那么就不要正面拍摄当事人面貌，宜采用侧面或斜侧面角度来拍摄，尽量淡化人物正面形象，强化不文明行为过程。对于随手拍摄社会不良现象，景别的选择也有讲究，宜用大景别，少用或不用特写与近景。对于抢拍来的负面新闻，如果当事人形象清晰可见，那么在后期制作中要对当事人脸部进行虚化。这样既维护了当事人权益，也保护了拍摄者利益。对公众人物而言，由于其社会影响与地位决定了他（她）

---

① 魏永征：《新闻传播法教程》，中国人民大学出版社，2010 年 7 月第 3 版，第 160 页。
② 网络拍客，长沙：《随手拍惹怒行乞者，网络拍客遭拳袭》，http://www.tudou.com/programs/view/r9E6Cm4M4p8/。

的部分隐私要接受公众的监督。传播公众人物的隐私是否是知情权的体现，关键看它是否符合以下两个原则性的前提条件，只要符合其中一个就应该被视为体现了知情权，而非侵犯了隐私：第一，公共利益相关性原则；第二，公众兴趣合情合理性原则。[①]

二、影响影像传播伦理冲突的五个因素

"每一种技术都既是包袱又是恩赐，不是非此即彼的结果，而是利弊同在的产物。"[②] 确实如此，任何新技术的产生，都是一把"双刃剑"，既能给人类带来福音，也能给人类带来祸害。关键是看人怎么去使用，目的如何。在新媒体影像传播过程中，出现诸多伦理冲突，造成这些冲突的因素有哪些？为此，笔者从经济、技术、传者、心理与社会五个方面加以剖析。

1. 经济因素：利益驱动。 新媒体影像传播中引发伦理冲突的首要因素是经济利益的驱动。

无论是职业拍客还是业余拍客，绝大部分拍客参加随手拍活动是为了个人利益，例如广州日报《街头快拍》栏目规定，照片一经采用即付 80 元～120 元的稿酬；深圳交警受理彩信举报交通违法，单个奖励幅度为 100 元至 5000 元，举报严重违法行为最高奖 2 万元；等等。由于有些拍客片面追逐经济利益，在随手拍过程中，专注于满足公众知情权而忽视了对当事人隐私的保护；甚至为了达到所拍影像被采用之目的，运用偷拍手段，有意泄露个人隐私。有些拍客在突发性灾难事件传播中，往往从传者自身利益出发，从扩大媒体的影响力与吸引受众的注意力出发，通过影像传播灾难血腥的一面，而忽视了对受灾难民的人文关怀。随手拍的简便性与网络传播的匿名性，极大地提升了人们创作影像与传播影像的自由性。在虚拟的网络社会中，现实中的人成了虚拟的符号，可以扮演不同的角色，而无需承担相应角色的义务。在网络环境中，人的自律性减弱，责任感淡化，现实社会的伦理道德与法规无法约束新媒体环境下人的行为。因此，为了提高点击量与流量，获得更多的广告额回报，传播者利用新媒体平台肆意传播低俗的影像、失真的影像、煽情的影像、歧视的影像、偷拍

---

① 陈华明：《当代中国大众传媒的隐私话题研究》，四川大学出版社，2010 年 12 月版，第 230~232 页。

② 〔美〕尼尔·波斯曼：《技术垄断》，何道宽译，北京大学出版社，2007 年 10 月版，第 2 页。

的影像，导致新媒体影像传播中各种伦理冲突不断，伦理问题日益增多，由此造成的社会危害日益严重。一条《艳照嫩模哭诉陈冠希夺初夜，惊爆情欲视频待曝光》的视频，在搜狐视频频道当天推出，就获得了近一千万的点击量。

我国的网站大致分为三类：门户网站、新闻网站与非新闻网站。各网站为了吸引网民的眼球，往往通过有趣内容与视觉冲击力强的影像来追求更高的点击量，以赢得更多的流量，从而换来更多的经济利益。受利益的驱动，有些手机与网站运营商对网络传播的暴力、淫色等低俗影像视而不见，不予管理。网站的主管、主编与编辑对网民上传的影像作品不分优劣，一视同仁，使得庸俗的影像大有市场。2009 年底以来，国务院新闻办等九部委联合开展深入整治互联网和手机淫秽色情及低俗信息专项行动，取得了明显的成效。截至 2010 年 11 月，专项行动共排查网站 178.5 万个，关闭涉黄网站 6 万多个。①

2. 技术因素：把关难度大。 传播学"把关人"理论告诉我们，一切信息的采集、制作过程中，传者都起着"把关"、"过滤"的作用。② 对于网络与手机等新媒体来说，其把关的特点与传统媒体不同，难度要比传统媒体大得多，这与新媒体技术密切相关。

其一，网络的开放性，导致信息来源的广泛性。在网络上传者与受众角色常常可以互换，来自四面八方的内容汇集成信息海洋。海量的信息，无法让检查机构一一把关。而传统媒体由于受时间版面与空间版面的限制，传播的内容有限；加上传者与受众有明确的分工，又有具体的组织机构通过多个环节来检查核实传播内容，因此，把关性较强。

其二，网络的虚拟性，导致无法检查传播内容与传者身份的真实性。网络传播的内容都是由 0 与 1 组成的数据包在传者与受众之间传递，检查机构不可能把网民上传或下载的数据包一一打开，检查其中的内容是否符合要求。加上网络上传者与受众都是匿名出现，无法核实网民的真实身份。也不知道其身在何处发布信息。在这虚拟的世界里，人的自律性显得较差，导致网上内容良莠不齐。而传统媒体传者与受众的身份都是真实的，传播的内容也是可控的。

其三，网络的去中心化，导致权威性的消解。由于网络上没有可控的中心，也没有权威的机构与组织，人人都是平等的，人人都是自由的。因此，网上的

---

① 华春雨、黄小希：《打击黄色网站，各界反响强烈》，中国青年报，2011 年 4 月 4 日。
② 张国良：《传播学原理》，复旦大学出版社，1995 年版，第 155 页。

信息可信度不高，各种言论观点在这里交汇碰撞，成为信息与言论的集市。而传统媒体有正式组织机构，有专门的管理与控制中心，所传播的信息有权威性，真实性强。

其四，网络传播的即时性，导致监管的速度跟不上。虽然现在很多国家也成立了专门的机构来监督网络，但是往往是事后监督。不管什么事情，只要上网发布，即刻就可传遍世界。等监管机构反应过来时，造成的影响已成既定事实，无法消除。而传统媒体在传播信息的过程中，虽然传播速度整体上不及网络，但是它既有事前的层层把关，也有事后的检查评议。

可见，与传统媒体相比，新媒体技术导致其把关难度大。对于为公开传播而随手拍来的影像，其把关过程涉及两个环节：一是拍客个人把关，二是传媒组织把关。为了尽量避免新媒体影像传播产生伦理冲突，最大限度地降低随手拍产生的社会伦理问题，新媒体机构的把关尤为重要，因为，这是影像公开传播之前的最后一道程序，它决定着随手拍来的影像能否与公众见面，以及在社会上将会产生怎样的影响。① 因此，新媒体机构及其从业者要加强影像传播内容的把关，不能因为新媒体把关难而弃之。

3. 传者因素：影像素养不高。 影像素养是指影像创作、解读、批评与使用的一种能力。在 DV 与手机影像作品的创作中，由于绝大多数影像创作者没有受过专业的影像教育与培训，且多数是即兴拍摄。因此，在选题时，他们专注于社会边缘群体与弱势群体，在作品中多用客观纪实手法，没有社会责任感，扭曲人性，异化这类群体，以此博得网友的关注。尤其是那些以追求真相与满足受众知情权为借口而专门偷拍别人隐私的影像创作者，不顾社会道德与法律的约束，通过偷拍满足自己的窥视欲。在影像新闻制作中，有些拍客新闻素养不高，喜欢摆拍造假，违背新闻规律。

对影像接受者来说，在虚拟的网络社会里，由于现实社会中的风俗习惯、道德法律难以发挥作用，人格结构中的"本我"有时不受"超我"控制，因此，对网络中存在的暴力视频、淫色影像、煽情影像、偷拍影像等颇感兴趣，影像接受者抗诱惑的能力不强。在新媒体影像传播中，虽然可以通过他律来规范拍摄者行为，但是笔者认为新媒体影像传播伦理的自律更为重要。因为，日常生

---

① 周建青、黄雅堃：《随手拍伦理问题探析》，中国广播电视学刊，2011 年第 7 期。

活中社会道德与行业道德时时伴随着传播者，成为其自我约束的准则。一旦新媒体影像传播者将影像传播道德规范内化于心并自觉遵守，那么他（她）在新媒体影像传播过程中就会对社会与公众负责，不会触及伦理道德的底线——法律法规。

总之，在新媒体影像传播中，为了减少影像传播伦理冲突，作为影像创作者应该能正确地选题，掌握拍摄的基本方法与技巧，熟悉影像创作的法律法规。作为传播者，应该掌握传播原则，能鉴别哪些影像能公开传播，哪些影像不宜公开；能预测公开传播后带来的效果。作为接受者，应该具有解读与批判影像的能力，自觉抵制并拒绝传播违背社会伦理道德的影像。总体来说，无论是拍客还网民，影像素养均有待提高。

4. 心理因素：满足表现欲与窥视欲。从心理学角度考察，人的心理失控也是导致影像传播伦理冲突的因素之一。网络和手机媒体上出现泄露隐私、宣扬暴力、传播淫色等对社会产生危害的伦理问题，从人的心理角度来分析，有其内在的深刻原因。人本主义心理学之父马斯洛把人的需要从低到高分为五个层次，即生理需要、安全需要、归属与爱的需要、尊重需要、自我实现的需要。新媒体影像传播的自由性与平等性，极大地满足人们的表现欲望，为人们展示影像创作与传播才能提供了绝好的平台，是赢得别人尊重与实现自我价值的新场所。但是，有些拍客爱好偷拍别人隐私，把偷拍的影像上传到网络以表现自己的偷拍能力，从而获得更多网络粉丝的"肯定"。更有年轻女性，通过网络平台主动展示自己的裸照，以引起更多网民的关注。凡此种种方式极大地满足了他们的表现欲，伤害的却是受众与社会。

从沸洛伊德分析人的个性来看，他把人的个性分为本我、自我与超我的结构模式。本我是个性中最原始的部分，只根据"快乐原则"行动，不知"对"与"错"。自我是本我的一部分，通过它与现实沟通联系起来。本我完全是主观的，而自我有客观的一面。现实原则指导着自我。超我是一种道德指导，它观察且命令自我，通过自我来控制本我。超我极力争取完善，很少满足于低标准。[①]从本我角度来看，人天生就有偷看别人的欲望，通过窥视来获得心理快感。只是由于现实社会道德的约束，这种窥视欲常常被超我压抑起来。在网络世界里，

① 〔美〕Robert D.Nye：《三种心理学》，石林、袁坤译，中国轻工业出版社，2010年1月版，第13~21页。

由于其虚拟性与匿名性特点，社会道德的约束力弱，完全靠人的自律来控制行为。如果本我得以强势表现，不受超我控制；人的窥视欲就会强烈表现出来，如此一来，网络上的隐私图片、淫色影像大有市场。在笔者的问卷调查中就得到了证明。

问题：是什么原因促使您点开不健康的图片与视频？（可多选）

A.满足窥私欲　　　　　B.感官刺激

C.兴趣爱好　　　　　　D.放松与减压

E.其它

调查结果显示，有80%的人选择"满足窥私欲"，42%的人选择"感官刺激"，15%的人选择"放松与减压"，5.5%的人选择"兴趣爱好"，10%的人选择"其它"。从心理学角度分析，好奇心是人的一种原始本能，通过窥视满足好奇心理，可以愉悦身心。因此，在网络上，窥视的网民大有人在。

从传播路径来分析，低俗的影像颇有市场，与选择的或然率有关。威尔伯·施拉姆提出个人选择传播路径的或然率公式如下：[①]

$$\frac{可能的报偿}{费力的程度} = 选择的或然率$$

由于影像传播比文字传播直观、形象，不需要经过抽象思维的转化，其智力门槛最低，易于受众理解，观看时费力程度最小，因此，被选择点击观看的概率大。同时，低俗的影像能满足受众的好奇心，感官刺激性强，易于产生心理快感。在没有现实法规与道德的约束下，自律性不强的受众在虚拟的网络里观看暴力、淫色的影像有其必然性。问卷调查结果验证了这一观点。

问题：在网络上看到有暴力、色情等低俗图片或视频，您会主动点开吗？

A.每次都打开　　　　　B.经常点开观看

C.偶尔点开观看　　　　D.从不点开

结果显示：每次都打开的占1%，经常点开观看的占6.5%，偶尔点开观看的占72.5%，从不点开的占20%。也就是说在网上看到有暴力、色情等低俗图片或视频点开观看的人数占了80%。可见，网络上低俗影像有较大的受众面，与满足人的窥视欲有密切联系。

---

① 〔美〕威尔伯·施拉姆、威廉·波特：《传播学概论》，中国人民大学出版社，2010年10月版，第106页。

5. 社会因素：新媒体影像传播伦理规范与法规缺位。在网络社会中，来自不同地区、不同文化背景、不同宗教信仰的人往往因为现实社会中发生某事件而聚集在一起，他们的感情和思想全都转到同一个方向，他们的个性消失了，从而形成一个心理群体。法国著名社会心理学家古斯塔夫·勒庞对心理群体的特点作了深入的研究。构成这个群体的个人不管是谁，只要他们组成一个群体，他们就获得了一种集体心理，这使他们的感情、思想和行动变得与他们单独一人时的感情、思想和行动颇为不同。心理群体是一个由异质成分组成的暂时现象。①在网络艳照门事件中，一个个独立分散的网民一下子聚集起来，群体攻击谩骂艳照的主人，即使平时在现实社会中颇有绅士风度的人，在网络上完全改观，脏话不断。虽然现实社会中有许多风俗习惯、伦理道德、法律法规来约束人的行为，但是在虚拟的网络社会中，现实的约束力大大降低，而网络社会中相应的影像传播伦理规范与法律还不完善，甚至缺位。这就使得网民无规可遵，无法可守，因此，网络中影像伦理问题的存在有其必然性。在笔者的问卷调查中，这一观点也得到了验证。

问题：网络上用暴力、色情等低俗图片或视频吸引眼球，您对此持什么态度？

A. 能接受，可以了解不同方面的东西。

B. 不能接受，违背社会道德，甚至违法。

C. 无所谓，只要自己不去浏览就好。

D. 不浏览并上报网络警察。

调查显示，能接受的占35%；不能接受的占27%；无所谓的占37.5%；不浏览的占0.5%。由此可见，持"能接受和无所谓"的态度共占了72.5%，也就是说默认网络上存在低俗影像的占了大多数。

问题：您在网络上上传或转发过不健康的图片或视频吗？

A. 经常　　　B. 偶尔　　　　C. 从不

调查显示，只有1.5%的人经常上传和转发不健康的图片或视频，12%只是偶尔。可见，大部分网民不是低俗影像的传播者，传播源集中在少数人之中，多数人是看客。

目前，在我国有关网络传播条例与规定的主要有《信息网络传播权保护条例》、《互联网视听节目服务管理规定》等，还没有一部专门的《隐私保护法》。

---

① 〔法〕古斯塔夫·勒庞：《乌合之众——大众心理研究》，冯克利译，中央编译出版社，2005年11月版，第14页。

在新媒体影像传播中，行为主体的表现极为复杂。由于现实道德规范在新媒体环境下的约束性不强，新媒体影像传播的道德规范与法规尚未建立起来，因此，新媒体影像传播伦理规范的构建迫在眉睫。

由上分析可知，经济利益的驱动、新媒体把关难度大、主体影像素养不高、人的心理失控以及新媒体影像传播伦理规范的缺位等是造成新媒体影像传播伦理冲突的主要因素。要控制伦理冲突，势必从这五个方面着手。在新媒体影像传播实践中，如不解决好伦理冲突，就会产生新媒体影像传播伦理问题，进而对个人成长与社会发展产生危害。因此，控制冲突、化解冲突、避免冲突势在必行。

本篇论文为本人主持的 2011 年广东省哲学社会科学一般项目（批准号：GD11CXW03）与广东省普通高校人文社科一般项目（批准号：11WYXM007）阶段性成果。发表于《现代传播》（中国传媒大学学报）2012 年第 8 期。

传媒"乱象"与"把关"

我国现有广播电台 257 座，电视台 277 座，广播电视台 2609 座，报纸 1943 种，期刊 9549 种，网站 323 万个[①]，从数量上来看，我国是个传媒大国。近年来，随着社会转型与改革的深入，传媒竞争日益激烈，传媒乱象时常可见。虽然几经治理，但是成效并不明显。目前，相亲类节目低俗泛滥、养生类节目误导受众、假新闻日益增多、有偿新闻屡禁不止等等，各种传媒乱象不断涌现。为此，笔者在本文中对传媒"乱象"与"把关"作一探讨。

一、传媒乱象表现

传媒乱象是指传媒失序、失范、失格的现象。纵观目前传媒乱象的表现，可以概括为以下几个方面。

1. **"愚"乐受众。** 娱乐功能是大众传媒主要功能之一，因此，无论报刊、广播，还是电视、网络都在尽力挖掘各自娱乐功能，有的甚至娱乐至死。受众需要通过娱乐释放压力，放松心情；传媒需要通过娱乐内容吸引受众，提高到达率，可见对二者来说，娱乐必不可少。从陶冶受众身心，

---

① 数据来源：《中国广播》，2009 年第 4 期，2008 年全国新闻出版业基本情况，2009
年 8 月 21 日，http://www.cppinfo.com/sjfw/tjbg/2009/6097.shtml，2010 年 6 月颁布的
《中国互联网状况》白皮书。

净化社会环境角度来讲，传媒应该追求健康向上的娱乐，反对低级趣味的娱乐，做到寓教于乐。理论上分析应该这样，但是现实中娱乐并非如此。今年 2 月至 4 月期间，以"娱乐立台"的湖南卫视《百科全说》通过"神医"张悟本一连三次"愚"乐观众。节目中张悟本着力宣讲绿豆汤可以治疗肺癌、糖尿病、心脑血管疾病、肺炎等数十种常见疑难病症；不要喝酸奶，里面的增稠剂会让血管堵塞等，这些明显错误的养生观点让许多观众信以为真。回顾之前播出的台湾"排毒教父"林光常，其主要观点有："抗癌食品第一名是红薯"；"可乐是刷马桶的"；"越好吃的越不健康"、"喝生水，不能喝开水"等等，这些养生怪论 2006 年在湖南电视台《越策越开心》栏目连续播出四期，在辽宁电视台经济频道《健康一身轻》栏目连续播放 20 余天；林光常作为嘉宾还参与北京电视台文艺频道《星夜故事秀》与《明星记者会》栏目的录制，其毫无科学根据的养生观点经电视媒体一播在全国误导的观众数以亿计。"养生专家"马悦凌提出"生吃泥鳅可以去虚火"的观点经媒体传播后，导致许多受众因生吃泥鳅而住院。可见，这些媒体在娱乐节目中，抓住受众集体无意识心理，肆无忌惮地"愚"弄受众。

2. 品格低下。目前，电视相亲类节目一片热闹，你方唱吧我登场。湖南卫视的《我们约会吧》、江苏卫视的《非诚勿扰》、安徽卫视的《缘来是你》、浙江卫视的《为爱向前冲》等，这些栏目的开办为年轻人恋爱约会提供了一个新的渠道，值得肯定。但是，在笔者观看这些相亲类节目中，有些节目内容甚是庸俗，例如节目中女方问男方，"你有过一夜情吗？"、"你的体重太重了，我承受不了"、"你家有钱吗？"等等。时下，一些媒体在娱乐节目与犯罪报道中，往往通过"星、腥、性"来吸引受众眼球。翻开报纸娱乐版，明星绯闻遍地开花，甚至明星结婚后肚子隆起、生男孩还是女孩、将来取什么名字等内容都是争相报道热点。对于杀人、强奸报道更是不惜版面，极力发挥图片与文字之功能，详述作案过程与手段，把犯罪细节、凶杀过程、强暴方法一一揭示，以此满足某些受众的好奇心，实属品格低下。

3. 失实与失度。真实是新闻的生命，这是一个常识。但是，在新闻报道中却常常出现失实情况。自从 2001 年《新闻记者》每年评选 10 大假新闻以来，假新闻总体上主要呈现以下特征：一是数量巨多并增速明显；二是内容广泛并有所侧重；三是造假形式繁多。①以去年为例，《华西都市报》与《青岛早报》

---

① 陈力丹、闫伊默：《新闻真实与当前新闻失实原因》，新闻传播，2007 年第 7 期。

刊登的《中国海军索马里护航逼出跟踪潜艇》、《人民政协报》报道的《中国0.4%的最富裕的人掌握了70%的财富》、环球网的《奥巴马送金正日》、中国日报网《杨振宁证实夫人翁帆怀孕3个月》等都位列十大假新闻中，主流媒体如此，非主流媒体更不用说。可见，新闻失实已成常态。

失度是指报道题材、内容或报道领域没有注重平衡性，导致报道失去客观、公正，从而误导受众。以民生新闻为例，近年来许多媒体开办民生栏目，以此吸引受众眼球。但是，媒体从业者大多误解民生新闻概念，以为报道市民身边突发的负面事件就是民生新闻，因而乐此不疲。以电视为例，广州电视台的《新闻日日睇》、南方电视台的《今日一线》、广东电视台的《今日关注》，这三个栏目均以报道"民生新闻"为主，每天报道的内容有许多大同小异，尤其是负面新闻，车祸、火灾、跳楼等等，几乎一样。长此以往，观众从拟态环境中认识的广州与现实相去甚远。

4. 有偿新闻与有偿不闻。 有偿新闻是指新闻媒体从业人员利用职务特权为自己或单位谋取不正当利益的行为，这是新闻界的一种腐败现象。虽然有关部门经常呼吁禁止有偿新闻，但是屡禁不绝，例如采访中收取车马费、误餐费已是公开的秘密；新闻与广告不分的软文在报刊上随处可见；给采编人员下创收指标的潜规则不在少数；以内参、曝光等为要挟谋取个人利益的并非个别等等。有偿不闻是指新闻媒体从业人员在进行舆论监督时主动或被动获取报道对象所给好处费后，放弃本该承担的舆论监督职责，不予报道甚至主动隐瞒的一种腐败行为。矿难发生时，有偿不闻并非少见，例如山西霍宝干河矿难中被收买的记者有5人，河北蔚县李家洼矿难中领取"封口"费的记者有10人，等等。有偿新闻与有偿不闻严重损害了新闻的真实性、权威性与公信力，必须加以禁止。

二、传媒乱象原因探析

以社会责任为先的国有传媒为何会乱象丛生？归根结底是把关不严。细究原因多种多样，主要有四个方面。

1. 新闻专业理念淡薄，传媒失信。 新闻专业理念是指新闻媒介必须以服务大众为宗旨，新闻工作必须遵循真实、全面、客观、公正的原则。[①] 自从我国实

① 李良荣：《新闻学概论》，复旦大学出版社，2009年版，第303页。

行由计划经济向市场经济转变后，传媒改革不断引向深入，传播观念发生了根本性的变化，由"以传者为中心"转向"以受者为中心"；传媒经济功能不断强化，原来由财政全额拨款转向为部分拨款直至自谋出路，由单纯注重社会效益转向为社会效益与经济效益并重；用人机制由终身制转向为全员聘任制等等。由于竞争环境与人们观念发生变化，因此，在不同时候不同方面不同程度上，有些传媒从业者新闻理念的缺失，对金钱的追求与浮躁的心态就时有表现，有偿新闻与有偿不闻必会产生，由此该传媒公信力大大降低。媒介市场化的环境导致商业化、娱乐化、煽情主义、功利主义等等市场运作理念引导媒介无节制地追求自身利益的最大化，从而导致媒介权力的滥用，最终受到伤害的是道德规范与公众利益。[①]

2. 对低成本高利润的追求，传媒失德。 我国传媒种类多，不同传媒之间与同类传媒之间竞争日益激烈，电视媒体追求高收视率、电台追求高收听率、报刊追求高发行量、网络追求高点击率，所有媒体最终目的是追求高广告额。这些追求本身没有错，关键是看通过什么内容、什么途径、何种方法达到此目的。湖南卫视的《百科全说》是一档脱口秀栏目，虽然制作成本很低（一个嘉宾、两个主持人、少量现场观众即可），但是其收视率很高，究其原因，主要靠内容取胜，该栏目抓住了当前人们对养生健康集体狂欢的心理特点。遗憾的是该栏目由于把关不到位，结果导致造假"神医"张悟本三上湖南卫视并红遍全国，让其错误养生观点深入人心，影响极坏。传媒作为社会公器，不能一味地追求经济利益，应该同时兼顾经济效益与社会效益，当二者矛盾时，应将社会效益放在第一位。因此，传媒在追求高利润时，经常不能忘记通过健康的内容、高尚的情操、进取的精神、丰富的信息、有力的舆论监督、积极向上的娱乐来吸引受众，提高传播效果；不能以低级趣味的内容满足部分受众猎奇、窥私、暴力、色情的心理需要，不能以错误的养生知识、极端的养生理念来误导受众。否则，传媒便失去了应有的品德。

3. 一味迎合受众需求，传媒失责。 在市场经济大潮中，大众传媒理应以先进文化引导受众，但是现实中有些传媒忘记了自己所担负的社会责任，为了获得高额回报，通过造假或传播低俗内容，一味迎合受众需求。目前，全国各大省级卫视中，10 余档相亲类节目热闹非凡，其中有些节目对嘉宾身份的"造假"

---

① 罗以澄、侯迎忠：《新闻记者的角色冲突与道德失范》，武汉大学学报（社科版），2006 年第 2 期。

行为引起了观众极大的愤慨。有些嘉宾不是来相亲，而是想借电视媒体展示自己，提高知名度。此外，江苏卫视心理咨询真人秀节目《密室疗伤》，将嘉宾置于四面皆为电视墙的"密室"之中，电视墙上不断播放着蛇、蜘蛛、死去的亲人、男女偷情等颇具感官刺激的画面，来测试当事人心理。一些业内人士指出，该节目打着"心理治疗"幌子，行"贩卖隐私"之实，用迎合一些观众窥视欲、刺激观众眼球与心理来提高收视率，挑战社会道德底线。[①] 随着人们生活水平的提高，健康养生类节目受众市场庞大，于是，许多媒体开设五花八门的养生栏目，时有专家观点相互矛盾或违反常识、常理，受众不知所措，以致有些受众有病不医，错过治病良机。娱乐类节目、真人秀节目、养生类节目如此迎合受众，新闻类节目也不甘示弱，新闻消费主义"突出新闻的消费性，即讲究实用性，迎合受众需要"。[②] 目前。新闻娱乐化、新闻暴力化、新闻猎奇化就是如此。

4. 在花言巧语的嘉宾面前，传媒失守。综观近年来在全国火爆的所谓"养生专家"无一不是利用媒体炒作来扩大其影响力。张悟本写的《把吃出来的病吃回去》，上市6个月销量已达300万册；自今年2月以来，其三上湖南卫视《百科全说》后知名度飙升。2006年以来，号称"刘太医"的刘弘章在网上火了起来，他的《刘太医谈养生》、《病是自家生》等系列书籍在各地书店热销，且曾长期占据全国最大的书店——北京西单图书大厦"生活类图书"的销售榜首。[③] 林光常写的《无毒一身轻》，马悦凌写的《不生病的智慧》，中里巴人（真名郑幅中）写的《求医不如求己》等，这些书无一不成畅销书。这些所谓的"养生专家"，抓住了大众养生需求与媒体商业化的弱点，通过吸引眼球的标题及与众不同的养生观点，利用书籍、网络、电视、报纸等各种媒体立体化炒作，巧妙包装，使传媒机构与"神医"个人得以双赢。

三、传媒如何"把关"，杜绝传媒乱象

"把关人"理论告诉我们，在一切信息的采集、制作过程中，传者都起着"把关"、"过滤"的作用。[④] 传媒的"把关"是一个多环节、有组织的过程。

---

① 俞亮鑫：《〈密室疗伤〉被停播，〈百科全说〉捧神医遭批驳》，新民晚报，2010年5月30日。
② 罗以澄：《新闻求索录》，复旦大学出版社，2004年版，第298页。
③ 中国新闻网：《审判刘太医 调查揭露"刘太医"骗人伎俩》，2009年7月26日。
④ 张国良：《传播学原理》，复旦大学出版社，1995年版，第155页。

具体来讲，传媒把关人主要是指传媒领导、栏目负责人、采写编评人员等。"把关人"通过选择、强调、淡化或删除等手段的运用，决定了哪些信息进入受众的视野及其信息内容的主次，试图给受众造成某种印象。综观我国近年来不断涌现的传媒乱象，其主要原因在于传媒"把关人"失守，没有发挥其应有的"把关"作用。下面从"把关"角度分析杜绝传媒乱象的途径与措施。

1. 宏观层面，传媒业要加强思想道德与职业道德建设，确保导向正确。 中共中央总书记、国家主席胡锦涛同志 2008 年 6 月在考察人民日报时说："舆论引导正确，利党利国利民；舆论引导错误，误党误国误民[①]"。不管什么时候，传媒都要以正确的舆论来引导人，要确保传播内容导向正确，不得违背法律、法规与党的方针政策；要旗帜鲜明地反对金钱至上、有偿新闻与有偿不闻；要经常审查传播内容，重视事前审查，发现问题及时纠正；要重视受众的反馈，通过多种途径收集受众意见，提出改进措施；要防止出现虚假报道、片面报道、泛商业化与泛娱乐化报道，注重报道的平衡性；要有高度的社会责任感，宣传社会主流价值，弘扬正气。

2. 中观层面，传媒负责人要严审栏目内容，确保内容健康，不误导受众。 在当前日益泛滥的相亲类节目中，出现"拜金女"、"炫富男"的恶俗现象，严重冲击社会主流价值。新华社记者总结其有八宗罪：一是节目内容、形式雷同；二是崇尚拜金主义、享乐主义，忽视情感交流；三是盲目追求收视率，刺激观众的窥视欲；四是节目嘉宾不少是"托"，相亲变为"演戏"；五是女嘉宾频出"丑闻""绯闻"，恶俗炒作吸引眼球；六是语言暴力充斥节目；七是随意贬低"真善美"的主流价值观，突破社会道德底线；八是虽为相亲节目，却真情匮乏，真爱难寻。[②] 再来看看近年来一些媒体推荐"神医"的养生观点："喝酸奶会让血管堵塞"（张悟本观点）；"吃晚饭死得早"、"肉块能吃死人"（"刘太医"刘弘章观点）；"牛奶是牛喝的，不是人喝的"、"腐烂的香蕉皮有营养"（林光常观点）；"吃生泥鳅能健身"（马悦凌观点）；等等。这些错误的养生观点经媒体传播，不知误导多少受众。从上面分析可知，低俗的相亲类节目对受众精神产生污染，缺乏科学依据的养生类节目对受众身体产生伤害。本来以提供信息、监视环境、

---

① 胡锦涛在人民日报社考察工作时的讲话，http://news.xinhuanet.com/politics/2008-06-26/content_8442547.htm，2008 年 6 月 26 日。

② 谢樱、明星、孙丽萍、许晓青：《新华视点：电视相亲节目 "八宗罪"》，http://news.xinhuanet.com/politics/2010-06/11/c_12212205.htm，2010 年 6 月 11 日。

协调社会、传播知识、提供娱乐等为主要功能的大众传媒，由于对传播内容把关不严，结果导致受众身心受到伤害。

3. 微观层面，具体实操人员要认真核实，确保传播内容真实可靠。 媒体本应该成为质疑、揭露骗局的主力，有的媒体却有意无意地成为"神医"的托儿……收视率的指挥棒使养生专家成为热门人物。访谈、娱乐节目中，养生专家的风头毫不亚于娱乐明星。[①] 从近年来借媒体炒作并最终被世人唾骂的"养生明星"，其有一个共同的特点就是"骗"。作为服务大众的传媒为何会如此容易上当受骗呢？细究原因无非两个：要么是与所谓的"养生专家"一起欺骗广大受众，共同赚钱；要么是把关不严，让其得逞。笔者选取三个轰动全国的"养生专家"，制作有关情况一览表。[②]

"养生专家"有关情况一览表

项目 人物	主要著作与 出版社	媒体报道情况	真实情况	报道媒体	最终结果
张悟本	《把吃出来的病吃回去》人民日报出版社	张悟本1981年北京医科大学临床医学系毕业、"中医食疗第一人"、四代中医世家、国家卫生部首批国家高级营养师、中华中医药学会健康分会理事、父亲张宝杨是党和国家领导人的保健医生。	张悟本初中毕业，与其父张宝杨曾均为北京第三针织厂工人，高级营养师是编造的；中华中医药学会没有健康分会，其父在家开过私人诊所。	湖南卫视《百科全说》、《大国医道》、北京电视台《城市》栏目、中国人口报、中国妇女报、养生大世界、康寿时代等报刊。	悟本堂被拆除，众多专家批驳其养生观点，国家卫生部门、工商部门等单位正在联合调查。

① 李晓宏：《谁制造了"养生明星"》，人民网，http://bbs.rednet.cn/thread-23555736-1-1.html，2010年5月27日。

② 《张悟本履历调查》，新京报，http://view.news.qq.com/a/20100528/000008.htm，2010年5月27日，
《"营养学家"林光常的倒掉》，南方网，http://view.news.qq.com/a/20100528/000011.htm，2007年10月8日，
《审判刘太医，调查揭露"刘太医"骗人伎俩》，中国新闻网，http://view.news.qq.com/a/20100528/000010.htm，
2009年7月26日。

项目 人物	主要著作与出版社	媒体报道情况	真实情况	报道媒体	最终结果
林光常	《无毒一身轻》国际文化出版社	美国环球大学博士、台湾癌症基金会顾问、百盛癌症防治研究中心副执行长、康宁医院副院长	最高学历电机科中专生，博士文凭造假，台湾癌症基金会顾问、百盛癌症防治研究中心副执行长、康宁医院副院长均为造假。	湖南经济电视台《越策越开心》栏目、辽宁电视台经济频道《健康一身轻》栏目、北京电视台文艺频道《星夜故事秀》与《明星记者会》栏目等。	因"无证行医"延误患者病情在台湾被判入狱
刘弘章	《刘太医谈养生》、《病是自家生》、《是药三分毒》中国友谊出版公司	"刘太医"刘弘章是"中国唯一的瘤科世医"、"金朝时期著名医学家刘完素嫡传后裔"等，"太医网"网站首页放着刘弘章及其儿子刘浡的各项获奖证书与博士学位证。	"太医"传人是谎言，各种获奖证书及其子刘浡的"医学博士"学位证书均是假的。	太医网等。	天津药监部门认定，刘的行为属于制造、销售假药，2008年11月，刘弘章夫妇被逮捕。

（说明：作者根据有关材料制作此表）

　　从上表可以看出，有关媒体在报道或邀请这些"神医"作为嘉宾时，没有对其真实身份进行核实，"把关人"形同虚设。其实，只要媒体工作人员通过电话或网络核实一下，就可防范此类事件的发生，遗憾的是相关媒体没有去做。

　　4. 建立长效机制与事后惩处制度，确保"把关"的持续性与可控性。大众传媒不管是广播、电视，还是报刊、书籍、网络，都要通过严格把关，规范内容，为受众提供良好的舆论环境，引领受众。传媒要建立"把关"的长效机制，明确"把关"的层级及其相应职责，使"把关"制度化，以确保把关的持续性。同时把关制度的建设还要注重可操作性，不能形同虚设。此外，还要建立事后惩处制度，只要传媒把关不严导致在社会上产生极坏的影响，相关职能部门就可对其进行处罚，要加强事后处罚的执行力。针对当前相亲类电视节目泛滥、造假、低俗现象，国家广电总局正式下发了两份文件，明确指出"婚恋交友类电视节目要把好嘉宾关、主持人关、话题关、内容关、审查关、播出关"，该文件的出台及时制止了此类节目的进一步恶化，但这只是"头痛医头"的治标办法。对日益泛滥的养生类节目而言，还没有看到广电总局的相关规定，是否还可让"神医"们继续演下去呢？因此，要从根本上杜绝传媒乱象，主管大众传媒的职能部门要制定出针对各类媒体共同遵守的"把关"制度；同时，各类媒体要制定出适合本媒体操作性强的"把关"措施，明确媒体领导、栏目与版面负责人及其具体操作人员的"把关"职责，把"把关"落到实处；同时，还要建立传媒机构外专家与受众监督机制。只有这样，才能最大化地减少传媒乱象的产生。

"把关"严，则乱象无；"把关"松，则乱象生。杜绝传媒乱象，从"把关"开始。

本文发表于《现代传播》（中国传媒大学学报）2010 年第 10 期；中国人民大学复印报刊资料《新闻与传播》2011 年第 1 期全文转载；在中国高等院校影视学会第七届"学会奖"评奖中获得优秀奖。

"战争"使新闻直播真正滚动起来
——析央视国际频道新闻滚动直播特点及其意义

3月20日上午10点35分,美伊战争爆发。在10点40分41秒,CCTV-4(即国际频道)以"口播+游走字幕"的形式,最先向全球观众报道了这条爆炸性新闻。随后,拉开了战时新闻滚动直播的序幕。在这场新闻大战中,央视国际频道在播出方式上与国际接轨,主要采用滚动直播、连线直播、演播室访谈等形式,全方位立体交叉式地报道这场战争,极大地满足了观众的信息欲求。下面以3月26日5:30~12:30时间段为样本,来分析央视国际频道新闻滚动直播的特点及其意义。

一、动态滚动 + 静态滚动

一般来说,电视新闻具有两种播出方式:录播和直播。所谓录播,就是先将新闻节目录制在磁带上,然后再将磁带送到播出中心播出。直播,是无需事先录制,在播音员播报新闻的同时,节目信号直接由播出中心传送出去。本文所谈的直播,就是这个层面上的涵义,即演播室直播,而非新闻现场直播。滚动播出,即滚动式报道,是指"对变动迅速的突发性事件或预知将在一天之内不断发展变化的重大事件进行报道的一种方式。它是通讯社和电视广播为争取时效而采用的一种新闻报道方式。滚动式报道是连续性报道的一个变种，它要求每一次播出必须告诉受众新的信息，以满足受众对新闻事件进一步了解的渴望。"①从这次国际频道新闻滚动直播情况来看，主要采用"动态滚动＋静态滚动"的方式，构成新闻栏目内容滚动播出的结构。

所谓动态滚动，是指播出与前时间段不同的新闻。静态滚动是指播出与前时间段相同的新闻。许多电视台的整点新闻栏目，大多采用静态滚动的方式，即把事先录制好的新闻在整点时重复播出，新闻更新率极低甚至没有。而CCTV-4在这次"美伊战争"的报道中，采用动态滚动方式，新闻更新率极高，这样，使新闻真正滚动起来。通过滚动，及时补充有关美伊战争的新闻，让观众先睹为快，从而有效地满足其求快求新的心理。3月26日5:00~12:30 CCTV-4新闻滚动播出情况见表1。

从表1可以看出，在滚动直播中，整个时间段动态滚动新闻更新率达33%，午间的更新率达52%，这样就保证了新闻的时效性。对于当天发生的重大新闻，为了突出其重要性，可用静态滚动的方式，让其在不同时段多次播出。这样，既突出了新闻的重要性，又填充了栏目时间，使新闻播出准时开始，准时结束。例如，"联合国安理会将召开伊拉克紧急会议"、"美军轰炸巴格达导致电力中断"、"英军同伊拉克军队在巴士拉城外形成僵持"等重要新闻，在该天的不同时段静态滚动了3次。下面以该天第二档《中国新闻》（6:00-6:30）为例，具体说明动态滚动与静态滚动播出的情况，见表2。

表1　2003年3月26日国际频道新闻滚动播出情况统计表
（5:00-12:30）

播出时间段	新闻栏目	播出新闻总数（条）	更新新闻数（条）	更新率（%）
5:00-5:30	中国新闻	25	说明：此档新闻为基本栏目	
6:00-6:30	中国新闻	27	10	37%
7:00-7:30	中国新闻	24	5	20%
8:00-9:00	新闻60分	37	18	48%
12:00-12:30	中国新闻	25	13	52%
合计	5	138	46	33%

说明：更新新闻，是指播出与前时间段不同的新闻。

---

① 冯健：《中国新闻实用大辞典》，新华出版社，1996年版，第89页。

表2 2003年3月27日《中国新闻》动态滚动与静态滚动播出情况统计表（6:00-6:30）

动态滚动播出新闻	静态滚动播出新闻
1. 中国外长李肇星和保加利亚外长通电话	1. 联合国安理会将召开伊拉克紧急会议
2. 美军F-16战斗机误炸美军"爱国者"导弹阵	2. 美军轰炸巴格达导致电力中断
3. 沙尘暴使美英联军行动受阻	3. 萨达姆呼吁各部族对外打游击战
4. 又一批美军伤员抵达德国拉姆斯泰因空军基地	4. 伊拉克副总统说伊拉克有能力抵抗美英等国联军的侵略
5. 美英联军遇到伊拉克顽强抵抗，一些士兵开始感到恐惧与担心	5. 乌姆盖斯尔开始缺水、缺粮和断电
6. 布莱尔举行记者招待会，通报英军在伊拉克的战况	6. 美英联军正在乌姆盖斯尔建立救援物资协调中心
7. 美军在伊拉克仍未发现大规模杀伤性武器	7. 美国国防部长称美英联军正在逼近巴格达
8. 巴格达遭新一轮空袭	8. 英军同伊拉克军队在巴士拉城外形成僵持
9. 一些国家举行反战游行	9. 布莱尔承认巴士拉仍在伊军控制下，联军已制定针对巷战战略
10. 约旦表示将尽全力争取尽快结束伊拉克战争	10. 约旦新闻部长否认本国边境内有美军出现
	11. 伊拉克战争中的"心理攻防战"
	12. 战情分析：开战六天——以弱抗强地面相持
	13. 美国群众守夜纪念失踪和死亡的美军士兵
	14. 巴格达市民悼念死难者
	15. 中国外交部称中央将以有效措施防止非典型性肺炎
	16. 外交部表示，正在寻找失踪的中国船员
	17. 国家电力监督委员会成立

说明：表中动态滚动新闻与静态滚动新闻是以5:00-5:30播出的新闻为参照。

　　尤其值得肯定的是同一内容的新闻在滚动播出中也有不断的改进，使播出的内容由单薄到丰富。例如在该天7:00~7:30的《中国新闻》中，主播口播新闻"两名英国坦克兵在巴士拉附近死于英军炮火"；到了8:00~9:00的《新闻60分》中，在滚动播出该条新闻时，已改为图像新闻，且标题改为"英军误击自家坦克两死两伤"。这样一改，言简意赅。所播出的图像既证实了新闻内容不容置疑，又扩大了该条新闻的信息含量。先是口播新闻后改为图像新闻，这样的滚动播出，正是为了抢占先机，赢得第一时间，从而提高收视率。

二、主播滚动＋新闻栏目滚动＋文字新闻滚动

央视国际频道在新闻滚动播出中除新闻栏目内容的动态滚动和静态滚动之外，还包括了主播滚动、栏目滚动和文字新闻滚动。其具体情况见表3。

表3 2003年3月26日主播滚动、新闻栏目滚动、文字新闻滚动统计表
（5:00-12:30）

时间段	主播滚动	新闻栏目滚动	文字新闻滚动条数	文字新闻更新条数	文字新闻更新率
5:00-5:30	文 蓓	中国新闻	16	5	31%
6:00-6:30	文 蓓	中国新闻	32	8	25%
7:00-7:30	文 蓓	中国新闻	27	7	25%
8:00-9:00	宋一平	新闻60分	82	22	26%
12:00-12:30	张 文	中国新闻	39	18	46%
合计			196	60	30%

说明：1. 文字新闻更新是指播出与本时间段或前时间段不同的新闻；

　　　2.9:00-12:00是关注伊拉克"特别报道"栏目。

从表3可以看出，在7个半小时内，主播滚动了3次，新闻栏目滚动了5次，文字新闻滚动了196条。其中，更新60条，更新率在30%。由于战场情况瞬息万变，因此，插入文字新闻的数量大大高于平时。在电视屏幕下端插入游走的文字新闻，主要有以下作用。

其一，赢得第一时效。屏幕文字的应用，使电视新闻在争抢时效的竞争中占据绝对优势。即时报道重大新闻，报纸是望尘莫及。对广播来说，只有一个声音通道，它要作"非常性"传播，就必须中断"正常性"传播。打乱正常的传播秩序，是顺时传播中最为忌讳的作法，也是最容易引发受众逆反情绪的因素。电视有视听两个通道，"非常性"传播的内容可由迭加的屏幕文字播放，不必中断"正常性"传播。受众可以在正常的接受心态中及时获得最新消息。"双

通道"这个物质优势是广播无法具有的，"及时性"为电视新闻所独有。[①] 实践证明，这次在国内最先报道战争爆发的国际频道就是运用游走的屏幕文字来赢得第一时效的。

其二，引起观众有意注意，提高信息传播效果。大多数观众看电视时是处于无意注意状态下。然而，当屏幕下方出现游走的"最新消息"时，往往容易引起观众的有意注意。因为从心理学角度看，运动的字幕比静止的字幕更容易吸引观众的视线，使画面平添了一种动态的美、线形的美。由于文字新闻的游走速度大大低于观众的阅读速度，因此，在观众阅读文字新闻的同时，并不会影响其对图像新闻的接受。"在视觉感知过程中，对语言符号（文字语言）信息的感知是左脑占优势，而对非语言符号（图像、姿势语）信息的感知，则是右脑占优势，即便是同时出现多类符号交叉映像，视神经也会筛选、分类编码成神经活动（连续的电脉冲）的信号，送进大脑相关部位，产生明晰的神经语汇、大脑语言，最终在视神经中枢同一区域产生融合，认知外界物体"。[②] 这段论述告诉我们：人类视知各种语言（语言的与非语言的）符号，是编码式的信息输入，同时输入不同语言符号信息时，各自有其"存储库"。这种各行其道、兼收并蓄的认知，并不存在"互消"之虞，反而能提高信息的传播效果。

其三，扩大信息容量。如果不插入滚动的文字新闻，观众在该天 5:00~12:30 时段中，能获悉口播新闻和图像新闻共 138 条。剔除重播新闻，实际有效信息量只有 71 条。由于使用了游走的文字新闻，在该天 5:00~12:30 时段中，共插入了文字新闻 196 条，剔除重播的文字新闻，有效信息量也有 60 条。这样，口播新闻、图像新闻与文字新闻合起来，"塞给"观众的有效信息量达 131 条。由于插入了滚动的文字新闻，在同样时间内，信息量剧增，极大地满足了观众的信息需求。

三、新闻滚动直播的意义

这次国际频道在报道"美伊战争"过程中，常规新闻栏目滚动直播，动态滚动与静态滚动相结合，且不断插入游走的文字新闻，完全改变了过去那种"滚"

①　黄匡宇：《理论电视新闻学》，中山大学出版社，1996 年版，第 44 页。
②　〔美〕爱恩海姆：《符号心理学》，五洲出版社，1986 年版，第 146 页。

而"不动"的局面（即主要是静态滚动，动态滚动极少甚至没有），赋予了电视新闻滚动播出新的诠释。这样的滚动直播有着极其重要的意义。

其一，滚动直播能够提高新闻时效而以快制胜，是提高电视媒体竞争力，与国际接轨的有效播出方式。截止 2001 年底，我国有报纸 2111 种，期刊 8889 种，广播电台 304 座，电视台 354 座，广播电视台 1272 座，电视频道 3595 个，网站总数近 30 万个。[①] 这么多的新闻媒体都在抢有限的广告蛋糕。为了抢到较大的份额，电视媒体除了与同行展开竞争外，还要与其它媒体展开竞争，广电媒介市场竞争来源及压力程度见表 4。[②]

表 4：广电媒介市场竞争来源及压力程度

	没有压力（%）	一般（%）	有压力（%）	压力特别大（%）
来自于同行业的竞争压力	2.9	5.9	48.5	42.6
来自于报业集团的竞争压力	4.6	43.7	40.0	7.7
来自于互联网新媒体的压力	24.6	49.2	21.3	4.9
来自于电信部门图文传输的压力	45.0	36.7	11.7	6.7
来自于境外电台电视台的竞争压力	47.4	26.3	17.5	8.8
来自于国外媒介集团的竞争压力	47.4	38.6	12.3	1.8

说明：数据来源于由北京广播学院主办的 2000 年 7 月~10 月"关于广电媒介经营发展战略的问卷调查"。

从上表可以看出广电媒介来自同行业的竞争压力特别大，达 91.1%，其次是来自报业集团的竞争压力，达 47.7%。为了缓解压力，在媒介竞争中处于优势地位，电视改革必须与时俱进。1999 年教育部人文社科立项课题调研报告中指出，"以新闻性节目为主体的信息类节目群落已稳固地占据城市观众收视行为、目的和需求的第一位。"[③] 如今电视观众更加关心国内外时事，求新求快已成为观众普遍的收视心理特点。如果仍然沿用过时的新闻报道模式，就难以适应变化了的社会需要。在"美伊战争"期间，全世界的观众都在关注战争的进展、战场的变化。为了满足观众求新求快的心理，CCTV-4 采用国际上常用的滚动直播方式，在第一时间把有关战争的消息告诉观众，培养了海内外观众"有重

① 孙正一：《2002 年中国新闻业回望》，中华新闻报，2002 年 12 月 12 日第 3 版。
② 黄升民、丁俊杰：《中国广电媒介集团化研究》，中国物价出版社，2001 年版，第 316 页。
③ 《新闻与传播》，2001 年第 5 期，第 59 页。

大事件首选国际频道"的收视心理和收视习惯，强化了国际频道的品牌和形象，成为中国电视直播史上的成功范例。实践证明，国际频道这次报道"美伊战争"，收视率狂涨了 28 倍。[①] 显然，如此高的收视率与滚动直播密不可分。

其二，滚动直播充分体现了"以观众为中心"的理念，保障了观众的知情权。近几年，新闻媒介开始从"以传者为中心"向"以受众为中心"转变。对电视来说，如何最大限度地满足观众需求，牢牢吸住观众的眼球，切实提高收视率是中国电视的出发点。在新闻传播领域，知情权特指受众通过媒介获取公共生活信息的权利。[②] 在"美伊战争"期间，观众最想及时知道战争的状况，最想及时了解各国对战争的态度，而央视国际频道采用滚动直播正是"以观众为中心"，想观众之所想，及时地报道战争的方方面面，从而有效地保障了观众通过电视媒介获得战争信息的知情权。

其三，滚动直播为改革电视播出方式积累了重要经验。遇到重大事件采用滚动直播，能及时满足观众需求，是提高电视竞争力的有效播出方式；滚动直播减少了节目的翻录次数，减少了图像和声音信号的损失，从而提高了播出质量；滚动直播能够树立电视台良好的公众形象，激发电视工作者认真负责的精神；滚动直播能够提高演播室的利用率。因此，滚动直播是改革电视新闻播出方式的一个方向。现在，越来越多的电视台认同了这种播出方式。遗憾的是许多电视台没有把直播与滚动结合起来，即使有结合，也是滚而不动的机械结合。国际频道在直播"美伊战争"期间，新闻更新率较高，真正使新闻滚动了起来。这次国际频道滚动直播主要有以下几方面的经验值得借鉴：

1. 消息来源广泛，这是实现滚动直播的前提。这次报道"美伊战争"过程中，国际频道播报的新闻来源广泛。除有本台派驻各国记者的报道外，还有新华社、中国国际广播电台的驻外记者发来的报道，同时还购买了 CNN、美联社、路透社、半岛电视台的消息。这样，保证了播出新闻具有较高的更新率，使新闻直播既滚又动。

2. 准备充分，配合默契，这是实现滚动直播的条件。为了搞好这次直播，国际频道动用了 170 余位工作人员，在战争爆发前积累了大量的资料，调试好了各路设备，且进行了多次演练。在播出过程中，导播、播音、调音、摄像、

① 李鑫：《战事直播背后的故事》，南方都市报，2003 年 4 月 3 日 A05 版。
② 李良荣：《新闻学概论》，复旦大学出版社 2001 年版，第 199 页。

录像、切换、美工、字幕、特技、灯光等各个工种，协同作战，配合默契，保证了滚动直播的安全。

3.规章制度健全到位，这是规范滚动直播的保证。电视滚动直播，涉及的工种多，人员广，如何做到忙而不乱，忙而有序，规章制度是保证。国际频道对所有工种的操作，都有一套行之有效的制度。这样，在直播中，每个从业者都能认识到自己的职责、所承的担子，切身感受到直播的压力，并将压力变为动力，促使自己培养起认真负责的敬业精神。

本文发表在《现代传播》2003 年第 3 期。

电视包装误区及其包装策略

从市场营销学角度看，"包装是不属于产品本身所有的与产品一起销售的物质因素，以便能够允许或方便产品的保护、运输、贮存、摆放上架，被消费者识别及使用"。[①]其实，包装不是一种纯外在形式（物质因素），丰富厚实的内涵加鲜明独特优美的形式才是包装。从符号学角度看，电视包装就是一个整合电视传播符号的工作，凡一切可进入电视传播领域的要素都可以成为包装的材料。具体来说，电视包装包括节目名称、标识、片头、音乐、音响、广告语、片花、色彩、节奏、文字、造型等等。目前，全国已有 3000 多个电视频道，在省会城市一般可收看 30 个左右的频道，为了避免观众在频道上"冲浪"，许多电视台认识到：电视包装是电视台形象的组成部分和重要的无形资产。只有包装好自己，才能更好地推销自己，才能提高收视率，也才能吸引"财神"——广告客户。因此，"包装乃是电视营销传播之第一要务，渗透和贯通从受众到传播者，从策划、制造到播出、相关商品开发的全部结构层面和传播过程"。[②]

① 〔法〕雅克·朗德维、德尼·林顿：《市场营销学》，张颀伟、郭春林译，经济科学出版社，2000 年 11 月版。
② 文硕、张小争、李小平：《电视营销传播》，中国广播电视出版社，2001 年 7 月版。

一、电视包装存在着的误区

1.定位不准。目前有些电视台在包装时，不是根据该台的理念、节目风格、收视群体的特点来定位，而是一味追求好看，随意性比较强。定位不准，在一定程度上影响了电视台形象的塑造。任何一家电视台要想树立自己的风格，稳定受众的注意力资源市场，包装定位必须准确。

2.缺乏创意。主要表现在电视包装大多平淡，拘泥常规，缺乏创新。把包装看成是一种外在装饰，有些节目的片头，由于缺少总体设计，在处理上大多忽视节目内容与画面、画面与音乐等节奏的和谐，甚至滥用数字特技的某些技巧，为包装而包装，没有把包装看作是张扬栏目（节目）个性、传播信息、宣传理念的极其有效的手段。

3.有形无神。主要表现在电视包装时注重形式忽视内涵，把形式与内容割裂开来。例如，南方某电视台在播放地铁广告时，配上爵士音乐，声画分离，不知其内涵何在？包装应该是为内容服务的，应该是节目形象和理念的双重体现。形式与内容成为一个有机整体，才是成功的包装。

4.忽视受众收视心理。主要表现在制作人员在进行电视包装时不贴近受众心理，只从电视节目本身出发而忽视受众的趣味和接受能力，忽视受众的接受心理、价值取向、文化品位等，一味追求新奇，以"传播者之心度受众之心"，结果弄巧成拙，收视率上不去。

5.缺乏大包装理念。主要表现在把电视包装仅仅理解为设计人员的事，仅仅理解为单个节目的包装，把节目编排排除在电视包装之外，以致出现包装不规范：广告太多、太滥，长度不一，不准时播出，节奏忽快忽慢，色调忽明忽暗，节目串联性差，甚至前后矛盾等等，这些包装的不规范导致受众收视不方便，收视不舒服，甚至产生逆反心理。因此，在电视竞争日趋激烈的情况下，节目编排、片头片花编排、音乐色调处理、采编行为、经营行为等工作都是包装工作，因此，应该树立大包装理念。

二、电视形象识别系统（TIS）的包装

为了尽快走出电视包装的误区，稳定受众的注意力资源，提高收视率，笔者认为全面导入 TIS 理念，树立全员包装意识是其良策。

TIS（Television Identity System）是电视形象识别系统的英文缩写，具体来说，TIS 由三部分组成，即理念识别系统（Mind Identity System 简称 MIS）、行为识别系统（Behavior Identity System 简称 BIS）和视觉识别系统（Visual Identity System 简称 VIS），三者相辅相成，缺一不可，是 TIS 的三个支撑点。

在我国，电视台虽然是事业单位，由党的宣传部门主管，但早已实现企业化管理。截至 2002 年元月，我国已成立广电集团 8 个，电影集团 3 个。加入 WTO 后，国外传媒想方设法登陆中国，现在一些以播放电影、娱乐、科技为主的频道纷纷落地，如华娱卫视、阳光卫视、探索（Discovery）等。为了应对国内外同行的竞争，引入 TIS 于电视包装之中，有助于打造名牌节目、品牌栏目；有助于受众产生认同感，提高电视台的知名度和信誉度；有助于电视台产生巨大的内聚作用，提高节目的竞争力，有利于电视台由本土化向国际化迈进。电视形象识别系统（TIS）的包装，具体来说有 3 个方面：

1. 电视理念识别系统的包装。理念识别系统是电视形象识别系统战略运作的原动力和实施的基础，是电视台最高决策的层次内容。完整的电视形象识别系统的建立，有赖于正确的经营理念的确立。电视理念识别系统可分为频道理念和栏目理念。频道理念主要是指办台宗旨、发展战略、频道定位、频道风格。例如 CCTV-1 的理念是"传承文明、开拓创新"和"有形世界、无限风光"，分别从时间与空间两个角度对 CCTV-1 加以定位，颇具大台理念。凤凰卫视的理念是"开辟新视野，创造新文化"，预示东西方文化、传统文化与现代文化的一次历史性的整合重组。栏目理念主要是指栏目宗旨、发展目标、栏目定位、栏目风格。例如 CCTV-2《地球故事》栏目的理念是"这是我们生存和梦想的家园，地球故事"。凤凰卫视中文台《凤凰环球播报》栏目理念是："华语电视史前所未见的创举，在亚洲、美洲、欧洲同步环球直播，全球华人在 1 小时之内同步掌握一天时事。"

很显然，频道理念应统帅栏目理念，栏目理念应服务于频道理念，二者关系要准确把握，否则理念包装失败，难以树立良好的电视台形象。面对电视频道迅速增多，受众市场日益细分，我们提倡确立个性化的理念，只有这样，才能派生个性化的频道、个性化的栏目，从而吸引个性化的受众。例如 CCTV-2 栏目的改版，强化了自己的专业形象，把自己定位于"经济生活服务频道"上，凡与这个定位不相符的栏目（节目）毫不留情地撤下来，使整体定位朝着更有利于广大电视受众的经济生活服务方向靠拢，使改版后的二套栏目（节目）更具个性化，播出后赢得受众的一致好评。

2. 电视行为识别系统的包装。 电视行为识别系统的包装是指以电视理念识别系统为基础和原动力，规划着电视台内部管理、教育以及电视台对社会的一切活动。具体来说电视行为包括业务行为和经营行为。业务行为包括采访、编导、节目编排、节目播出等行为；经营行为包括节目采购、广告经营、收视调查、公益活动等行为。所有行为均要坚守新闻工作者的职业道德标准，树立起良好的电视台形象。

电视行为的包装要做到科学、规范、统一。业务行为的包装要有一套行之有效的管理制度，如制片人制、成本核算制、栏目（节目）淘汰制、竞争上岗制等，所有制度都是为提高节目质量、提高收视率、树立良好形象服务。例如湖南电视台实行栏目（节目）收视率尾数淘汰制，中央电视台规定节目主持人不得为企业做广告。再如，编导在编排节目时要对栏目规范，定时定量，定色定速；要对片花、音乐、演播背景统筹管理，协调编排。要制作专门的包装宣传片，从频道形象、节目预告、重点节目推介到精彩片段展播形成完整体系，节目的布局、长短、频率、前后关联等问题都要规范化。

经营行为的包装要有一套切实可行的统一标准。例如广告经营中要规范四个标准：（一）定价标准，让收视率和市场来定价，一旦定出合理价格，就不能随便打折；（二）播量标准，按广电总局的规定，播放广告的比例不得超过该套节目每天播出总量的 15%，其中 18:00 至 22:00 之间不得超过该时间段节目总量的 12%；（三）制作标准，广告语言要规范，画面要清晰且富有创意；（四）编辑标准，编辑广告时要严格把关，注意广告之间的衔接、广告与节目之间的协调、广告与受众之间的可接受性。经营行为的包装不能仅仅着眼于电视台范围内，还必须走出去，积极自我推销。如湖南电广传媒以"相信我，我会更出色"的主题词，在广州、北京、上海三地举办媒介说明会、客户联谊会、媒介推广会等活动，极大地提升了湖南电视在全国的知名度；该台的品牌栏目《玫瑰之约》不定期在全国天南地北举办，推销效果很好。

3. 电视视觉识别系统的包装。 电视视觉识别系统是电视理念识别的具体化和视觉化，是电视台形象的外部表现。主要包括两大类：频道内视觉识别系统和频道外视觉识别系统。频道内视觉识别系统主要有：台标、宣传片、片头、片花、片尾、色彩、演播室风格、主持人化妆等。频道外视觉识别系统主要有：电视台建筑物标识、公务车图案、工作服、各类证件、信封、名片等。在这里，主要阐述包装频道内视觉识别系统时要把握好的四个原则：对称与平衡、对比与和谐、比例与节奏、变化与统一。

（一）对称与平衡。电视视觉识别系统中首先要考虑的是对称与平衡，惟此才能求得视觉上的稳定感。根据格式塔心理学的解释："'对称'基本上是同一个母体形的'左—右'或'上—下'并置而形成的一种镜式反映关系，对称是简约的完形或好的形的一个主要性质。"①因此电视画面的包装在构图上根据内容需要应讲究对称美。平衡是一种心理的体验，例如同样大的形，右边的要比左边的重一些，要想左右平衡（看上去一样大），左边的通常要大一些。对色彩来说，红色就比蓝色重一些，明亮的色彩就比灰暗的重一些。如果想让一块白色与一块黑色达到平衡，黑色的面积应该大一些。这一效果应该归因于辐射效应，明亮一些的表面看上去就比灰暗的表面面积大一些。②对称与平衡是一对统一体，常表现为既对称又平衡，实质上都是求取视觉心理上的静止和稳定感，使人称心和愉快。例如中央电视台第一频道识别符号"CCTV-1"放置在电视画面的左上角，时间提示出现在画面的右上角，颇显对称；这两组符号使用半透明质感的目的是为了既有利于观众识别频道和时间，也最大限度地不因为这些符号太抢眼而影响收看。这两组符号的半透明质感与画面下部的全透明质感虽有轻重之分，但观众仍心感平衡，因为，视觉式样的底部应"重"一些。

（二）对比与和谐。对比是将相同或相异的视觉元素作强弱对照编排所运用的形式手法。在电视画面包装中无处不有对比关系。归纳起来有：主次、大小、高低、动静、黑白、疏密、虚实、刚柔等对比，它们彼此渗透，相互并存。通常在同一画面中多种对比交融在一起，对比越清晰，视觉效果就越强烈。和谐是在类似或不同类的视觉元素之间寻找相互协调的因素，寻求共同点，缓和冲突，也就是在对比的同时产生和谐。对比与和谐互为因果，共同营造美感。例如 CCTV-1 在天气预报栏目中，当播音员介绍某城市天气时，该城市图标在地图上闪动几下，以及用动态图像符号显示天气的阴晴雨雪，而其他城市图标和图像符号则是静态的。动静对比颇为强烈，极易引起受众对所播信息的关注，效果很好。

对色彩包装来说，更要讲究对比与和谐，形成多样而统一的整体。色彩

---

① 〔美〕鲁道夫·阿恩海姆：《视觉思维》，滕守尧译，光明日报出版社，1986年版，第21页。
② 同上，第22页。

多样性的对比，称之为色彩反差；色彩多样性的统一，称之为和谐。在处理色彩的反差关系时，必须考虑色彩的和谐；在色彩和谐的前提下，又要充分考虑色彩多样性。所以也可以说，反差就是颜色的对立；和谐就是颜色的统一。和谐与对比是相辅相成的，过分强调和谐，色彩将失之平淡，甚至产生灰暗，致使画面眉目不清；过分强调对比，则会造成色彩堆砌，以致喧宾夺主，杂乱无章①。因此，色彩运用要恰到好处，达到对比与和谐的统一。在电视包装中，色彩所形成的感觉多变性，实质上是反映色彩与自然现象、生理现象、人为现象和社会现象的复杂关系。色彩能唤起各种情绪，表达感情，甚至影响着我们正常的生理感受。文化传统确定了色彩的象征含意，从积极方面来说，"红色"使人感到热烈、积极、振奋，有表示喜庆吉祥的象征意义；"黄色"有光明、愉快、富有、富贵的含义，象征理智和领悟；"绿色"充满生机、安静、自然和清爽，是旺盛、希望、和平的象征……因此，在进行色彩包装时应根据理念及节目内容意义选择恰当的色彩。例如中央电视台在喜庆日子里主持人服装色是红色，显示出节日的特色；凤凰卫视基准色是黄色，象征王气、吉祥、和谐、中国特色；浙江卫视基准色是蓝色，清新淡雅，水色和天色交融体现地方特色。

（三）比例与节奏。"黄金分割"被公认为是最美的比例（1:0.618），在欧洲文艺复兴时期被奉为"神奇比例"。它是取得协调的基本规律，是人们认为适合的、感到满意和喜欢的比例关系。② 因此，"黄金分割律"经常有意无意地运用到电视屏幕所提供的四比三的画面之中。在电视画面中，最能表现构图的艺术美感，最能突出对象，最能吸引观众视觉注意力的主体位置，正是对象落在画面的对角线上连成的黄金分割线附近。例如中央电视台访谈节目中的主持人和台湾TVBS中的播音员播导语出镜时，画面构图常做偏离几何中心的处理，为的是让主持人和播音员落在画面对角线连成的黄金分割线附近，这样构图最具美感，并能使画面主体处于视觉重点位置。

电视包装中的节奏要符合受众的心理活动和生理节奏，即不能与之甚远，不合拍。对于电视包装来说，享有融时间、空间于一体，广泛运用画面、音乐、音响、色彩、光效，以及镜头运动等多项节奏的自由。因此，对于电视包装人员来说，"他的心灵应该是一个节奏的世界，他的任务是在观众与节目之间用

---

① 黄匡宇：《电视新闻语言学》，中国广播电视出版社，2000年版，第151页。
② 赖新农、许昌宗：《包装与美学》，中国经济出版社，1998年版，第10页。

节奏架起一座心灵的桥梁，使之目驰神往，产生认知上的共鸣"[①]。下面通过对音乐节奏的分析，可以看出节奏在包装中的重要作用。音乐节奏是通过长音、短音的交替或强音、弱音的反复来体现的，节奏好比音乐的骨骼，对旋律起支撑作用。一般来说，标志音乐包括电视台的台标音乐和各个栏目的片头、片尾音乐。这种音乐作为一个特定符号出现，有很强的象征意义，是一个台（或栏目）的门面，具有相对稳定性。这些音乐节奏应该与画面蒙太奇节奏、受众收视时的心理节奏相吻合，才能使受众产生赏心悦目的感觉。当然，音乐的选用要根据台或栏目内容的需要，最好是专门为该台或栏目创作的音乐。例如CCTV-1的《开始曲》以国歌激越的旋律为中心内容贯穿始终，采用了"拉镜头"、"横移镜头"等拍摄技巧和"化入化出"的编辑手法，使得各个景物似天造地设般与国歌的音乐形象融为一个整体，形成了连贯、流畅的画面节奏，给人以振奋、舒畅的视觉感受，从而产生一种博大恢弘、豪情满怀的心理效应，该音乐的选取与国家台的形象相适应。湖南卫视的《快乐大本营》栏目曲显得欢快热烈，北京电视台的少儿节目《七色光》栏目曲显得清新活泼，这些音乐的节奏与台或栏目风格一致。

（四）变化与统一。在电视视觉识别符号的包装中，既要注意在统一中求变化，又要注意在变化中求统一。心理学告诉我们，变动的事物更易引起人们的注意。在电视节目中，时间式版面使画面处于一个不断流动的状态中，变化无处不在。小至文字大小、色彩、影调的变化；大至宣传片、片头、片尾的变化等等，常变常新，极大地满足了观众"喜新厌旧"的心理。然而，在包装电视视觉符号时，不能为变而变，而应依据内容需要在变中求得统一。"统一是各个视觉传达要素联成一体时所形成的同一性和整体性"[②]。统一有着比协调更明显的共通性，可把统一看作是更高层次上的协调。电视包装中的统一是对变化、对称、平衡、节奏、比例、对比、和谐等多种法则进行"多样的统一"。

例如凤凰卫视在5月8日的新闻中，有个1分钟的小栏目"国际看板"（电视报纸），电视画面的左1/5区域，上面是台标，下面是旋转的地球，中间是栏目标题"国际看板"。画面的右4/5区域，背景是淡灰色的世界地图，每条新闻的标题由小到大推出，新闻内容由下往上升至标题下面，动感极强，黄色

---

① 黄匡宇：《理论电视新闻学》，中山大学出版社，1996年版，第316页。
② 曾希圣：《平面广告版式、创意技巧》，陕西人民美术出版社，2000年版，第66页。

的字体从背景色中衬托出来且又显得协调，达到了颜色对比与和谐的统一；栏目字体、标题字体、内容字体的大小各有分寸，配置恰当；加上节奏明朗的音乐，唤起观众的注意力；出字幕的速度、音乐的节奏与观众的阅读速度十分协调。整个"国际看板"做到了统一中求变化，变化中求统一；变化与统一有机结合，使观众在1分钟时间内轻松愉快地获悉4条国际新闻。因此，"国际看板"可说是变化而又统一的格式塔。"最成熟的格式塔，即人们常说的多样统一的'形'，是艺术能力成熟的表现，无论用于再现自然和用于表现内在情感生活，它都是胜任的"。[①]"国际看板"蕴含着紧张、变化、节奏和平衡，蕴含着从不完美到完美，从非平衡到平衡的过程，伴随着节奏明朗的音乐，人的内在感受也就从紧张到松弛，从对比到和谐，从变化到统一，显然是一种复杂多样的感受，因而看上去很够味。

以上四个原则，表面上皆具有不同的特点和作用，但在电视视觉符号包装中往往是综合运用的。从对称和平衡中可求取稳定的因素，在比例与节奏里，可产生美感和情调。同时，对比会产生强调的效应，和谐是统一整体的要素；变化是唤起观众注意的手段，统一是整体包装的目的，因此，只有综合运用，才会使电视视觉符号包装取得良好效果。

总之，电视包装是一项系统工程，它不能孤立存在。目前，在激烈的电视竞争中，包装已成为电视媒体适应市场经济必不可少的一种操作手段和策略，是电视媒体强烈的生存意识和商品意识的一种外化。

　　　　　　　　　　　　　　　　　　　　本文发表于《现代传播》2002年第5期。

---

① 滕守尧：《审美心理描述》，四川人民出版社，1998年版，第105页。

"随手拍"伦理问题探析

随手拍是指人们利用随身携带的手机、相机或 DV 摄像机等数码设备随时随地拍摄自己感兴趣的人、事、物的一种行为。从事随手拍的人也叫拍客。随着制作影像与传播影像的门槛降低,人人都可成为影像创作者、传播者与接受者。手机与网络传播影像的便易性,导致"随手拍"的微博如雨后春笋般涌现。今年初,随手拍解救乞讨儿童的活动在全国开展得如火如荼,且已延伸到了"随手拍解救剩男剩女"、"随手拍公车解救腐败官员"、"随手拍解救外遇男女"、"随手拍违章"、"控烟随手拍"、"创文随手拍"等领域。虽然"随手拍"在社会发展中产生了积极的作用,但是伴随而来的伦理问题也日益严重。有鉴于此,本文在新媒体语境下,就"随手拍"伦理问题加以探讨,以求最大限度地降低由此产生的社会伦理问题。

一、"随手拍"伦理问题表现

1. **追求真相与侵犯隐私**。手机携带方便,操作简单,极大地满足了人们随时随地拍摄的需要。在一些突发事件中,随手拍记录了许多珍贵的影像。汶川大地震发生时,当地灾民用手机拍摄的第一手影像,在网上热播,极大地满足了人们求真的心理。虽然随手拍能够及时提供事件真相，但是在一些随手拍过程中，往往存在着侵犯个人隐私的问题。今年 1 月 25 日，中国社科院教授于建嵘开通了名为"随手拍照解救乞讨儿童"微博，希望借助网友的力量，拍摄街头乞讨儿童，为寻找被拐儿童提供线索。微博一出，就吸引数万粉丝，引起全国网友、各地公安部门的高度关注，不少社会名人也加入随手拍行列。不到半月，各地网友上传乞讨儿童照片超过 3000 张。从最终调查结果来看，绝大部分乞讨儿童不是被拐儿童，而是因生活所迫，父母带着孩子上街乞讨。今年 4 月，新疆自治区党委、政府决定开展新疆流浪未成年人救助保护工作专项行动，承诺将所有在外流浪的新疆未成年人全部接返回疆。"随手拍照解救乞讨儿童"效果如何？有报道说："令组织者有些尴尬、参与者有些失落的是，迄今没有任何被拐孩子因为这个活动而得到解救。彭高峰夫妇通过自己发照找到儿子，被媒体错当作该活动的成果来报道。"[1] 不管"随手拍照解救乞讨儿童"结果如何，在这个过程中明显存在着侵犯了公民的肖像权和隐私权。以致出现了《长沙：随手拍惹怒行乞者，网络拍客遭拳袭》的视频新闻[2]。一旦乞讨儿童及其父母的照片上传到网上，就会被网友进行"人肉搜索"，乞讨儿童及其父母之隐私，一览无余。

　　2. 自由传播与责任缺失。想拍就拍，想传就发。随手拍实现了人们自由传播影像的愿望，正如广东《新快报》提出的"人人做记者，拍摄身边事"。从随手拍传播现状来看，其中不乏暴力与色情的内容，不断挑战社会伦理底线。近期，全国各地不断出现的"职校门"、"扒衣门"、"处女门"让人们感慨的同时也敲起了警钟。广东兴宁再次出现校园暴力视频，这段经过蓝牙广泛传播的视频受害者依然是在校学生。有些拍客表现欲强，他们渴望通过自己拍摄的视频获取更高的网络点击量从而赢得成就感，而上传低俗负面的影像正是抓住了广大网民猎奇的心理与看客的心态。手机拍摄的简便性与网络平台的开放性，为人们自由传播提供了物质条件。但是，自由传播应该伴随着责任，"只有出于责任的行为才具有道德价值"（康德提出道德的第一个命题）。不能承担责任的自由往往给社会给他人带来损害。随着手机技术的不断更新，手机的作用已不仅仅局限于方便联系，手机传播影像的功能也得以充分展示。在自由传播影像的同时，拍客们不能丢掉该承担的社会责任。

---

① 卡乐：《"随手拍"并非公民行动》，来源：南方周末，http://www.infzm.com/content/55447，2011 年 2 月 17 日。
② 《长沙：随手拍惹怒行乞者，网络拍客遭拳袭》，http://www.tudou.com/programs/view/r9E6Cm4M4p8/。

3. 逐利与侵权。 目前，有些媒体及政府职能部门通过开展"随手拍"活动来收集相关信息，对入选影像的作者给予适当的奖励。广东《新快报》"手机部落"版就规定：图片必须是手机即时拍摄的发生在您身边的突发新闻、好人好事、不平事、不文明行为、生活情趣；作品一经采用将奖励 30 元～500 元等级话费。深圳交警从 3 月下旬开始受理彩信举报交通违法，单个奖励幅度为 100 元至 5000 元，举报严重违法行为最高奖 2 万元。媒体机构为了扩大信息来源，交警部门为了整治好交通秩序，纷纷开展"随手拍"活动，其出发点是好的，值得肯定。但是，有利可图导致出现了职业拍客。许多拍客没有受过专业训练，在随手拍过程中只追逐利益，忽视了侵犯公民肖像权与名誉权问题。为了配合广州今年争创文明城市，广州有些媒体开展了"创文随手拍，你我都参与"活动。有家平面媒体就刊登了拍客在公交车随手拍下的两个坐着的年轻男子旁边站着一位老大娘的图片，三人形象清晰可见，以示批评不让座的年轻人。是否让坐涉及道德问题，不涉及违法。虽然所报道事实属实，但是严重侵犯了他们的肖像权，因为拍摄者以赢利为目的，未经被摄对象同意。同时，还侵犯了年轻人的名誉权，使他们的社会评价受到损害。此类现象如果要拍，就得讲究方法技巧或作后期处理。在拍摄不文明行为时，突出行为主体而忽视了行为本身，结果侵犯了公民肖像权。更有些拍客为了谋利，不惜摆拍，甚至运用相关软件来修改影像，通过造假骗取奖金或报酬。

二、"随手拍"伦理抉择原则

由上可知，虽然"随手拍"活动深受大家欢迎，但是存在的伦理问题也不少。人们在"随手拍"过程中面临伦理抉择时，是否有原则可循？笔者认为，以下四个原则值得遵守。

1. 公共利益至上原则。 作为社会化的"随手拍"行为，在拍摄与传播影像时要始终贯彻公共利益至上原则，不得有损国家、社会与多数人的利益。无论是拍摄正面新闻还是负面现象，都得把维护公共利益摆在第一位。因为，随手拍来的影像，一旦传播开来，就会在社会上产生影响。广东《新快报》今年 4 月中旬连续报道区伯用手机拍下民警公车私用被恶骂、涉事警员当面道歉一事，在社会上引起强烈反响，引发了有关对当事民警的处罚、公车私用的监督与处理等问题的大讨论。与此同时，新快报启动"随手拍公车私用"活动，聘请区伯作为"公车私用特别监督员"，走访市区"堵"公车私用。

2. 无害原则。无害原则是指在随手拍过程中不要对他人造成伤害。这是最低的伦理道德标准。在随手拍过程中，对他人造成伤害有三种情况：损人利己，损人害己，完全伤害他人。有些拍客为了追求自己利益，不惜损害他人利益，这种损人利己的行为是不道德的。有些拍客拍摄中侵犯了他人隐私权，最终也害了自己。还有些拍客动机不良以伤害他人为目的。所有这些都是违背了无害原则，给他人、给自己、给社会带来了负面影响。因此，在拍摄中，拍客首先要分析一下自己的拍摄利弊何在。权衡之后，再作抉择。

3. 共享原则。随手拍中所拍影像若能起到使人身心愉悦、营造良好氛围、善意批评社会不良现象等作用，对这类作品拍客可通过报纸、网络、电视等大众传媒传播来实现共享。尤其是通过网络微博可实现即时共享，即时反馈。具有传播价值的影像作品通过共享能产生良好的社会效益。例如网友"篮球狂人2011"在新浪微博贴出多张题为"华农盲道'危机四伏'"的照片，照片显示电线杆、树木、沙井盖等成为盲道的"拦路虎"。《新快报》记者看到后，旋即实地探访，发现情况属实。通过采访该校领导，促使该校对盲道的状况进行研究，而后进行修改，真正发挥盲道的作用。

4. 求善原则。"人的行动、活动和选择都是有意图、有目的的。这种目的可以被称之为'好'或'善'，'好'和'善'在英文里是同一个词'good'。在中文里，我们可以用'好'来表示一般的人所欲求的目标，而用'善'来表示人所欲求的对象中那一部分具有道德正当含义的目标。"[1]"善"是分层次的：无私利他是至善，为己利他是基本善，单纯利己是最低善。[2]在随手拍过程中，拍客要努力挖掘拍摄对象所含道德正当且具传播价值的内容，应该追求无私利他与为己利他，使自己的目标与手段是道德的、正当的。因此，拍客们要多拍些正面积极的题材，弘扬正气，倡导文明；同时尽量减少偷拍，除非涉及违法犯罪行为迫不得已而为之。

---

① 何怀宏：《伦理学是什么》，北京大学出版社，2008年3月第2版，第200页。
② 王海明：《伦理学导论》，复旦大学出版社，2009年1月版，第95页。

三、如何进行"随手拍"

在"随手拍"过程中，如何最大限度地降低由此产生的社会伦理问题。笔者认为，在具体操作中要做到以下四点。

1. 正确选题。社会生活，无奇不有。拍客们在"随手拍"之前，首先要想想伦理抉择原则，明白哪些能拍，哪些不能拍；哪些能公开，哪些不能公开。不能为了个人利益或为了表现自己不顾伦理道德与法律法规。大众媒体及社会机构在开展"随手拍"活动前，要谨慎选题，正确引导拍客参与。对社会发展有利、对改进工作有益、对群众生活有趣的素材都可作为选题，以此展开"随手拍"活动。广东《新快报》今年以来开展了形式多样的"随手拍"活动，社会反响很好。例如，随手拍花城"光头路"，"创文随手拍"，随手拍"花城""花海"，"寻找羊城市花"随手拍，"控烟随手拍"等等，这些活动的开展，对美化广州，提高市民生活质量，为广州争创文明城市营造了良好的舆论氛围。

2. 巧选角度。在随手拍过程中，拍客要讲究技巧，正确选择拍摄角度，注重突出拍摄主题。如果是想通过拍摄不文明行为作个善意的提醒，那么就不要正面拍摄当事人面貌，宜采用侧面或斜侧面角度来拍摄，尽量淡化人物正面形象，强化不文明行为过程。对于随手拍摄社会不良现象，景别的选择也有讲究，宜用大景别，少用或不用特写与近景。因为，对不良现象的拍摄，往往是采用偷拍手段，没有征求当事人的同意。用侧面角度大景别来拍摄，一是不易引起当事人的注意；二是有利于维护当事人形象，不易导致侵权。有些拍客，在拍摄交通违法时，不讲究拍摄角度，往往把嫌疑违法者的形象放大，把违法车牌号当成配角来构图，如此一来，很容易惹上官司。对于抢拍来的负面新闻，即使当事人形象清晰可见，那么在后期制作中要对当事人脸部进行虚化。这点要向台湾、香港及海外媒体学习，注重保护被摄对象的隐私。这样既维护了当事人权益，也保护了拍摄者利益。

3. 强化自律。自律，是指道德准则对人的行为的管理与约束。在随手拍过程中，虽然可以通过他律来规范拍摄者行为，但是笔者认为自律更为重要。因为，日常生活中社会道德与行业道德时时伴随着拍客，成为其自我约束的准则。一旦拍客将其内化于心并自觉遵守，那么他（她）在随手拍过程中就会对社会与公众负责，不会触及伦理道德的底线——法律法规。严于自律的拍客，在随手拍时，首先会想到是否有损公共利益、是否侵权等问题，从而保证了自己行为的正确。随手拍过程中伦理道德调控的主要途径是自律。

4. 严格把关。"把关人"理论告诉我们，一切信息的采集、制作过程中，传者都起着"把关"、"过滤"的作用。[①] 传媒的"把关"是一个多环节、有组织的过程，"把关人"通过选择、强调、淡化或删除等手段的运用，决定了哪些信息进入受众的视野及其信息内容的主次，试图给受众造成某种印象。对于为公开传播而随手拍来的影像，其把关过程涉及两个环节：一是拍客个人把关，二是传媒组织把关。对拍客个人而言，其媒介素养、人生观、信仰、学识等因素，在把关过程中起着重要的作用。因为，这些因素控制着拍客拍什么以及怎样拍。对传媒组织而言，组织的目标任务、宗旨理念、职业道德、经济状况等因素对把关有着重要的影响。为了最大限度地降低随手拍产生的社会伦理问题，传媒机构的把关更显重要，因为，这是影像公开传播之前的最后一道程序，它决定着随手拍来的影像能否与公众见面，以及在社会上将会产生怎样的影响。

本文系与暨南大学新闻与传播学院黄雅堃讲师合作完成。发表于《中国广播电视学刊》2011 年第 7 期，《新华文摘》2011 年第 20 期转摘。

---

① 张国良：《传播学原理》，复旦大学出版社，1995 年版，第 155 页。

电视新闻"主编主播制"特点及其意义

近年来，随着频道制的实施，有些电视台开始对栏目运行机制进行改革，"主编主播制"就是针对传统栏目运行机制的一种创新，顾名思义，就是主编与主播两个职位由一个人承担。这种栏目运行机制实质上就是主播中心制。在国际电视界，这种栏目运行机制早已有之，而我国才刚刚起步。"主编主播制"有什么特点，实行这种栏目运行机制有何意义，本文试图探讨。

一、国内外新闻主播发展状况简析

新闻主播与播音员是两个不同的概念，具有不同的职能。在欧美国家主播是指 Anchor，播音员就是指 Newscaster 或 Newsreaders。从整个电视界来看，能够称做 Anchor 的并不多，因为 Anchor 往往是由具有丰富新闻从业经验且在媒体内担任一定行政职务、知名度及可信度较高的人士来担任。例如美国三大广播公司的三大新闻主播就是如此，其基本情况见下表一：

表一：美国三大新闻主播基本情况一览表[①]

主播	所属电视网	任主播前从事新闻工作时间	新闻工作经历	任主播时年龄及主播起止时间
丹·拉瑟	CBS	20	广播电视驻外记者	48 岁 1981 年－2005 年
汤姆·布罗考	NBC	20	广播电视记者	42 岁 1982 年－2004 年
彼得·詹宁斯	ABC	25	广播电视驻外记者	45 岁 1983 年－2005

从上表可以看出，三位新闻主播在从事主播前都有长达 20 年的新闻工作经历，年龄都在 40 岁以上，在主播的新闻节目中身兼数职，既当记者又当编辑，他们天天出现在美国晚间新闻节目中，知名度高，影响力大，直接影响节目的收视率，在上世纪 80 年代他们开创了电视新闻主播时代。

受欧美电视新闻主播的影响，从上世纪 90 年代，央视在新闻节目中不断进行改革，推出了敬一丹、白岩松、水均益等有名的新闻主播，其基本情况如下表二：

表二：中央电视台部分新闻主播基本情况一览表[②]

主播	单位来源	任主播前从事新闻工作时间	新闻工作经历	任主播年龄
敬一丹	中央电视台经济部	5 年左右	广播电台播音员	34 岁
白岩松	中国广播报社	4 年	报社记者	25 岁
水均益	新华通讯社	9 年	编辑、驻外记者	30 岁

从上表可以看出，央视三个有名主播在担任主播前都有数年的新闻工作经历，年龄在 30 岁左右，他们常常出现在央视新闻节目中，有一定的影响力。2005 年 2 月中国电视艺术家协会在上海举行的"2005 年中国电视主持人论坛暨颁奖盛典"上，首次设立了年度最佳新闻主播奖，获奖的三位主播是康辉（央视）、劳春燕（东方卫视）、张丹丹（湖南卫视）。从三位主播的经历来看，康辉与张丹丹都是从北京广播学院播音系毕业后就直接进了电视台做主播，劳春燕从

① 李伶俐：《中美电视新闻节目主持人比较研究》，原载于《传媒观察》，2005 年第 5 期。
② 同上。

复旦大学毕业做了几年记者后，也成为了主播。

　　与国外新闻主播相比，我国新闻主播任主播前新闻工作经历短甚至没有，社会阅历浅，知名度与影响力有限。目前，我国主播来源主要有两条途径：一是从播音员转为主播，一是由记者转为主播。此外，广东卫视在2006年《粤港澳零距离》栏目开辟了一条新的途径——从著名高校传媒学院中聘用具有丰富新闻从业经验的资深学者来当主播。该栏目实行的是主编主播制，由我国著名的电视理论家黄匡宇教授既当主编，也当主播。

二、主编主播制特点

　　如果溯源我国主编主播制，那么不得不提1998年11月北京电视台开播的《晚间新闻报道》，该栏目一改传统运行机制，实行"主编主播制"，由潘全心既当主编，又当主播。之后上海东方台《新闻60分》也实行主编主播制，由姜澜担纲。目前广州电视台的《新闻日日睇》、广东电视台的《630新闻》等栏目，均采用了"主编主播制"，取得了良好的社会效益与经济效益。"主编主播制"有哪些特点？下面试以探讨。

　　1. 主播负责栏目的整体设计。实行主编主播制的栏目，主播对整个栏目的定位、结构、风格等都要考虑，一旦成熟即去实施。广东卫视曾播出的《粤港澳零距离》由三大板块组成："港澳传媒重点"、"倾城大搜查"、"全民大声说"，每个板块都是围绕娱乐来选材。实行程序是记者先报题，然后是栏目负责人审批，审批通过后记者采访，编辑制作，播音员播出。该栏目在2006年5月实行主编主播制后，主播负责栏目的整体设计，改版后的《粤港澳零距离》由四大板块构成："港澳快报"、"今日视点"、"街坊大声说"、"看图说话"，栏目重新定位为粤、港、澳三地的社会、民生资讯，通过资讯发掘内涵。广州电视台的《新闻日日睇》自2004年开播以来陈扬既当主编又当主播。该栏目是一档日播电视新闻杂志：分为"读报"和"报道"两大部分。"读报"以言论见长，强调用本土语言、本土态度和本土文化观念来解读评说当天报纸杂志的新闻，强调平民视角和主播自己的观点。"报道"则以影像取胜，由《G4出动》、《广州影像》、《有乜讲乜》、《爱心MTV》四部分组成，是一个广泛报道广州社会、生活、文化、趣味等都市景观、市井生活的电视新闻杂志。

　　2. 主播出镜解读信息。当前，在内地电视节目中，电视评论仍是一个薄弱环节，如何发出自己的声音，各电视台仍需努力。主播解读信息，是电视台加强评论的一种形式。在传播港澳资讯中，由于港澳实行的社会制度与内地不同，有些资讯，内地观众不一定能够理解，需要有人来点拨、分析，主播正是承担此项任务者，例如在播出香港近来骗取"综援"的人士增多时，对内地观众来讲什么是"综援"，为什么会出现骗取"综援"情况等问题，可能陌生，因此，需要主播来阐释。在资讯十分丰富的粤港澳三地，对观众来说，不仅要传递信息，更要挖掘信息蕴含的意义；不但要告诉观众发生什么，更要告诉观众意味着什么；这样的资讯传播才有深度。当然，主播在解读信息时，言语要简明，观点要独到。综观《粤港澳零距离》节目，主播凭借其深厚的积累，在解读信息时，以其深刻的见解，得到了观众的认可。例如在播报《港盗版软件不跌反升》新闻后，主播在解读时，首先表明观点，打击盗版毫不留情；然后，主播分析港盗版软件不跌反升的原因，在于出版商定价太高，违背了市场规律与老百姓的需求，让盗版商有机可乘。广州电视台《新闻日日睇》的陈扬，更是以幽默、犀利、到位的点评深受广州市民的喜爱。可见，主播出镜解读信息既是电视台竞争的需要，也是满足观众的需要。

3. 主播把关每期节目质量。美国社会心理学家、传播学的奠基人之一库尔特·卢因最早提出"把关人"（gatekeeper）概念；后来传播学者怀特把其引入新闻领域，提出了新闻筛选的"把关"模式。"在理解把关活动的实质之际，我们不应仅止于新闻价值或新闻要素分析，而是应该把政治、经济和意识形态因素考虑在内。"[1] 由于港澳实行的是资本主义制度，其传媒业完全市场化，因此，作为面向内地播出的《粤港澳零距离》在内容选取方面必须严格把关。由于栏目主播同时又是主编，因此，主播要参与节目策划、选题、采访、编辑、播出等各环节。虽然每期节目有个团队来完成，但是主播在节目制作整个过程中起着核心作用。团队成员都是围绕主播来展开工作，记者报题给主播后，主播要确定选题，然后记者出去采访，很多时候是主播与记者一起去采访，采访回来后，主播还要负责对记者文稿的修改，在此基础上，主播要提炼自己的观点，为播出做准备。由此可见，把关的责任全落在了主播身上。北京电视台《晚间新闻报道》栏目主编兼主播的潘心全，多年来"执着"于该栏目的运作，从策划、选题、派出记者、修改文稿、写串联词等各个环节都介入，保证了该栏目的质

① 郭庆光：《传播学教程》，中国人民大学出版社，1999年版，第165页。

量，使该栏目一直保持较高的收视率，因为开创了电视新闻栏目新的运行机制，潘全心被评为第七届"北京十大杰出青年"。

4. 主播富有亲和力，播讲特点明显。实行主编主播制的栏目，由于主播既能从整体上把握整个栏目的风格及每天播出的要点；又能吃透每条新闻的内容，因此，主播采用播讲或聊天方式来向观众传递信息。这种方式完全不同于"我播你听"的那种读念新闻方式，该方式以平等的姿态，把观众当成朋友，告诉观众发生的事情，这样拉近了与观众的心理距离，加上采用了生活化的语言与适当的身体语言，使主播富有亲和力，产生良好的传播效果。

三、主编主播制意义

从上面分析可以看出，"主编主播制"中主播履行的职责不但要出镜播讲信息、解读信息，而且要在节目制作前期及后期投入大量的时间与精力负责策划、确定选题、修改文稿、提炼观点及对整个节目质量的把关等等，既当主播又当主编。主编主播制在我国电视新闻栏目运行机制中，还是一种新的尝试，这种尝试的意义主体表现在以下四种方面。

1. 有利于推动我国电视新闻栏目运行机制改革。长期以来，我国电视新闻栏目运行中，"采、编、播"等环节基本上是相互脱离的。近年来，在实行频道制的改革中，虽然有少数电视台在电视栏目运行机制中尝试实行主编主播制，但是，主播职位所履行的职责还没有真正体现。这样的"主编主播制"主播主要是负责播讲新闻，很少参与策划、选题、采访、编辑等环节，因此，其兼做主编的权力自然缩小，这与国际电视界通行的"主编主播制"完全不一样，前面所介绍的美国三大广播公司的三大新闻主播，主播节目仅仅是其工作的一部分，他们还要花更多的时间与精力参与选题、采访、制作、播出各个环节，其对电视节目有"决断权"，显然，美国三大广播公司晚间新闻栏目实行的是真正的"主编主播制"。与之比较，我国部分电视台少数栏目实行的"主编主播制"虽然暂时还没有大的影响，但是，其运行模式及赋予主播的权力与美国三大广播公司晚间新闻栏目实行的主编主播制颇为相似，因此，可以这样说，我国实行的"主编主播制"正在与国际电视界"主编主播制"接轨，在国内电视界起了一个很好的示范作用，有利于推动我国电视新闻栏目运行机制改革。

2. 有利于主播的全面发展。一般来说，主持人职业发展会经过"尝试期""成长期""拓展期""高峰期""平台期""衰退期"①。目前，我国电视主持人或播音员，很少参与节目制作的各个环节，只负责念读记者写的文稿，这样的主持人或播音员能力单一，不利于其日后发展；如果一旦不再担任这一岗位，就面临下岗待业。因此，在我国许多电视主持人或播音员对未来前途颇有忧虑。而实行"主编主播制"则完全不一样，这种机制下的主播具有全面发展的综合素质与能力，策划、选题、写稿、编辑、播出等各个环节都能胜任，因此，其对日后发展不存在担忧，即使不做主播了，也可以从事策划、编导、编辑等工作，可见，实行"主编主播制"有利于主播的全面发展。

3. 有利于改变选拔新闻播音员的标准。 目前，在我国电视台选拔主持人或播音员的标准，往往是看普通话标准不标准、出镜形象美不美、业务能力强不强等等，尤其是喜欢从播音与主持专业中挑选应届毕业生，因此，大家认为这一岗位是吃青春饭的。而实行"主编主播制"选拔主播的标准更多的是看重经历、能力及其影响力。广州电视台《新闻日日睇》的主播，其貌不扬，人称光头陈 Sir，年龄也五十有余，但是，由于其具有曾主持电台十几年的经历、做节目的能力与影响力，因此，2004 年 2 月广州电视台创办《新闻日日睇》时，他就做了该节目的主播、主编兼主笔，其在节目中说说新闻、聊聊家常、评评时事，深受广州市民欢迎，节目收视率在全台栏说目中常保留在前三名。北京电视台的潘全心、广东电视台的黄匡宇、凤凰卫视的阮次山等主播的选拔标准都打破了传统播音员的选拔标准。

4. 有利于提高电视新闻传播效果。 纵观采用"主编主播制"的新闻栏目，由于主播业务能力强，知名度高，因此，其产生的传播效果好，收视率高就是很好的证明。抛弃新闻播音员制度，杜绝"俊男靓女"式的新闻播音员出现在电视新闻节目中，可以提高新闻节目的可信度。电视台通过实行"主编主播制"有利于塑造名主播。"打造品牌主持人对于树立媒体形象、吸引受众、增强传播效果以及广告创收等有极其重要的作用，做得好，可以事半功倍。凤凰卫视对主持人的成功打造所取得的效益有目共睹。"② 通过给主播以较大的"节目决断权"，可以有效地提高节目传播效果。例如，白岩松曾担任《东方时空》编委会主编，统筹管理节目内容生产，在节目内容及主持业务上享有较大的发言

---

① 浩歌时评：《李佳明回国复出因何不选王小丫——从李佳明兼制片人热透视主持人中心制》，http://blog.sina.com.cn/s/blog_40304a600100aa0s.html。
② 同上。

权和主导权，因此，其主播的节目颇有特色，取得了良好的传播效果。曾在广东卫视《粤港澳零距离》栏目中担任主播及主编职务的黄匡宇，因其实践经验丰富，传播理论丰厚，因此，解读信息到位，可信度高。

　　通过对"主编主播制"的分析，可以看出，虽然"主编主播制"在我国电视台栏目运行机制中还处在探索阶段，但是随着传媒竞争的加剧及电视新闻改革的深入，相信不久的将来，"主编主播制"日渐成熟且会得到学界与业界的广泛认可。

　　　　　本文发表于《中国广播电视学刊》2005年第5期，发表时有删减。

试析电视新闻跨媒体传播形式

电视跨媒体传播形式是指电视媒体除拥有声画符号同时兼备的传播形式外，还拥有广播传播形式（只有声音符号传播）和报纸传播形式（只有文字符号或文字声音符号兼备传播）。在电视新闻中，跨媒体传播形式具体表现为电视新闻广播化和电视新闻报纸化。

一、电视新闻广播化

电视新闻广播化可从两个方面来理解，一是从传播者角度理解，它是指以播音语言为主而无新闻图像的传播形式，即口播新闻；二是从受众角度理解即指因电视无效画面（不含信息量可视性差的画面）太多，观众把电视新闻当作广播新闻来对待，由"看"电视变成"听"电视，这是一种收视行为的改变。显然，本文把电视新闻广播化作为跨媒体传播形式来探讨，主要是针对传播者角度，而非受众角度。

电视新闻广播化——口播新闻这一形式早在1958年建台初期就已使用，始称为"简明新闻"。1976年，1月6日因故取消，1979年9月1日复办，复办后的口播新闻只播新华社提供的国际新闻，每次约5分钟。1980年后，口播新闻的内容扩展到国内、国际两个部分。除了中央台外，各地方台也都采用了这一体裁样式。随着人们对于电视"看"的观念的变化，如今口播新闻在电视屏幕上有了重要而稳固的地位。其原因主要有以下三点。

1. 新闻时效快，是与广播、报纸媒体竞争的重要方式。为了满足观众"求快"的心理，现在许多电视台采取播音员直播的方式，将截稿时间大为推迟，甚至可能达到新闻节目全部播完这一临界点，只要节目尚未结束新闻就可随到随播；播音员也可根据时间的长短，灵活掌握后面不很重要、时效不很强的新闻的去留。口播"本台刚刚收到的消息"，从而既保证了新闻节目准时开始，准时结束，又赢得了新闻时效。

2. 便于传播政令及理念性内容。对于国家政策法规的出台、条例的实施、国务院命令、重要通知等内容，可以通过口播，让观众及时了解这些信息。对于新华社人民日报社的社评与评论员文章，通过口播，增强了电视新闻对抽象理念的表达，使电视新闻超越了图像文化的"低智力门槛"，成为与报纸新闻相媲美的深度文化形式。对理性的呼唤，使素来以表现具像信息见长的电视新闻画面显得力不从心，播音语言的介入，刚好填充了这种不足。

3. 不受图像限制，稿源丰富，有利于扩大信息量。采用电视新闻广播化这一传播形式极大地扩大了电视新闻的容量，使记者不会因现场环境影响拍摄而伤透脑筋，不会因无法及时提供现场画面而漏报重大新闻。例如今年 8 月"北大登山队遇雪崩，5 人遇难"的消息，中央电视台最初以口播形式播发，如果等有现场画面才播的话，新闻就会变成"旧闻"（实践表明：一周以后才有图像新闻播送）。

在肯定电视新闻广播化这一传播形式优点的同时，又要防止观众使电视新闻广播化，这种电视新闻广播化是观众收视行为的改变，而非传播形式。电视是视听媒介，有视听两个通道，电视新闻融形声于一体，图文并茂，形成了自己特有的优势——新闻内容的易受性。这一优势主要体现在看(画面)、听(播音)、读（文字），多通道同时感知的综合效应之中，因为是多通道输入同一个信息，各单个通道信息负荷量相对减轻，受众心态处于放松情境下，使信息量输入最多。这便是传播符号综合效应带来的易受性① 但是，有些电视新闻无效画面太多，画面指向不明，以至失去佐证价值；画面纯为填充播音时间以至产生声画"两张皮"；画面与声音相抵触，以至产生互消效应……对于这样的电视新闻，观众只得使

---

① 黄匡宇：《理论电视新闻学》，中山大学出版社，1996 年版，第 45 页。

之广播化，因此，一边听电视一边做其它事情。

对于电视新闻广播化这一跨媒体传播形式，我们要辩证地看待。电视新闻广播化必须以时效性强的动态性新闻为主要内容，其它内容过多，就失去了争抢时效的优势，易被视为"广播新闻"而引起观众不满。因此，电视新闻广播化的运用，必须适时、适量，过"度"则优势会转化为劣势。同时，电视工作者应努力提高自己的业务水平，使拍摄的画面具有明确的指向、饱满的信息、感人的细节，使画面的佐证价值得以充分发挥，力避观众使电视新闻广播化行为。

二、电视新闻报纸化

电视新闻报纸化是指以屏幕文字符号或文字符号加声音符号为主的新闻传播形式。近年来，CCTV-2 的《媒体速览》、北京卫视 -1 的《多媒体聚焦》、本港台的《社评摘要》、凤凰卫视的《国际看板》、广州电视台的《府前直通车》等等这些小栏目就是电视新闻报纸化的具体运用。这种传播方式充分吸收了报纸的传播优势，让观众在较短的时间内获得较密集的信息。这一样式似新闻快餐，受到了生活节奏快捷的当代人的欢迎。这一传播形式主要有以下三点优势。

1. **电视新闻报纸化，能够加强信息记忆深度，让观众轻松愉悦地接受信息。**电视新闻"视听兼备"的双通道传播形式，比之单通道传播的报纸（看的通道）和广播（听的通道），具有明显的记忆优势。传播学者指出："阅读文字能记住 10%，收听语言能记住 20%，观看图画能记住 30%，边听边看能记住 50%"。视听结合，两个通道各自汲取信息互不干扰、且又加强记忆深度的原理是不言而喻的。[①] 对重要新闻、会议公报、政令、名单，采用声音文字同步播出，观众且听且读（心读），甚是轻松，比之聚神的"听"（广播）和费力的"看"（报纸），屏幕文字听读一体的轻易性就显而易见。"听读一体"的"报摘节目"已在许多电视台中播出，电视新闻报纸化这一传播形式具有大容量、快传递、易取存等特点，已充分体现出屏幕文字"听读一体"的轻易性。

2. **电视新闻报纸化有助于赢得第一时效，保持节目完整和融洽传受双方关系。**随着节目编排管理的严密与科学化，各级电视台大多做到了节目准时播出，为观众收看提供了极大方便。然而在信息密集的当今，重大新闻层出不穷，为

---

① 黄匡宇：《电视新闻语言学》，中国广播电视出版社，2000 年版，第 12 页。

了与其它媒体争抢时效而又不打断正常的传播秩序，屏幕文字的应用是个极其有效的竞争手段。从"信源"向"信道"（电台、电视台）传回信息时，广播与电视的优势持平（从传播文字内容方面讲）。向受众播发信息则不然：广播仅有一个声音通道，它要作"非常性"传播，就必须中断"正常性"传播。电视有视听两个通道，重大新闻可由迭加的屏幕文字播放，不必中断"正常性"传播。受众可以在正常的接受心态中及时获得最新消息。如在正常播放的非新闻性节目时，可在屏幕下端播放游走的屏幕文字"最新消息"，这样就赢得了优于其它新闻媒体的第一时效。另外，即时预告节目播放程序的更改，可消除观众无端等待耗费时间的烦恼与责怪；即时预告重要节目的播出，可提高节目的收视率；这样，既保持了节目的完整性，又融洽了传受双方的关系。

3. 电视新闻报纸化有助于美化电视版面。 电视新闻有些因缺少画面或内容抽象而只能用口播的形式播出。同一景别的播音员人像长时间在屏幕上，容易造成观众视觉的疲惫，形成抑制心理。此时，如果将传播内容以文字的形式叠现在屏幕上，效果就大不一样。因为先进的字幕设备在处理文字的大小、形状、色彩方面花样迭出，做出的文字美观、大方，加上相关电子动画的支持，在一定程度上，屏幕文字不亚于图像的可视性。由于文字的不断替换而呈现出一种类似活动图像的流动感，能使观众在轻松、愉悦中获悉新闻。

尽管电视新闻报纸化这一传播形式有许多优势，但是在具体运用中，如果操作不当，其消极效果也是明显的。为此，运用时要注意以下三个方面。其一，注意分清主次，把握时间。电视新闻应以图像符号加语言符号的传播形式为主，以电视新闻报纸化这一传播形式为辅，即以图像新闻为主，非图像新闻为次。否则，电视新闻的本质就会丢失。同时报纸化的电视新闻所占时间不能太长，以占所播时间的 1/10~1/20 为宜。综观各电视台的"报摘节目、新闻快递"等，一般都放在所播新闻的后面，大多占用 1~2 分钟。其二，注意节奏和谐。屏幕文字节奏、播音节奏与观众收视时的心理节奏要协调，如果节奏过快，观众收看时就非常吃力，达不到理想的传播效果；如果过慢，则影响信息量观众也会反感，因此节奏要合拍。其三，注意版面简洁且富有变化。播出时不宜把要播的几条新闻同时贴上去，占满整个屏幕，这样，令观众目不暇接，产生压抑感。在版面简洁的同时要注意版面的变化，因为变化是引起观众注意的手段，如字体、字号的变化，色彩、影调的变化，节奏快慢的变化等等，当然在变化中又要求得版面的统一。

　　总之我们要辩证地看待电视新闻跨媒体传播形式——电视新闻广播化和电视新闻报纸化。在看到二者传播优势的同时，也应谨防其劣势。笔者撰写此文并非要否定图像新闻在电视新闻中的主体地位和主流价值，而是要根据时代发展、观众需要、媒体特点去探讨电视新闻跨媒体传播形式，旨在使电视新闻传播"取众家之长，扬独家之优"，及时为观众提供新闻快餐，以达到"正确的舆论引导人"的目的。

此文发表于《中国广播电视学刊》2002 年第 12 期。

电视新闻节目编排如何创新

——以凤凰卫视资讯台《凤凰早班车》、《时事直通车》为例

　　电视新闻节目编排从微观角度看主要指单条新闻的声画组合，从宏观角度看主要是指对诸多新闻加工、选择、调配后进行的有机串联。从采摄、制作到播出一连贯的过程中，编排居于核心地位，它起着关键作用，决定着整个电视新闻节目的传播效果，因此，要高度重视新闻节目的编排。被海外媒体称作为华语CNN的凤凰卫视资讯台，是全世界第一家24小时用华语滚动播送新闻和评论的电视台，本着"为全球华人服务"的宗旨，在制作样式方面影响并带动着中国电视新闻的改革，提升了中国电视乃至于华语电视的传播水平。其董事局主席、行政总裁刘长乐在谈到凤凰精神时说，创新是凤凰的生命线。的确，从内容到形式，创新精神无处不在。本文拟从形式角度，以《时事直通车》和《凤凰早班车》为例，探讨资讯台新闻节目编排是如何创新的。

一、单条新闻编排创新

　　作为声画兼备的电视新闻，如何增加画面的可视性、声音的可听性，以此牢牢地吸引住观众的注意力，是每个

电视从业者必须考虑的问题。凤凰卫视资讯台的《凤凰早班车》与《时事直通车》的制作人员在编排单条新闻时，主要进行了以下三个方面的创新。

1. 口播新闻的可视性创新。 口播新闻是指以播音语言为主体的新闻。为了提高口播新闻的可视性，资讯台的后期制作人员主要运用电脑作图、电子动画、新闻照片、屏幕文字等有效手段来增添画面的可视性，提高信息的传递效率。在电话采访中，画面上同时出现了记者照片及记者所在位置的地图，声音突破空间限制，采访活动好象就在观众眼前。对于口播新闻来说，新闻照片是帮助观众克服随意性和厌倦情绪、加强注意的重要因素。因为静止的照片在流动的电视图象中出现，使传播节奏、感受心态节奏都产生骤然变化，强烈的动静对比，等于出现了一个"新异刺激"，易于引起无意注意，变观众收看新闻节目的随意性为集中性、介入性，从而有效提高传播深度[①]。例如在《布什访意保安严密》新闻中，主播电话采访意大利《生活》杂志社社长胡阑波时，画面上不时出现了意大利与罗马之间的动画地图和胡社长、比萨斜塔、威尼斯等照片。因此，在长达 3 分钟的电话采访中，观众并不厌烦。在口播新闻中，有时注重运用屏幕文字，翻飞出去的字幕动感极强，加上字体大小、形状、色彩方面花样多变，因此，电视版面得以美化。由于文字的不断替换而呈现出一种类似活动图象的流动感，能使观众在轻松、愉悦中获悉新闻。

2. 同期声运用创新。 电视新闻同期声是指在拍摄人物讲话时录下的讲话声和背景声，包括现场效果同期声（新闻现场的各种音响）和现场采访同期声（新闻现场人物说话的声音）。典型的同期声是电视新闻的一个有机组成部分，生动的同期声是电视新闻中最具魅力的声音，它能充分体现电视新闻声画互补、水乳交融的完美宣传效果。在电视新闻中正确运用同期声可以增强新闻真实感、受众参与感、声音节奏感、画面立体感[②]。然而，在目前大陆电视新闻中，同期声应有的功能并未得以挖掘，主要表现在"不用同期声"和"滥用同期声"两个方面。不用的原因在于有些电视从业者认为同期声占用时间较多，影响传播的信息量；滥用同期声的原因在于从业者认为同期声多比同期声少要好。其实这两种观点十分偏颇。到底如何运用同期声，资讯台的编辑作了可贵的探索。据 2006 年 2 月上旬的统计，该台 85% 的新闻中运用了同期声，运用同期声时

---

① 黄匡宇：《理论电视新闻学》，中山大学出版社，1996 年版，第 209 页。
② 周建青：《同期声在电视新闻中的功能及其运用》，电视研究，2002 年第 10 期。

淡化了记者的"上镜"意识，删除提问过程，用同期声表达关键内容，这样能有效地压缩屏幕时间，加大单位时间内的传播容量，从而提高传播的信息量。在具体运用时根据新闻主题的需要灵活运用。有用同期声叙述事实的，有用同期声评论时事的，有用同期声间接表达电视台立场的等等。在对待同期声与主播声时，同期声和主播音融为一体，共同承担传播任务，带给观众的是真实、完整、朴素的视听信息。例如《三女性鹰时代杂志风云人物》中，主播声串联起三个女性的同期声，二者有机结合构成新闻整体（国际新闻中的同期声，用屏幕文字辅助观众收看）。至于同期声在新闻中出现的位置，无公式可套，运用时应根据内容和主题而定。

3. 新闻表现手段创新。 虽然新闻报道的事实必须是客观的，但是新闻的表现手段可以是主观的。为了增强新闻的视觉效果，简洁形象地表达报道的内容，资讯台在后期编辑新闻时别具一格，其创新手段主要有三。其一，运用动画与图表。动画与图表是对新闻内容的补充和抽象细节的说明，是丰富视觉信息的一种表现技巧。它可以使抽象复杂的事理简单化，抽象的概念形象化，表现的形式直观化，从而易于信息传达，方便观众接受。例如在报道华航空难时，用三维动画演示飞机失事过程；在报道《两岸越过海峡中线合作打捞》时，用动画显示两岸船只越过海峡中线。在报道《港禁毒专员呼吁留意新毒品》中，用图表形式，把新毒品的种类，滥用药物人数直观地传达出来。其二，运用漫画形式，"每种视觉式样——不管他们是一幅绘画、一座建筑、一种装饰或一把椅子——都可以被看成是一种陈述，它们都能在不同程度上对人类存在的本质做出成功的说明。"[1] 新闻漫画更是如此。以"漫画"形式对时事作出评论，颇具匠心。在"环球聚焦"板块中，最后往往是主播带领观众欣赏两幅漫画。例如有一次画的是美国总统布什在圣诞树下拆礼物，拆完后，感叹地说：怎么没有人给我送本·拉登呢？显然，借漫画形式诙谐地表达出媒体的立场与观点。其三，给新闻配乐。一般来说，在后期编辑时给新闻配乐是不允许的，因为真实是新闻的生命。然而在《时事直通车》中，最后一条社会新闻，大多配以轻快的音乐，同时叠出栏目工作人员字幕。例如 2006 年 2 月 21 日《时事直通车》中的最后一条新闻《香港花卉展　石竹独领风骚》，口播之后，画面是各种花卉的特写，同时配上轻音乐，在愉快中结束新闻报道。

---

[1] 〔美〕鲁道夫·阿恩海姆：《视觉思维》，滕守尧译，光明日报出版社，1986年版，第 427 页。

二、新闻栏目编排创新

资讯台的新闻节目除了向亚洲播送外，同时还向美洲、欧洲转播，它的服务对象是全球华人，其新闻栏目编排与众不同，主要进行了以下三个方面的创新。

1. 打破编排常规。按常规编排每天晚上 43 分钟（星期六、日只有 30 分钟）的《时事直通车》编排顺序是：环球报道（国际专列）——海峡两岸——港澳聚焦——财经消息——科技报道——社会掠影。但是一旦海峡两岸有大事发生，该栏目编排打破常规。例如华航空难时，首先报道的是空难新闻，然后才是环球报道及其他。因为，华航空难后，全球华人尤其是海峡两岸极为关注事情的进展。空难发生后的第三天 7 条新闻从不同角度报道了空难后的最新情况，极大地满足了观众的信息欲求。这种不因循守旧、打破常规的编排方式，既体现了对新闻规律的尊重，又体现了"以观众为本位"的理念，是对编排思想的灵活运用。

2. 创造跨媒体传播形式。跨媒体传播形式是指电视媒体除拥有声画符号同时兼备的传播形式外，还拥有广播传播形式（只有声音符号传播）和报纸传播形式（只有文字符号或文字声音符号兼备传播）[①]。一般来说，电视新闻以图象新闻为主，但是在这两个栏目中，不但有图象新闻，还有口播新闻、报摘新闻。通过运用跨媒体传播形式，使电视新闻传播"取众家之长，扬独家之优"，及时为观众提供新闻快餐。在《凤凰早班车》中，有图像新闻、报摘新闻、口播新闻。在具体编排时根据编排思想，相互穿插，以此形成一种明朗的节奏，使观众并不感觉单调。在编辑报摘新闻时，往往从《大公报》、《明报》、《星岛时报》等有影响力的报纸中精选，且以报纸版面为电视版面，对所选报纸新闻加以放大、突出，同时口讲其要点。对于看惯了图象新闻的观众来说，这种编排方式给人以耳目一新的感觉。传播学者指出："阅读文字能记住 10%，收听语言能记住 20%，观看图画能记住 30%，边听边看能记住 50%"，视听结合，两个通道各自汲取信息互不干扰、且又加强记忆深度的原理是不言而喻的[①]。声音符号与文字符号指向同一传播内容时，则形成"听读"一体的同向多维感知通道，同瞬间对大脑相关神经中枢冲击，必然明显地加深"记忆痕迹"。口播

---

① 周建青：《试析电视新闻跨媒体传播形式》，中国广播电视学刊，2002 年第 12 期。

② 黄匡宇：《电视新闻语言学》，中国广播电视出版，2000 年版，第 123 页。

新闻的主要优势是新闻时效快，不受图像限制，是与广播报纸媒体竞争的重要方式。在资讯台的新闻中，对突发性新闻或事件的最新情况常以口播方式在第一时间告诉观众，如对台湾货航事故和华盛顿连环凶杀案调查的最新消息，就是以口播方式告诉观众的。值得肯定的是资讯台的口播新闻，大多辅以电脑作图、电子动画，加强视觉效果和传播效果。

总之，在《凤凰早班车》的编排中，把图象新闻、口播新闻、报摘新闻有机结合起来，以实现其"让观众在出门上班前能清楚了解世界各地的最新情况"的栏目宗旨。

3.板块化编排创新。 电视新闻编排既是一门思维的艺术，又是一门时间分割的艺术。如何合理地分割时间达到理想的传播效果？板块化编排是比较科学的方法。板块化编排是指根据内容或时效性的不同，对新闻信息进行归类，然后再把若干彼此独立而又相互联系的新闻组合成板块（也称栏目），最后通过一定的方式串联成节目的编排方式。板块化编排可以使电视新闻节目变得更加有序，取得更为理想的传播效果[①] 因此，板块化编排为大多数电视台所采用。但是，许多电视台在运用板块化编排时，分割时间不合理，实行的是大板块编排，如把新闻分为国内新闻与国际新闻，或是本地新闻与外地新闻等等，且板块之间没有过渡、没有间隔，不考虑观众的收视心理，把几十条新闻不间断地统统"塞"给观众，这样的板块化编排难以收到好的传播效果。而《时事直通车》与《凤凰早班车》的板块化编排，能根据新闻规律和观众的收视心理，讲究分割时间的艺术，43分钟上的《时事直通车》分为6个小板块：环球报道——海峡两岸——港澳聚焦——财经消息——科技报道——社会掠影。30分钟的《凤凰早班车》分为三个板块：环球聚焦——两岸三地——专线大观。每个板块时长介于6~9分钟之间，且板块之间间以节目宣传片，这样的板块化编排好处有三。

其一，有利于形成多个头条。在诸多新闻中，面对许多重要新闻，该怎样处理？实行板块化编排是其有效方法。因为根据重要新闻的不同类别，把它们置于每个板块的开头，这样就形成了多个头条，例如今年2月21日《时事直通车》的"环球报道"板块中，以"伊朗与俄核谈判结束未有进展"为头条；在"海峡两岸"板块中，以"苏贞昌到台立法院发表施政报告"为头条等等，由于电

---

① 吴飞：《新闻编辑学》，浙江大学出版社，2000年版，第422页。

视是以时间为版面，编辑不可能提前实现编辑意图。只有遵循线性播出规律，运用板块化编排方式，合理搭配新闻刺激的强弱，穿插重要新闻，才能使整个栏目收到良好的传播效果。

其二，方便观众收看，易于保持注意力。把内容相近、主题相同或有其他密切联系的新闻组合在一个版块之下，能提高节目的信息量，方便观众收看。例如，今年2月21日的"环球报道"版块中，从不同角度报道了5条有关伊朗核问题的新闻，使观众在短时间内获悉大量相关信息。纵观《时事直通车》与《凤凰早班车》大都将版块切割时段为6~9分钟，这样的量化分割，有利于观众保持注意力，从而取得较好的收视效果。因为，在分割版块时间时，必须掌握时间对传播效果的控制。法国构造主义心理学家铁钦纳把时间分为物理时间与心理时间，物理时间是恒定的，它的恒定单位为一秒；而心理时间则不同，你在一个乡村车站候车室所消磨的一个小时和你欣赏一场有趣的比赛的一小时，在物理方面是相等的。但对你来说，前一小时很慢，后一小时很快，它们并不相等[1]。若板块时间太长，观众容易产生疲劳，进而产生厌倦。厌倦的本质是人的心理对时间的反弹。因此，在合理分割板块时间的同时，还要考虑每个板块中内容的有趣性和信息量。因为，屏幕时间（物理学时间）最终是以心理学时间的形态在观众的心灵中得到反响（喜好或厌倦），这一反响，将时间形态的电视新闻形态转化为心理空间形态的信息体验，这种体验是否被厌倦，又取决于作为时间形态的新闻，有多少"有趣的信息"进入信息审美主体的心理空间[2]。因此，《时事直通车》与《凤凰早班车》的板块化编辑，不仅有利于方便观众收看，而且有利于观众注意力的保持，从而大大提高了传播效果。

其三、有利于产生节奏感。在节目编排中，只有把握好节奏，才能使观众在收看时一张一弛，不至于感到疲劳和厌烦，才能使观众自始自终保持对节目的注意力。"电视新闻节目中不可能每一条新闻都使所有的观众感兴趣，所以必须把节目想象成一系列的山峰和峡谷，高低不平，错落有致。每次新闻广播都要用当天最重要的、最新的、突发性的新闻作头条，即从高峰开始。新闻节目表越往后，新闻的紧迫性和新闻价值也就越小。在低谷状态下，你应该找到一种办法来一个转变，使节目再回到高峰状态。"[3] 在《时事直通车》中，六个

---

[1] 杨清：《现代西方心理学主要派别》，中国社会科学出版社，1985年版，第108页。
[2] 黄匡宇：《电视新闻语言学》，中国广播电视出版社，2000年版，第257页。
[3] 〔美〕特德·怀特等：《广播电视新闻报道写作与制作》，中国广播电视出版社，1987年版，第268页。

板块形成六个头条，类似于六座"山峰"，每一板块最后一条新闻不及第一条重要，类似于"山谷"。在由"山谷"转向"山峰"时，通过插入简洁的预告和创意新颖、画面冲击力强的节目宣传片，把六个板块自然地连接起来。制作精良的宣传片反复间入板块之间，类似于一首乐曲中反复出现同一优美的旋律，使整个栏目节奏和谐、鲜明（说明：资讯台很少播商业广告）。在每一板块之中，图象新闻与口播新闻穿插、长新闻与短新闻搭配、直播与录播相间、画面色彩的对比、同期声的使用、电子动画的运用等等，使各板块内的节奏灵活变化。"变化所具有的张力，变化所带来的美感，都使其具有一种不可抗拒的魅力。"[①] 整体来说，《时事直通车》与《凤凰早班车》每一板块的内部节奏与整个栏目的外部节奏有机统一，编排的节目自然流畅，富有节奏感与韵律感。

　　总之，电视新闻节目的编排是决定综合性新闻节目整体传播效果的关键环节，编排的优劣很大程度上影响着电视台的形象。资讯台在编排新闻节目时的创新表现，给我国内地电视台的新闻编排带来了有益的启示。

本文发表于《中国广播电视学刊》2005 年第 6 期。

---

① 彭吉象：《影视美学》，北京大学出版社，2002 年版，第 308 页。

电视新闻中同期声的功能
及其运用

电视新闻同期声也叫现场声，是指在拍摄人物讲话时录下的讲话声和背景声，包括现场效果同期声（新闻现场的各种音响）和现场采访同期声（新闻现场人物说话的声音）。典型的同期声是电视新闻的一个有机组成部分，生动的同期声是电视新闻中最具魅力的声音，它能充分体现电视新闻声画互补、水乳交融的完美宣传效果，因此，用好同期声是电视从业者具有专业理念的充分体现。

一、同期声的功能

电视新闻中同期声的功能主要表现在以下四个方面。

1. 增强新闻真实感。真实是新闻的生命，电视新闻中同期声的运用限制了画面的时空位置，表明"此时、此地、此人、此声"，可以防止因随意挪动画面而产生的失实现象。同期声可以把事件现场的音响及人物的讲话直接传递给观众，减少了记者、编辑和主播转述的层次和报道的不确定性，从而增强了信息传播的准确性和可信性。重要的新闻事实通过新闻人物直接向观众讲述，未经任何过滤，就会更加真实，因此伴随物像的同期声，使本为真实的新闻空间更具可感气氛。例如，5 月 22 日凤凰卫视资讯台在《东帝汶立国之喜》新闻中，两次运用同期声：（1）安南同期声："作为联合国秘书长，我很荣幸地把管治权由联合国移交东帝汶民主共和国当局。"（2）东帝汶总统古斯芒同期声："东帝汶独立之后，我们的最终目标是谋求人民生活各个层面的全面发展，从文化到科学，从社会到经济。"通过同期声使观众相信：东帝汶已经独立。现场效果同期声交待事实发生的背景和气氛，刻画人物心理，能够扩大信息量，使观众产生认同感。例如，4 月 1 日台湾 TTV 新闻《金融大楼起重机倒塌，砸死 4 人》中，消防车救护车的呼叫声与现场人物的哭喊声交织在一起，印证了台湾 3.31 地震确已发生。因此，同期声对观众来说，有时比画面更重要——观众并不特别介意画面美不美，却渴望听到真相，在调查性新闻中尤其如此。

2. 增强观众参与感。 同期声的成功运用，可以形成与观众面对面交流的亲切感，从而提高观众对新闻传播的参与性（当然是心理参与）。面对面的传播会使人们高度注意，乃至引起心理和观点的变化，从而达到最佳传播效果。同期声正是利用这一优势把信息有效地传递给观众，观众不是被动地接受信息，而是由记者"带领"主动"参与"到新闻事实中，做到信息与观众观念上和情感上的交流与呼应。如今年世界杯期间，记者在日本、韩国现场采访，被采访的教练、队员、球迷面对镜头发表自己的意见和看法，客观上似乎在与电视机前的观众作单个交流。这使得以群体为传播对象的大众传播方式在一定程度上取得了人际传播的效果。因为观众很容易在心理上参与到事件中去，感觉自己仿佛被带进现场，与记者一同采访、一起倾听新闻人物的讲话。这种心理距离的接近，是观众能够接受新闻所传播信息的一个基本前提。

3. 增强声音节奏感。 据统计，电视播音以每分钟 220 至 250 个字为宜，而电视新闻中被采访对象每分钟约能讲 120 至 150 个字。播音语言与现场采访同期声"交互使用，可使新闻的叙事节奏富有变化。"变化所具有的张力，变化所带来的美感，都使其具有一种不可抗拒的魅力"①。但是，目前国内许多电视台播放的新闻中，只有主播的声音，没有新闻人物的声音，长此以往，观众厌烦。由于每个人的声音都有不同的音高、音色、力度、节奏，因此，电视新闻中恰当运用同期声，可使声音节奏富有变化，从而增强节奏感。

4. 增强画面立体感。 同期声是在时间的流动中发展的，同时又具有自身的

---

① 彭吉象：《影视美学》，北京大学出版社，2002 年 3 月版，第 308 页。

空间性质。同期声的采用，突破了画面影像的局限，大大增强了二维结构的立体感。同期声电话采访使得采访空间感向画外延伸。例如，华航 5·25 空难发生后，凤凰卫视资讯台 5 月 28 日电话采访交通部福建海事局局长吴德训，这时，电视画面上出现：福建、台湾之间地图和吴局长的照片。虽然当时吴局长在福州，但是通过电话同期声及其照片，把观众心理引向了福州，极大地扩展了观众的想象空间。同期声中加入音响，可突破画面容量的限制，扩大信息的总体容量，延伸画面，从而带来一个新的空间，达到"听声见景"的效果。浩大的群众场面，因为有了鼎沸的欢呼声、呐喊声，观众因此拥有更为浩大的心理视象场面。二维画面因音响渗入而具多维特质。

二、如何运用同期声

在电视新闻中正确运用同期声可以增强新闻真实感、受众参与感、声音节奏感、画面立体感。然而，在目前的电视新闻中，同期声应有的功能并未得以挖掘，如何准确运用同期声呢？笔者认为必须做到以下两点。

1.消除两种错误观念。错误观念一：同期声占用时间较多，影响传播信息量。由于存在这种观念，以致绝大多数电视新闻中没有同期声。主要表现在国内电视台播放的消息类节目中，例如今年《新闻联播》中，5 月 20 日所播国际新闻无一条有同期声；5 月 22 日在长达 40 分钟在新闻中（其中报道江主席在四川考察 15 分钟），共播出新闻 18 条，无一条有同期声；6 月 8 日《午间新闻》播出《"上海合作组织"在圣彼得堡举行会议》，新闻中连续 3 次播到"江泽民说"及其它国家总统说，结果全是播音员代劳，无一同期声；近期几乎每天播出的巴以冲突新闻中，阿拉法特成了伟大的哑巴，等等，令观众不无遗憾。笔者连续 15 天（8 月 1 日 - 15 日）记录了 CCTV-1《新闻联播》395 条新闻和 5 个省台的 382 条新闻（调查访谈类节目除外），其中 CCTV-1 无同期声新闻 338 条，占 85.5%，5 个省台无同期声新闻 340 条，占 89%。何以出现这种情况呢？笔者认为原因有二。其一，电视从业者误解新闻中的"时间节约"含义。认为新闻中运用同期声，浪费时间，减少了传播的信息量，不如由主播多播几条消息。其实不然，同期声和播音语言作为一种有声语言符号，担负着电视新闻的逻辑叙事功能，电视新闻的准确传播，在很大程度上讲要依赖于这两种语言。电视新闻的时间节约主要是指把采访中的废镜头、废话、无效同期声（不含信息量的同期声）等删去，以保证每条新闻的信息含量。其二，认为同期声中的方言、外语，观众听不懂，不如让播音员播讲。其实这是一种懒惰的表现，难道不能用屏幕文字来体现同期声内容吗？这一点在港澳台的新闻节目中做得好，"国际新闻"中的同期声均有屏幕文字来辅助观众收看。要知道：播音员流畅的叙述无论如何也不能取代被采访者谈话的权威性，和被采访者所处的特殊地位而带来的真实性。

错误观念二：同期声多比同期声少要好。由于存在这种观念，以致产生滥用同期声。其主要表现在两个方面：其一，同期声过多。尤其突出的是会议新闻，对会议报道模式化，多是"领导首先说"、"接着说"、"再接着说"、"强调说"、"再强调说"、"最后说"等，或干脆是会议现场直播。由于会议内容往往与大多观众没有直接的联系，其信息不是观众"欲知而未知"的内容，无效同期声的拖沓冗长，致使观众心理时间放大，产生厌倦情绪。因此，对于会议新闻的报道要加强会外采访，寻找角度，挖掘观众需要的信息；精心编辑，突破模式，创造个性各异的会议新闻，可采取这样三类样式：精编精报、精编简报、精编合报，把同期声用在关键处。其二，同期声运用不当。主要表现在人为地制造同期声，要新闻人物按记者的意图背稿甚至念稿的"导演同期声"与"表演同期声"，势必将因照本宣科的呆板而令人生厌。在电视新闻中运用方言、外语同期声而又没有屏幕文字，也是运用不当的表现。产生滥用同期声的原因主要是某些电视从业者认为：电视新闻中同期声多比同期声少要好。其实不然，同期声的运用必须精当，起到画龙点睛作用即可；否则，物极必反，收不到预期的效果。

2. 正确处理两种关系

（一）处理好同期声与主播声之间的关系。同期声是电视新闻中声音的重要组成部分，是构成新闻稿的重要段落，它和主播播音融为一体，共同完成信息传达。总体来说，二者同处主体地位。例如，5月20日凤凰卫视播出新闻《印巴局势升温》，主播声是叙述印巴目前局势及其有关背景，同期声是（印度总理瓦杰帕伊到线前作动员）："让我们一起努力，准备好作出牺牲，但我们的目标应是胜利，因为现在是决定性战争的时候。"显然，同期声与主播声共同承担传播功能，带给观众的是完整、真实、朴素的视听信息。同期声与主播声都具有"叙述新闻事实、介绍有关背景、表达抽象理念"的作用。

当然在运用同期声时，还要处理好同期声与主播声之间音量比例的关系。在处理声音主次关系时要把握好三个原则："（1）在同一时间里，只能有一种

声音为主；（2）在两种以上声音出现时，主次声音的音量比例要控制好；(3)在
一般情况下最好只控制两种声音，如出现两种以上声音，次要声音不要控制时
间太长。"① 在电视新闻中，同期声的运用往往有两种情况。其一，同期声处于
主声位置，如8月10日《新闻联播》播出《医改闯出新天地：上海医疗保险基
本实现全覆盖》，该新闻中分别运用了上海市民、医疗保险局局长、医院负责
人、市长的同期声，同期声都是放在主声位置，极具权威性和说服力。现场音
响处于主声时，单独构成一个声音段落（在这一段落中没有播音语言），例如，
画面中一架飞机从机场起飞伴随的马达轰鸣，城市繁华街道上各种车辆的鸣笛，
大型庆祝活动中钢管乐队奏出的乐曲等等，在这样的声音段落中，音响的音量
控制可以大一些，以保证音响能够独立担负起通过声音传达信息的作用。其二，
同期声处于背景声位置，如5月20日凤凰卫视播出《破冰，美前总统访问古巴》，
该新闻中，新闻人物美前总统卡特的同期声都是放在背景声位置，卡特的声音
作为一种背景出现。现场音响处于背景声时，应本着主次分明的原则，在保证
语言音量较大的前提下，用小音量的音响作为对语言和画面内容的烘托。切勿
使音响与语言互不相让，使音响干扰语言，产生喧宾夺主的副作用。

（二）处理好同期声与新闻时间的关系。"新闻时间是指一条新闻播出时
所耗的实际时间"②。如前所述，同期声速率一般是每分钟120至150个字，播
音速率一般是每分钟220至250个字，因此，有些电视从业者认为：同期声节
奏缓慢，占用时间太多，为了增加单位时间内传播的信息量，新闻中可以不用
同期声。其实，这种见解十分偏颇。要知道：仅靠主播播音难以表达现场气氛
和人物的思想感情，同期声直接构成了新闻事件的核心事实。因此要学会用同
期声交代事态的关键内容。要想在一分钟左右内用好同期声，就要避免拖沓冗
长的讲话，准确把握同期声长度，尽量淡化记者的"上镜"意识，删除记者的
提问过程，只将被采访者的同期声编入播音稿，这可压缩单条新闻所占时间，
从而有效提高传播质量。这一组合样式已被美国三大电视网及香港、台湾各电
视台普遍采用。其操作模式如图所示③：

图像：播音员　＋新闻人物　＋新闻现场

声音：导语　＋同期声　＋新闻播音

---

① 黄著诚：《实用电视新闻编辑》，中国广播出版社，2000年8月版，第136页。

② 黄匡宇：《理论电视新闻学》，中山大学出版社，1996年11月版，第47页。

③ 黄匡宇：《电视新闻语言学》，中国广播电视出版社，2000年6月版，第121页。

　　以上模式中有播音员和新闻人物的声音，播音员的声音主要是串联新闻人物的声音，这种组合行文简练，能有效的节省新闻时间。例如，5月20日凤凰卫视播出《美国国会责备白宫对9·11知情不报》，在2分钟的新闻中，共运用了5次同期声，分别是国会、白宫、国务院、国防部、安全办等领导的同期声，同期声处于叙述位置，主播声只起串联作用，二者有机结合构成新闻整体。同期声在新闻中占多长时间，要依新闻主题而定，没有硬性规定。例如，5月21日凤凰卫视播出《恐怖袭击卷土重来》，整条新闻60秒，同期声占了20秒；8月8日《新闻联播》播出《天津：霓虹灯下好工商》，整条新闻115秒，同期声占了70秒。

　　总之，同期声的运用必须精当，采用不当，会弄巧成拙。电视新闻中，同期声是构成真实不可缺少的部分，忠实地记录同期声也是忠于现实的一种责任。但是在目前电视新闻中并非完全这样，同期声要么作为"噪音"被过滤，要么根据主观愿望随意开启、关闭，要么用后期音响效果予以填充……如果真实成了制作者任意改变的对象，那么现实的本来面目应该是怎么样呢？因此，在电视新闻中准确运用同期声是提高传播质量的重要手段，电视新闻从业者应认真待之。

　　　　　　　　　本文发表于《电视研究》2002年第10期，发表时有删减。

论三维背景在晚会节目中的传播功能

——以 CCTV "2009 春节联欢晚会" 为例

据 CTR 市场研究调查统计：80% 的观众认为今年央视春晚办得好。为何今年春晚能获得如此好评，本人认为，晚会形式创新是其主要原因之一，尤其是三维动画背景的运用，使观众耳目一新。央视春晚歌舞导演杨东升介绍，为了实现舞台灯光意境，今年春晚所有节目的舞台背景都变成三维动画。不仅在舞台背景和两侧的 LED 能播放动画，连地板和幕布也能播放动画，舞台效果的展示是全方位的。[①] 三维动画背景的运用，极大地提高了晚会节目的可视性。下面就三维动画背景在晚会节目中的传播功能加以探讨。

一、三维背景是节目内容的有机组成部分，具有传播信息功能

今年央视春节联欢晚会节目中，大量运用三维动画作为舞台背景，在我国这是第一次。仔细分析今年的春晚，

---

① 沈阳日报：《央视春晚多媒体背景挺 "牛"》，http://www.sina.com.cn，2009 年 01 月 28 日。

可以发现，三维背景不仅仅是节目中的点缀，而且是节目内容的有机组成部分，具有传播信息功能，不可或缺。例如舞蹈《城市变奏曲》融汇了芭蕾舞、现代舞、民族舞等多种舞蹈形式，演绎了城市的历史进程。通过运用三维动画背景，不断再现不同城市的标志性建筑，传递了表演的环境与地点等信息。既有北京街上跳街舞的青年小伙，也有城里朝气蓬勃的姑娘；尤其是舞蹈演员还要配合三维背景中的阶梯作出攀登阶梯的动作。在这个节目中，演员跟三维背景融为一体，不可分离。舞蹈《蝶恋花》中，蝶与花是该节目构成的主要元素，人扮演蝴蝶，花靠三维背景来构建。节目中三面背景不断变换花形与花色，整个舞台成了花的海洋，演员在花蕊中翩翩起舞，加上光影色的变幻，令人赏心悦目。

二、三维背景增强节目可视性，升华节目主题

晚会节目可视性，是主办方追求的主要目标之一。今年央视春晚节目比往年好看，主要原因之一就是在节目中大量运用了三维背景。小品《水下除夕夜》以大海为背景，通过三维动画再现海水涌动、潜艇前行的情景，极大地增强了节目的可视性。舞蹈《中华大团圆》通过运用三维背景，再现了我国青藏高原、北方大草原、东北雪松、江南水乡等自然风光，身着不同民族服装的舞蹈演员围成一个"圆"翩翩起舞，景与人焕发着勃勃生机。晚会节目中运用三维背景不仅能增强节目的可视性，而且还可以升华节目主题，突出一种氛围。歌舞《站起来》，通过三维背景逼真再现长城烽火台熊熊燃烧的火焰、宏伟的天坛、翻滚的白云等等，这些景与声密切配合，有力地突出了"站起来"主题。歌曲《中国之最》，通过三维背景，真实再现了珠穆朗玛峰、青藏高原、万里长城、火箭发射、内蒙古大草原、天安门广场、和平鸽等等，这些画面与声音密切配合，形象地传播了中国特征以及对世界和平的向往。由于晚会节目中十分讲究三维背景的运用，给观众以强烈的视觉冲击力；加上演员演技的高超、内容的新颖性及节目形式的丰富多彩，以致观众观看时高度集中注意力，心理参与程度很高，觉得今年的春晚时间过得很快。可见，三维背景的运用，既能提升节目的视觉效果，让观众心理高度参与；又能营造一种氛围，突出节目主题。

三、三维背景增强立体透视感，延伸观众视觉空间

据了解，今年春晚舞台宽 16 米、高 10 米，加上背景和侧幕，LED 的面积近 1500 平方米，舞台幕布由 50 根可伸缩的柱形装置组成[①]，显然，舞台展示的空间是有限的。由于三维动画的运用，今年的春晚则是打开了"三面墙"，也就是说除了背景外，两侧的柱形 LED 能够把舞台及演员表演的环境充分延伸，让观众觉得这个舞台无限大。武术节目《功夫世家》通过三维背景，让观众看到了习武者表演的环境：开阔的场地、漂亮的房子、绿葱的树木、蔚蓝的天空，使观众仿佛置身于功夫世家门前，忘却了自己在坐演播室里看表演。小品《黄豆黄》通过三维背景展示了表演者周围的环境：碧绿的稻田、金黄的土地、蓝天与白云等，把观众的视觉空间无限延伸。歌曲《天之大》通过前后柱子的升降，把整个舞台布置得很有层次，立体透视感极强，加上舞台颜色的变化与红叶的飘落，给观众以视觉享受。杂技《抖扛》通过三维背景，仿佛把表演者带到了天上人间：美丽的舞台、蓝色的天空、飞腾的云雾、翱翔的鸽子，让观众赞不绝口。小品《北京欢迎你》通过三维背景把舞台搬到了北京的一条小街上。可见，晚会节目中运用三维背景可以把舞台的有限变为无限，增强立体透视感，延伸观众视觉空间。

四、三维背景满足直播需求，降低节目成本，提高传播效果

一般来讲，重大节日庆典晚会，中央电视台与省级电视台大都会进行现场直播。现场直播因其即时性、真实性与不可预测性等特点深受广大观众欢迎。据了解，为了提高视觉传播效果，今年春晚剧组特别请到奥运会开幕式舞台背景设计班底进行 LED 多媒体设计。观看春晚节目后，笔者统计发现 90% 的节目运用了三维背景，通过三维背景把表演者的地点与环境进行了创意搬迁，极大地拓展了观众的视觉空间，使观众观看时不至于以为表演地方是在中央电视台的演播室，例如爱尔兰踢踏舞《大河之舞》，通过三维背景及柱子幕布的运用建造了一个金碧辉煌的欧式宫殿，使观众心理认为该节目表演在宫殿里进行；民俗歌舞《山乡春来早》把山乡春的景色搬进了演播室，三维动画背景逼真再

---

① 沈阳日报：《央视春晚多媒体背景挺"牛"》，http://www.sina.com.cn，2009 年 1 月 28 日。

现了蜿蜒的山、碧绿的草、盛开的桃花、青青的竹子；小品《吉祥三宝》通过三维背景建筑了一个新社区，小品表演的是新社区里发生的事情，十分逼真。所有这些节目，通过运用三维背景，虚拟构建表演环境，满足了直播需求，增强了传播效果。

　　试想，如果不运用三维虚拟背景，而改用实景，晚会则无法进行直播，只能改为录播；如果录播，则要消耗大量的时间与金钱。或者如果既不用三维背景，也不用实景拍摄，那么，节目的传播效果不知要逊色多少。此外，三维背景虚建的内容来源于生活又高于生活，不但让观众觉得可信，更让观众觉得好看，这就是三维艺术可贵之处。可见，晚会中三维背景的运用不仅满足了直播需求，而且大大降低了节目成本，提高了传播效果。

　　通过以上分析，可以看出，在晚会节目中，无论是歌曲、舞蹈，还是小品、杂技，都可以通过运用三维背景来提高节目传播效果。三维背景是节目内容的有机组成部分，能够增强节目的可视性，延伸观众视觉空间，满足直播需求，降低节目成本，增强传播效果的功能。但愿日后晚会节目中三维背景运用常态化。

本文发表于《岭南视听研究》2009年第2期。

纪录片虚拟形式初探

纪录片是非虚拟非表演的影视纪实艺术[1]。它坚持真实，反对虚假。由于纪录片具有跨时空的特点，因此在制作不同类型的纪录片时，为了创造"逼真"的效果，适当运用一些虚拟形式，不但不会使观众产生"造假"心理而拒绝接受，反而会增加观看时的"真实感"。因此，本文拟从纪录片语言虚拟形式及其功能方面加以探讨。

纪录片要求记录真实环境，真实时间里发生的真人、真事，不允许虚构事件，因此，大多采用"长镜头＋特写"与"同期声＋旁白"相结合的叙述模式，给观众以真实的感觉。但是，在制作以战争、古代名人、自然风光、宇宙探索为题材的纪录片时，仅用上述模式有时困难重重，甚至无法进行，而适当运用一些语言虚拟形式也可达到"逼真"效果。语言虚拟形式是指那些能传达信息但不能起佐证作用的语言形式。在纪录片中主要包括：三维动画、影视资料、美术绘画、模拟再现、配加音响音乐等。下面分别述之。

一、三维动画

随着高科技的发展，三维动画、电脑仿真等手段在纪

[1] 朱景和：《纪录片创作》，中国人民大学出版社，2002年版，第5页。

录片中日益有所体现，尤其在科普纪录片中。由于这类纪录片与受众的生活有相当的距离，用专业术语及公式来传播，不但使外行根本不懂，而且对受众来说枯燥无味，以致观看时心理时间（指由与意识结合的有机消耗所生成的人的主观感觉中的时间观念①）扩大，从而产生厌倦心里，传播过程中断。为了维护观众对传播内容的兴趣，形式技巧极为重要。例如，阳光卫视近期播出的纪录片《一飞冲天》，用三维动画逐步显示出联合攻击机的设计和制造过程，既简洁又形象。在《地球探索·北美洲冰河奇观》纪录片中，用电子地图展现冰河的位置，当叙述到形成冰河期的原因时，用动画语言形象表达地球自转，绕太阳公转及其轨道变化、湾流海域、冷气团等等，化复杂为简单，通俗易懂。在系列纪录片《神秘的星球》中，完全离不开三维动画语言：太阳诞生、构成成分、磁场活动、日珥爆发、太极光等等知识都以动画语言形象表达，九大行星的形成和旋转轨道、各自位置及相关知识介绍，若没有动画语言的支撑，则寸步难行。尤其当介绍"土星"时，说它很轻，密度比水还小，如果有个够大的海洋容纳得下它，它将漂浮在海洋中，此时电视画面用动画显示：土星漂浮在海洋中。多么生动，多么形象。

二、影视资料

在纪录片中，插入第一手纪录片段、照片等佐证事实的资料是惯用的做法。但是有些题材没有纪实材料。为了形象再现事件的社会历史背景、昔日面貌及其演进轨迹，在纪录片中画龙点睛地插入少量影视剧资料，也未尝不可。不过，在运用影视资料时，应向观众公开申明或暗示：这是为了再现事件所采取的形象化手法，而决不能同真实事件混为一谈。如 CCTV-1 近期播出的《正阳门外——系列纪录片》中，在介绍"全聚德"字号、风水时，就插入了电影中晚清街景的画面和话剧《天下第一楼》片段。大型文献纪录片《新四军》第十集"再创辉煌"中，插入了电视剧《中原突围》中的片段以及从电影中剪辑出来的反映抗日战争、解放战争气势恢宏的战争场面，形象地揭示了新四军在解放全中国中所取得的辉煌战绩。再如，阳光卫视《人物志——约翰·肯尼迪》中，叙述肯尼迪对纳粹的态度时，插入了纳粹士兵操练及其随后闪电攻击捷克的画面，

---

① 黄匡宇：《电视画面创作技巧》，中国广播电视出版社，2002 年版，第 164 页。

这些影视资料，再现了历史背景，加深了观众对肯尼迪的认识。通过插入电影资料，苏联纪录片《普通法西斯》全面剖析了法西斯势力在欧洲产生、发展、危害人类的历史，美国纪录片《纳粹与希特勒》重点剖析了法西斯思想的形成、发展到种族优越论和种族灭绝，直到武力称霸失败，走向覆灭的思想根源。总之，纪录片中插入影视资料要少而精，要围绕主题来精选。插入的位置要准确，不必用的地方用了，给人以冗长感，对总体结构也不利，得不偿失。

三、美术绘画

绘画的基本特点是通过虚构的形式，把对象生动而又逼真地描绘出来，看起来与真实的东西一样。绘画的美，就在于能够以假弄真，用本来是虚构的形式骗取观众视觉上的信任[①]。在有些纪录片中，为了增加画面的可视性，形象地表达内容，有时运用美术绘画也会带来"逼真"效果。例如，阳光卫视播出的人物纪录片《马克·吐温：他的神奇探险》，由于没有记录资料，仅存的照片也极少，因此，该片中运用了78幅绘画，把马克·吐温一生的神奇探险，直观地展现在观众的面前：马克·吐温在河上生活、在沙龙讲故事、扮演驻外记者、逃往旧金山、骑马探险、到国外演讲等等，这些绘画不仅仅是"形似"，更体现出了"神似"，把马克·吐温的内在气质形象地描绘出来。同时通过绘画，展现了马克·吐温的文学成就，《汤姆·索亚历险记》、《傻子国外旅行记》、《富贵年代》等作品的主要内容及主人公均以绘画形式呈现在观众面前，一目了然。在旁白的配合下，给观众以完整的视听信息。试想，如果该片没有绘画，则是多么黯然失色。"每一件艺术品都是对某一事情的陈述，每种视觉式样——不管他们是一幅绘画、一座建筑、一种装饰或一把椅子——都可以被看做是一种陈述，它们都能在不同程度上对人类存在的本质做出成功的说明。"[②]不过，纪录片中运用美术绘画，一般是不得已而为之。若是有第一手纪实资料，则最好用纪实资料。因为纪录片贵在真实，绘画虽然能"作为一种陈述形式"传达某种信息，但其不能佐证事实。因此，要谨慎用之。

---

① 郑元者：《蒋孔阳学术文化随笔》，中国青年出版社，2000年版，第288页。
② 〔美〕鲁道夫·阿恩海姆：《视觉思维》，滕守尧译，光明日报出版社，1986年版，第427页。

四、模拟再现

"真实"是纪录片的生命，导演、摆布是不允许的。但是历史题材的纪录片中，适当使用模拟演示，既是对考古活动和成果的记录，又是对历史之谜的破译，显示出特有的魅力。例如《望长城》中测试"烽火传警"，用点燃烽火、空拍汽车奔驰、手机联络等现代通讯手段和最新拍摄手段的多视角展示，使内容更加丰富，形式更加活泼。再如，英国纪录片《昔日帝国的秘密·方尖碑》中，通过模拟重建拍摄，把金属器械出现以前巨星碑材是如何开采、杠杆架对竖立巨碑有何意义等等这些充满知识性、趣味性的神秘环节，通过模拟再现，疑惑迎刃而解。

模拟再现的条件是历史内容的神秘性和模拟复原的可行性。上面所举例子都是历史之谜。众多传说、推论，一直在增加它的神秘色彩，正是这种神秘性，才使得模拟复原拍摄具有科学的、观赏的双重价值。可行性是一种考古成果，复原工程是考古成果的剖析和演示，是对某种结论的肯定和否定，因而充满了知识性和悬念效果，不加干预地记录复原过程便构成了有声有色的好作品。

近年来，在一些生活、人物纪录片中，也有运用模拟再现的方法来拍摄，例如阳光卫视纪录片《真实的故事·爱的奇迹》，开始叙述"1981 年 4 月的一天中午，17 岁的宋雅静骑着自行车去上学，快到学校时，一辆公交车推到了她……"这时，画面内容是：街道边一个女学生推车上学、公交车驶过来、自行车倒地、奔驰的救护车、忙碌的医护人员等。《百年婚恋·鲁迅》中，当叙述"鲁迅经过拜祖先迎花轿的仪式与朱安结为夫妻"时，画面上出现了特写的烛火和挂红花的新郎背面。这些模拟再现有一个共同的特点：演员总是不露脸，观众只能看到人物的轮廓。因此，观众在观看时，也会产生认同的心理，不会因模拟再现而感到不舒服。当然，模拟再现能否在这种纪录片中运用还值得商榷。

五、配加音响音乐

纪录片重现同步现场声，但并不排斥必要的音响资料和模拟声。摄录采访中，画面不错而声音不好的情况经常出现，因此，后期声音创作进行弥补是必要的。弥补的办法是运用音响资料或模拟声。因此平时要积累诸如雷鸣、风吼、马嘶、鸟啼、鞭炮、枪炮、汽笛等音响资料。模拟声是根据画面内容人工仿制的声音，不仅可以达到以假乱真的效果，还可比原声音更具魅力。例如。科教纪录片《神秘的星球》中的星球相撞爆炸的声音，渲染了气氛，使记录的内容更加具象。《湘西，山的咏叹调》"啃山人"一节，多次运用音响资料，从山景开始便加进了重锤击石头的混合音响，铿锵有力的铁锤声，震荡着群山，也震荡着观众。然后才出现啃山人挥锤破石头的矫健身影。这是经过夸张的"混响"处理，将原始声音艺术化。结尾处，"啃山人"围着火塘与家人畅想湘西的未来时，再次想起了铿锵有力的铁锤声，衬着熊熊塘火，让人物陶醉在遐想中。总之，音响资料的运用，可以突破画面框限，扩大信息容量，形成画面之间的联系感，使观众产生真实感。配加的音乐是纪录片中最富有艺术性的主观声音。在纪录片中，音乐作为一种情绪和意境注入作品，含有作者表现生活的主观成分。它的作用在于"通过音调与旋律创造出情感的形象，直接打动人心，直接唤起观众的思想、情感和心里情绪上的反应与共鸣"。[1] 后期制作配加音乐时，只有置入适当的位置，融入整个作品的内容与形式当中，使人不知不觉地受到它的感染，甚至不感觉它存在的时候，才是最佳效果，这就是人们赞扬的"听不见的音乐"的效果。例如，凤凰卫视在纪念9·11一周年时，播出纪录片《摄影师亲历9·11》，该片有两次配加片段音乐，一次是摄影师在第二天来到事发现场，目睹残垣断壁，目睹人们沉重的脚步，目睹一张张哀愁的脸，此时，配加低沉如诉如泣的音乐，与观众沉重的心情相吻合，以致完全不感觉到音乐的存在。另一次是在片尾，在画面呈现一张张为抢救别人而献身的消防队员的照片时，旁白完全退出，只有低沉哀鸣的乐曲，淋漓尽致地表达了对烈士沉痛哀悼而又敬佩之情。在"电视画面和语言都无法表达情感的深度和广度的时候，音乐就有用武之地了。音乐可以是语意的延伸，人物感情的深化，也是感染观众的桥梁。"[2] 该片中两次配乐，强烈的感染着观众，精确地表达了人们内心的感受与情绪。值得注意的是纪录片中不一定要配加音乐，即使用也要讲究以少胜多，并不要求完整，不完整的音乐能有效的营建纪录片的完整效果。配加音乐时要有铺垫，千万不能为好听而配乐，形神分离，适得其反。

总之，纪录片是一个最富有探索性的领域。本文略论其语言虚拟形式，并

---

① 黄匡宇：《理论电视新闻学》，中山大学出版社，1996年版，第86页。
② 郝俊兰：《电视音乐音响》，中国广播电视出版社，1997年版。

非主张纪录片可以虚构。恰恰相反，正是尊重"真实是纪录片存在的基础，也是它最可贵的价值所在"① 的前提下，根据本人所看到大量国内外纪录片的基础上的一点思考，旨在抛砖引玉，不断提高纪录片的质量，满足观众的需求，使纪录片走出"高原期"。

此文系与罗卓群合作完成，发表于《陕西省广播电视大学学报》2003年第2期。

① 单万里：《纪录电影文献》，中国广播电视出版社，2001年版，第672页。

电视新闻的核心竞争力——画面

——从 3．31 台湾地震报道看台湾电视新闻 从业人员的画面意识

　　作为声画并茂、视听兼备的电视新闻，其魅力就在于画面。电视画面是利用电视设备的扫描成像电路产生的一帧画格。① 从另一个角度看，也可以把画面理解为一种承载多种语言符号的容器。画格也好，容器也罢，均是为了满足观众的窥视欲。暨南大学新闻与传播学院黄匡宇教授经过 5 年对 3000 个受众调查样本研究表明：新闻节目在 60 秒内、综艺节目在 90 秒内、电视剧在 120 秒内、纪录片在 80 秒内，若不能在光、影、声、色上给人以耳目一新的形式冲击，观众则按动遥控器宣判该频道的死亡而另寻"新欢"；某一频道的某一节目能在节目开始的 60 秒至 120 秒以过目难忘的形式留住观众 3 次，该频道某节目往往会成为这些观众下次开机的首选。从上述意义来讲，电视节目传播，形式大于内容。因此，如何采摄到信息饱满的图像，如何编辑出可视性佳的画面，是电视新闻从业者孜孜以求的目标。通过对 2002 年 4 月 1 日台湾无线电视（TVBS）和台湾电视公司（TTV）有关 3·31 地震报道的分析，我们或许能从中得到启示。

---

① 黄匡宇：《理论电视新闻学》，中山大学出版社，1996 年版，第 104 页。

画面标题	导语 主播	小标题条数	特写内容	记者是否出镜	主要彩色线条	电脑作画 电子动画
1. 飞来横祸，过路车被吊车钢条砸毁（TVBS）	导语画面置左占2/3，主播画面置右占1/3	3	钢条砸重车 地面裂开	不出	黑灰蓝、垂直线条	无
2. 金融大楼失火，伤者惊魂未定	同上	2	掉落吊臂 亲人痛哭	不出	灰黄、斜线	无
3. 避免二度成灾，金融大楼周边交管	同上	3	交管人员 夜灯	不出	黑黄、垂直线	制作交通道路图
4. 9.21地震承德路大楼周向阻塞	同上	3	婴犬、危楼、剥落的墙壁	不出	灰白蓝、斜线	无
5. 中山高园山园出现裂缝，双向阻塞	同上	2	裂缝、钢板	不出	灰白蓝、锯齿线曲线	无
6. 台北市灾情统计（TTV）	主播口播	1	无	不出	蓝色、黄色、直线	死亡、重伤、轻伤、失踪图表
7. 金融大楼起重机掉落，伤亡惨重	导语画面置右占1/2，主播画面置左占1/2	3	无	出	灰、黑、倾斜线条	无
8. 北医急诊室，生死一线间	同上	2	血、男伤员、下肢	不出	红、黄、水平直线	无
9. 承德路民宅倾斜，全数救出	同上	3	危楼、断壁、瓦砾	不出	灰、白、倾斜线	无
10. 京华城受损，全面封馆	同上	2	脱瓷外墙、倒地衣架、碎玻璃	不出	灰、白倾斜线条	无

从上面的列表中，可以看出两大电视台的新闻从业者均具有强烈的画面意识。其具体表现在：

一、淡化主播画面，强化导语画面

每条新闻的开头，在主播播报的同时都有不断变动的导语画面，且导语画面所占屏幕大于主播画面。在 TVBS 中，导语画面占 2/3，置屏幕左边；主播画面占 1/3，置屏幕右边。在 TTV 中，主播、导语画面各占 1/2，主播画面置左，导语画面置右。而在今年 3 月 25 日 TTV 改版前，主播画面占 3/4，导语画面占 1/4（TVBS 也是如此），且两台的导语画面都是静止的。从压缩主播画面、扩大导语画面这一变动中，可以看出两台从业人员的画面理念与众不同：淡化主播画面，强化导语画面。不断替换的导语画面都是从该条新闻中精选出来的新闻画面，信息量大，可视性佳，"导语画面十主播画面"同时出现，大大地增加了画面的信息量，极易引起现众的有意注意，产生首因效应，从而使观众自觉锁住该频道。

二、使用小标题，增强易受性

屏幕小标题的使用，使每条新闻层次十分清楚，观众易于把握新闻要点，无论 TVBS 还是 TTV，每条新闻大都有 2 至 3 条屏幕小标题。例如，TTV 在播放《京华城受损，全面封馆》新闻时，屏幕下方除主标题外，随后出现"地震导致水管破裂，京华城封馆"和"大楼外墙瓷砖脱落"两个小标题，当然，小标题何时出现因画面内容而定，小标题的使用，无意中产生一种节奏，不易使观众眼睛疲劳，这与有些电视台每个画面下方都有文字或无文字，效果大不一样。传播学研究的成果指出：阅读文字能记住 10 %，收听语言能记住 20%，观看图画能记住 30%，边听边看能记住 50%。电视新闻传播的易受性主要体现在看（画面）、听（播音）、读（文字）多通道同时感知的综合效应中。因为多通道输人同一个信息，各单个通道信息负荷量相对减轻，受众心态处于放松情景下，使信息量输入最大。这便是传播符号综合效应带来的易受性。[1] 因此，精心制作

---

① 黄匡宇：《理论电视新闻学》，中山大学出版，1996 年版，第 45 页。

小标题，使新闻内容更具易受性。值得注意的是在制作小标题时，小标题与画面内容应相一致，不宜产生"互消效应"。遗憾的是 TTV 在播放《承德路民宅倾斜，全数救出》时，屏幕小标题是"救援及时，无人伤亡"，而画面上出现了抬伤员的情景，文字与画面互相矛盾。因此，制作标题时要精心。

三、精挑特写镜头，把握好"暴露度"

实践表明，精品新闻，在 1 分钟内都有 8 个以上的镜头，而细节镜头不少于 3 个。两台所播 10 条新闻中，其中 8 条具有 2 个以上的特写镜头。特写的功能是选择与放大。所谓选择，是将人或物从周围环境中强调出来，即"从整体中抽出细节"。所谓放大，是让观众逼近画面对象，窥察细微表情传达的心灵信息，或是细部特征。特写镜头的运用，两台均有充分的体现，尤其是 TVBS，每条新闻都有 2 至 3 个特写画面。特写的对象有物：被砸的车头、路面的裂缝、剥落的墙壁、倒地的衣架等等；也有人：亲人痛哭的眼泪、伤者痛苦的表情、张女士受伤的下肢、匆匆打电话的顾客等等。通过这些特写，把地震带给台湾人民的灾难，表现得淋漓尽致。

遗憾的是 TTV 在《金融大楼起重机掉落，伤亡惨重》新闻中，运用的景别全是远景、中景、近景，无一特写；在《北医急诊室，生死一线间》新闻中，特写对象是血淋淋的伤员和张女士的下肢，这两个特写虽然表现了伤者的惨状；但是，暴露部分太多。而 TVBS 这点把握得较好，该台在播《金融大楼吊臂掉落，伤者惊魂未定》中，特写 5 个死者时，用白布遮挡死者，注意了画面的清洁度。因此，在运用特写时要注意"暴露度"的把握。

四、用好有效面面，缩减无效画面

有效画面是指能够带来信息量可视性佳的画面，否则就是无效画面。同期声（现场声）是指在拍摄人物讲话时录下的讲话声和背景声。两台在运用同期声时颇有特色，注重了有效画面的运用，无效画面的处理。在运用同期声时淡化了记者的"上镜"意识，删除了记者的提问过程，只将被采访者的同期声编入播音稿，同期声成了叙述的主体，和整个播音稿融为一体。同期声的使用能够增加新闻的准确性和权威性，能增强画面的运动感和速度感，使观众的参与意识（心理参与）大大增强。TVBS 和 TTV 所播 10 条新闻中，有 9 条运用了同期声（另一条是口播新闻），同期声的新闻中仅有 1 条记者上了镜头，其中 8 条都删除了可有可无的记者提问过程（无效画面），画面上只有被采访者的形象（有效画面）。这样可以压缩单条新闻所占时间，从而有效提高画面质量。

值得指出的是 TTV 在播《金融大楼起重机掉落，伤亡惨重》时，记者上了镜头。在长达 1 分钟的现场播报中，记者语言不清晰，颇显罗嗦，加上多次出现消防车、救护车的尖叫声，现场音响成了观众接受信息时的噪音。因此，同期声要用到关键处，不宜过滥。

五、捕捉线条，把握色彩

两台记者在拍摄画面时注重了线条的捕捉，色彩的把握。线条是画面构成中的一个基础因素，任何画面中的任何形体轮廓最基本形态都表现为线条。在电视新闻画面构成中，首先需要的是发现线条和捕捉线条。从两台所播新闻画面中可以看出，记者在现场善于捕捉反映事物特征、突出新闻主题的线条。斜线和曲线几乎在每条新闻中均有体现。画面中斜线主要体现在民宅、大楼、电杆、桥梁中；　曲线主要表现在开裂的地面、公路及破损的建筑物中，地震给台湾带来的灾难，通过线条得到了真实的体现。因为，斜线在画面中可产生动感，意味着危险、崩溃；曲线、锯齿线使人的视线产生忽高忽低的变化，因而产生不安、紊乱的感觉。

两台记者在色彩把握方面也高出一筹。现场拍摄中，用典型色彩表现时间、环境、气氛、情绪等。在《飞来横祸，过路车被吊车钢条砸毁》中，背景以灰蓝色为主，画面给人以沉重压抑之感；其它新闻中，满地狼籍的事物以灰白色为主，给人以凄凉之感；用红色突出伤者惨重，用黑背景色体现事发时间——夜晚……现场色彩把握完全取决于记者敏锐的洞察力和对新闻主题的理解。

六、运用电子手段，增添可视性

口播新闻指以播音语言为主体的新闻。为了提高口播新闻的可视性，电脑作图、电子动画是其有效手段。运用这些手段能够增添画面的可视性，提高信息传递效率。TVBS 在《避免二度成灾，金融大楼周边交管）中，运用了电脑作图、电子动画制作出交通管制道路图。简洁形象且富有动感的路线图，让观众轻松愉快地获取信息，可谓"一图胜千言"，增强了观众的记忆深度。TTV在口播新闻《台北市灾情统计》中运用电脑作图，制作出"死亡、重伤、轻伤、失踪人数"一览表，表格精致，以黄色为背景，字形字色配置和谐，画面可视性极佳。电脑作图、电子动画为补充口播新闻中的有效画面因素创造了条件，是电视新闻语言中极富叙述力的非语言符号，电视工作者在实践中应充分重视之。

通过以上分析，我们可以看出无论是前期采访，还是后期编辑都体现了台湾电视新闻从业者具有强烈的画面意识。制作出信息饱满可视性佳的画面，让观众享受，使观众自觉锁住该频道，是电视工作者的努力方向。我们可以说，电视节目的核心竞争力在于形式；对电视新闻来说，形式之表现主要在于画面。因此电视新闻的核心竞争力在于画面。

本文发表于《视听界》2002 年第 3 期。

电视新闻标题四要四忌

电视新闻以时间为版面，报纸新闻以空间为版面，因此，对于二者新闻标题的制作也大有不同。针对当前电视新闻标题中存在的一些问题，笔者拟在拙文中谈谈标题的制作。依据电视新闻的特点及观众收视的心理，本人认为制作电视新闻时要做到四要四忌。

一、要简短忌冗长

据心理学家分析，移动视线时获得的印象，不如不动的注视获得的印象深刻。因此，标题越长，阅读就越不方便，给人的印象就越模糊；反之，标题越简练，阅读越方便，给人的印象就越深刻。简短的标题，让观众一瞬间尽收眼底，不会因标题而错过了画面，也不会因看画面而错过了标题。如：

①绿了山川引虎来（2000年12月11日，黑龙江电视台）

②天津：霓虹灯下好工商（2002年8月8日，CCTV-1）

标题①只有7个字，即把新闻的主要内容表达出来，三个动词"绿"、"引"和"来"使标题"立"起来，给观众以动感，且"绿山"与"虎来"有着因果关系，标题揭示的正是：随着天然林保护工程的展开，人们保护意识的增强，野生东北虎的生存环境正得到逐步改善。标题②

仅用 9 个字，点明了新闻的地点、人物及作者的鲜明态度，通过两个借代修辞手法："霓虹灯"代指大城市天津，"工商"代指工商管理人员，使标题颇显文采。这两条标题用简练的一句话，说明了新闻的主要内容和实质，寥寥数字真实、生动、形象地勾勒出事实的轮廓，点明了它的深意。相反，冗长的标题，观众厌烦，使本来由视听双通道带来的易受性（观众接受信息的时间支出、精力消耗最少）变成难受性。如：

③李岚清在四川考察时强调大力推动科技进步和体制创新，加快西部地区经济建设和社会发展（2002 年 10 月 28 日，CCTV-1）

④温家宝在第三届中国环境与发展国际合作委员会第一次会议上发表书面讲话强调中国将坚定不移地实施可持续发展战略（2002 年 11 月 23 日，CCTV-1）

这两则标题字数分别达 39 和 52 字，占满了屏幕下方。笔者曾对 100 位观众调查结果显示："90% 的观众对 30 字以上的电视标题一般不看。显然，这样的长标题失去了存在的意义。据统计，一条电视新闻播出时间大多为 1 分钟左右，当观众阅读标题时，电视画面匆匆而过。心理学告诉我们：当眼睛专注于某一事物时，对其它事物则视而不见。因此，当盯着屏幕下方的标题时，就错过了屏幕上的其它内容，因为，视知觉感知规律告诉我们：感知一个全景画面所包容的景物需要 8 秒钟左右的时间，感知一个中（近）景画面所包容的景物需要 5 秒钟左右的时间，感知一个特写画面所包容的景物需要 2 秒钟左右的时间[1]。因此，电视记者、编辑在制作标题时，要根据电视画面转瞬即逝的特点，为观众着想，不能仅用条条框框去套，更不能用制作报纸标题的要求来制作电视标题；否则，标题就成了观众收视时的赘物，失去了应有的功能。

二、要具体忌抽象

标题是新闻的眼睛，电视新闻的标题一般只有主题，很少出现引题、副题，即以单式标题为主，这是与报纸标题在形式上的最大区别。因此电视新闻标题一般要求实题而非虚题，标题中应该有具体的新闻事实内容，而不能是抽象空洞的内容。如：

⑤广州：公交车下月启用电子消毒器（2002 年 11 月 22 日，广东卫视）

---

[1]黄匡宇：《理论电视新闻学》，中山大学出版社，1996 年版，第 47 页。

⑥西班牙山林大火至少一人丧生（2002年11月11日，凤凰卫视）

⑦中国入世一年来（2002年11月11日，凤凰卫视）

⑧省政府常务会（2002年9月28日，湖南卫视）

标题⑤、⑥把地点和主要新闻事实嵌入题中，十分具体，即使只看标题，不听播音也知新闻内容。而标题⑦、⑧则相反，空洞无物，大而无当。标题⑦完全可以作为系列报道的主标题，可从不同方面、不同角度报道中国入世一年来取得的成绩及存在的问题，但是，一看新闻内容，仅是回忆去年入世的情景"一锤定音"，这不是旧闻回放吗？能给观众带来多少信息量？标题⑧着实是粗制滥造，这则标题既没有点明会议的时间地点，也没有表达出会议的主要内容，无任何特色；这种不着边际的共性标题和空泛虚浮的"会议通告式"标题，令人怀疑从业者的业务水平及其敬业精神。对于会议新闻标题的制作，总体来说，港澳电视台的标题比内地电视台的要好些，它们一般都从观众角度来考虑，把会议的主要内容嵌入标题中，下面选取凤凰卫视的是十六大期间部分会议新闻的标题，可略见一斑。

⑨缩小贫富差距成改革重点（2002年11月11日，凤凰卫视）

⑩大陆各方表示已为直航做好准备（2002年11月11日，凤凰卫视）

⑪不能以财富判断人先进与否（2002年11月11日，凤凰卫视）

这些标题从不同角度体现了十六大精神，正是观众欲知未知的信息，比起标题⑦、⑧来说，要具体得多。

三、要一致忌矛盾

"一致"指的是新闻标题与画面、声音内容紧密结合完全一致，即题画相符和题声相符。电视新闻是多种符号的有机融合，具体表现为看（画面）、读（文字）、听（播音）。只要新闻中所运用的符号结构上趋于合理，彼此相互交融，形成一个高度组织化的严密的集合体，就会产生类似物理学上的共振效应，两个物体因振动频率相同而产生一种混合能量，从而加深观众的记忆。例如：

⑫怪飞机亮相珠海航展（2002年11月11日，凤凰卫视）

⑬医改闯出新天地：上海医疗保险基本实现全覆盖（2002年8月10日，CCTV-1）

标题⑫突出一个"怪"字，怪飞机怪在哪里，通过画面得以印证。原来怪在飞机的造型上，该飞机的翅膀由四块倾斜的合金板组成，小巧轻便，新闻标题与画面一致，即题画一致。标题⑬中的"新天地"、"全覆盖"，通过四次同期声来体现：上海市民、医疗保险局长、医院院长、上海市长，通过现场同期声把上海医疗保险改革覆盖上海90%的业绩表达出来，标题与声音完全一致，即题声一致。

"矛盾"指的是标题与画面、声音内容相反或相离，即题画不符或题声不符。如果标题与画面、声音互相干扰，就会因结构无序而造成整体符号传播功能的衰减，产生"互消效应"。例如：

⑭救援及时，无人伤亡（2002年4月1日，台湾电视公司TTV）

该条新闻报道的是3月31日台湾发生的地震，画面中的抬伤员场面，与标题中的"无人伤亡"相矛盾，从而降低了整条新闻的可信度，降低了传播效果，产生了互消效应。因此，电视记者编辑在制作标题时要精心。

四、要明确忌歧义

"明确"指的是电视新闻的标题观点要鲜明、事实要准确。例如：

⑮东帝汶立国之喜（2002年5月20日，凤凰卫视）

⑯美国国会责备白宫对"9.11"知情不报（2002年5月20日，凤凰卫视）

⑰一汽为非领导职务技术人员配轿车（2002年6月11日，CCTV-1）

标题⑮通过"喜"字鲜明地表达了对东帝汶独立的态度，通过联合国秘书长安南和东帝汶总统古斯芒的同期声，印证了标题中"立国"，使观众相信东帝汶已经独立。标题⑯道明了国会责备白宫的原因是白宫对"9.11"知情不报。该新闻中共运用了5次同期声，分别是国会、白宫、国务院、国防部、安全办等发言人的同期声，从中可以看出美国由于三权分立所造成的相互推诿的现象，体现了标题中的"责备"。标题⑰明确地指出了：谁、为谁、做什么，鲜明地表达了第一汽车制造厂对非领导职务技术人才的重视。制作标题要明确的同时，也要注意用词简洁，因此，记者、编辑用词时，力求简化。简称是很必要、很经济的语言形式，也是常用的构词方式；但前提首先是要"明晰"和"确切"，使观众一目了然。如"联合国教育科学文化组织"简称为"联合国教科文组织"，"中国共产党第十六次全国代表大会"简称"中共十六大"，这些简称不但语义明确，而且已为全社会接受，嵌入标题中能起到简洁作用。如果随意生造，要观众去揣测，就违反简称的原意了[1]。如：

⑱罢工持续，委国将进口汽油应急（2002 年 12 月 23 日，凤凰卫视咨询台）

⑲西国圣诞彩票开奖，彩金全球最高（2002 年 12 月 23 日，凤凰卫视咨询台）

一看标题⑱、⑲中的"委国"、"西国"，不知是指哪国？看完新闻后才知是指"委内瑞拉"和"西班牙"。这些都是随意生造或误用简称的表现，以致标题内容指向不明。为了使标题明确、简洁，除慎用简称外，还要防止产生歧义。例如：

⑳杨正午等在岳阳（2002 年 5 月 6 日，湖南卫视）

标题中"等在"是作一个词还是作两个词用呢？如果作一个动词用，则表明只有省长杨正午一个在岳阳督战抗洪；如果作两个词用，则表明在岳阳指挥抗洪的不仅有杨正午，还有其他领导人；看完新闻才知记者要表达的是前一种意思。因此，在制作标题时要谨防产生歧义。

总之，电视新闻标题要简短忌冗长，要具体忌抽象，要一致忌矛盾，要明确忌歧义。不要因电视新闻顺时传播的制约性和携带保存的不便性而怠慢标题制作。为了牢牢吸住观众的眼球，增强传播效果，制作精彩的标题是有力措施之一。因此，望电视从业者认真待之。

本文发表于《岭南视听研究》2003 年第 5 期。

---

[1]黄煜、卢丹怀、余旭：《并非吹毛求疵》，广东高等教育出版社，1998 年版，第 167 页。

媒体发展新形态研究

对 "媒介融合" 的质疑

近年来，"媒介融合"是一个热门话题。在笔者提交论文时，在百度中可检索到 3500000 篇与"媒介融合"有关的文章，在 CNKI 中国知网数据库中可检索到 810 篇与其相关的论文。什么是"媒介融合"？其是否存在？笔者从"Media Convergence"翻译、"媒介融合"的内涵及其传媒发展现状等方面对其提出了质疑。

一、"媒介融合"研究文献简述

从中国知网数据库中检索，学术界对"媒介融合"的研究主要从下面六个方面展开。

一是研究"媒介融合"概念。对于媒介融合概念大多认为是 1983 年美国马萨诸塞州理工大学教授蒲尔（P001）（有的译为"普尔"）最早提出。2003 年美国西北大学教授李奇·高登（Rich Gordon）认为对媒介融合的理解可从六个方面进行，即媒体科技的融合、媒体所有权合并、媒体战术性联合、媒介组织结构性融合、新闻采访技能融合以及新闻叙事形式融合。美国新闻学会媒介研究中心主任 Anchew Nachison 把媒介融合理解为一种"印刷的、音频的、视频的、互动性数字媒体组织之间的战略的、操作的、文化的联盟。"2005 年，中国人民大学新闻学院教授蔡雯发表了与美国密苏里新闻学院教授有关媒介融合的对话后，又一连发表了多篇介绍媒介融合的文章；从此，国内关于媒介融合的研究论文日益增多，甚至出现了以媒介融合为研究对象的专著。二是研究媒介融合的功能及其带来的影响。媒介融合功能主要表现在可以让受众随时随地获取信息，极大地满足受众需求；有利于传媒在激烈竞争中取胜。媒介融合对传媒采写、发布、运营、管理及对传媒教育等许多方面产生了深远的影响。三是研究媒介融合的表现。纵观许多论文，认为媒介融合的表现形式有：报网互动、台网互动、多媒体平台、网络媒体、手机媒体、内容融合、网络融合、终端融合、产业融合、传媒并购、联合采访、新闻采写技能融合、传媒结构整合等等。四是研究媒介融合与新闻教育改革。媒介融合推动传媒教育改革，改变过去传统单一型人才培养模式，培养能进行跨媒体采、写、编、摄等具有多种技能的复合型人才，以致少数新闻学院设立了媒介融合专业。五是研究媒介融合现实效果。一些学者研究认为，媒介融合可以进行多种新闻资源的整合，有利于节省成本，提高采编效率等正面作用。也有一些学者认为，媒介融合导致内容同质化、竞争力消解等负面效应，因此，更应看重传媒的分化。六是研究三网融合。三网融合是近两三年来持续关注的热门话题，从现有研究成果来看，主要研究议题涉及三网融合的传播优势、赢利模式、技术难点、存在问题及发展趋势等等。

二、对"媒介融合"的质疑

目前，"媒介融合"在学术界与传媒界是一个时髦话语。好像谁不谈论"媒介融合"谁就会落伍，就不能体现与时俱进。研讨"媒介融合"，好一片热闹！媒介真的能融合吗？其是否存在？下面笔者从"Media Convergence"的准确翻译、"媒介融合"的汉语内涵及其传媒发展现状等方面对其提出质疑。

1. **"Media Convergence"应译为"媒体聚合"，而非"媒介融合"**。据笔者考查，在我国"媒介融合"概念最早来自于"Media Convergence"的翻译。有些学者把"Media Convergence"译成"媒介融合"向国内介绍。"Media Convergence"究竟如何翻译，笔者查阅了《英语辞海》、《最新高级英汉词典》、《朗文英汉双解词典》、《牛津现代高级英汉双解辞典》等多种权威英语词典，总体来看，"Media"可译为"媒体或媒介"；"Convergence"可译为"汇合、集中、聚集、会聚等"。可见，从翻译角度来讲，把"Media Convergence"译成"媒介融合"是不准确的，正确的翻译应为"媒体聚合"。

把"Media Convergence"译成"媒体聚合"，笔者也不是第一个。香港学者宋昭勋所写论文《新闻传播中 Convergence 一词溯源及内涵》，其主旨是通过追溯 Convergence 一词的演进历史，使人们对媒体融合这一现象和发展趋势有更清晰的理解。虽然文中主要论及的是媒介融合，但文中有两处提到"传播形态聚合"与"媒体聚合"。例如：传播学者普尔 1983 年在其大作《自由的科技》（the Technologies of Freedom）中，提出了"传播形态聚合"（the Convergence of modes），他认为：数码电子科技的发展是导致历来泾渭分明的传播形态聚合的原因。1994 年，《纽约时报》报道圣荷两水星报（San Jose Mercury News）与美国在线（AOL）共同推出名为《水星中心新闻》（Mercury Center News）的电子报服务时，用了一个小标题："一次媒体聚合"（A Media Convergence）（高登，2003）。①

2."媒介融合"与"媒体聚合"之异同。 "媒介融合"与"媒体聚合"中，"媒介"与"媒体"在传媒界有时可以通用；但是，严格来说，二者区别明显。"融合"与"聚合"两词中，虽然都有"合"，但是合的方式与结果大有不同。

笔者查阅《现代汉语词典》与《古汉语常用字字典》，"媒介"与"媒体"、"融合"与"聚合"两组词语既有联系又有区别。"媒介"的意思是"使双方（人或事物）发生关系的人或事物。"正如麦克卢汉《理解媒介》一书中指出，口语词、书面词、服装、住宅、贷币、时钟、汽车、照片、广播、电影、电视等都是媒介。"媒体"是指"交流、传播信息的工具。"可见媒介表述范围远甚媒体，媒介强调的是两者之关系，媒体强调的是传递信息。

"融合"是指"几种不同的事物合成一体。"即由多个性质不同的事物融化形成一个新的事物，该事物的结构、性质与功能均与原先的事物完全不同。可见，"融合"类似化学反应。"聚合"是指"聚集到一起"。"聚合"的对象可以是同类事物，也可以是异类事物，其产生的结果是事物量的增加，事物的性质与功能并没有发生改变，即没有产生新的事物。可见，"聚合"类似物理反应。

按照现代汉语词义的理解，"媒介融合"是指不同的媒介合成一体，形成一种新的媒介，这种新媒介在结构、性质、功能等方面与融合前的媒介截然不同。不同的媒介经过融合后，意味着原有的媒介没有存在的必要，因为融合后诞生

① 宋昭勋：《新闻传播中 Convergence 一词溯源及内涵》，现代传播，2006 年第 1 期。

的新媒介比原有媒介更先进，功能更多。"媒体聚合"是指同类媒体或异类媒体汇聚在一起。"媒体聚合"一般是为了实现某种共同利益，有目的有计划的把不同媒体或同类媒体集中在一起。各种媒体经过聚合后，仍然保持各自的特点与优势，具有相对的独立性。

3. 传媒现状证明"媒介融合"并不存在，仅是一种理想。随着我国实行由计划经济向市场经济转变以及新兴媒体的快速发展壮大，对大众传媒造成了强烈的冲击，传播观念发生了根本性的变化，由"以传者为中心"转向"以受者为中心"，传媒改革不断深入；传媒经济功能不断强化，原来由财政全额拨款转向为部分拨款直至自谋出路，由单纯注重社会效益转向为社会效益与经济效益并重；用人机制由终身制转向全员聘任制等等。在这种大环境下，传媒推出改革举措，以适应社会发展与传媒竞争的需要，而这些举措并非是"媒介融合"。

（一）报网互动、台网互动＝媒介融合？许多学者认为，报社、电台、电视台为了应对新媒体的挑战，纷纷开设网站，进行报网互动、台网互动，走媒介融合之路。仔细分析，这并非媒介融合，只不过媒体机构多办了一个网站，由经营一种媒体扩展到经营两种媒体，内容上可以有互动，但并非融合。报纸与网站无法融为一体，虽然报纸上的内容可以转载到网站上，但是报纸仍然是报纸，网站仍然是网站，它们仍然是两种不同的大众传播工具，只不过报纸内容多了一种传播渠道而已。同样，广播电视台开办网站，只不过广播节目、电视节目多了一种传媒渠道罢了。正如复旦大学新闻学院李良荣教授在南京参加中国首届媒体融合高峰论坛会上，诘问"难道同样的内容通过不同的方式传播就是融合？"①

（二）手机、网络等新兴媒体＝融合媒介？由于手机与网络能传递文字、声音、图片、视频等多种符号信息。因此，很多人认为手机、网络等新兴媒体是媒介融合的产物。对于这种观点，笔者并不赞同。大家知道，手机原本是通讯工具，由于通讯技术的不断发展，手机的应用得以拓展；不仅能传递声音，还能传送文字与影像，于是，手机报纸、手机广播、手机电视应运而生。手机有这些传播功能，并不是由于手机与报纸、手机与广播、手机与电视融合的结果；而是由于信息技术的推动与手机媒体的物理性能决定了其具有这些传播功

---

① 杨娟、严三九：《资本・创新・全球化——媒介融合的现状与未来——2008 中国首届媒体融合高峰论坛综述》，新闻记者，2009 年第 3 期。

能。对于传统媒体来说，手机不过是一个新的接受终端。同理，由于网络技术的发展与网络的物理属性决定了它既能传播文字内容，也能传播声音与影像内容。其传播信息容量远超以往任何一类媒体。不能因为网络能进行文字、声音、影像传播就认为其就是融合媒介。纵观传媒发展史：手抄报→印刷报→广播→电视→网络→手机，每一种新媒体的诞生都是在社会需求与传播科技共同作用下而诞生，在传播形态与传播功能方面与旧媒体相比都有质的飞跃。其传播符号无论单一，还是多元；传播方式无论单向还是双向，均是由传播技术及其媒体自身物理属性所决定。手机也好，网络也罢，对传播内容而言，只不过是一种新的传播平台，而非融合媒介。

（三）媒体合并、多媒体经营 = 媒介融合？有学者撰文认为媒体合并、多媒体经营就是媒介融合。笔者认为这种观点经不起推敲。进入 21 世纪以来，国内国外不断出现媒体并购事件，新的传媒集团不断诞生，其中最有名是美国在线并购时代华纳，组建美国在线时代华纳公司。并购的动因是双方都看到了对方的优势，美国在线有强大的网络渠道与广大的用户，时代华纳有强大的内容提供能力。两者并购是否就是媒介融合呢？显然不是。并购后的美国在线时代华纳公司仍然是从事网络、广播影视、杂志等多种媒体内容的生产与传播，只不过整合了资源，媒体之间可以更充分地发挥各自的优势，取长补短。然而从现实发展来看，这次"世纪并购"并不理想。我国通过行政手段组建了数十家报业集团与广电集团，出现一个集团经营多种媒体的情况，是否意味着"媒介融合"了呢？依然不是。无论是用市场手段还是政府手段组建起来的传媒集团，都是出于传媒自身发展的需要而实施的一种战略，组建后媒体界线仍然分明，无法融合。事实证明，我国通过政府手段组建的传媒集团仅是一个空壳子，没有实际意义。

（四）媒体联合采访 = 媒介融合？在传媒业界，许多从业人员认为跨媒体联合采访就是媒介融合。其实这是一种全方位采访报道的组织策略，是跨媒体组织联合采访的一种采访方式，并非媒介融合。这种联合采访有利于发挥各路媒体记者的长处，提高采访效率，更好地满足受众信息需求。例如佛山传媒集团在 2008 年美国总统大选中，集团派出跨媒体联合采访组奔赴美国"直击"美国大选，第一时间通过报纸、电台、电视台、网络、手机报等渠道，使新闻真正滚动起来，全方位把信息传递给广大受众，实现了国内地级市媒体新闻采访的重大突破。不但集团内部不同媒体之间可以进行联合采访，而且集团外部不同媒体之间也可进行跨媒体联合采访。采访后，各路记者还是为各自媒体服务。联合采访，各取所需，有利于节省成本，提高报道影响力，这种跨媒体联合采访方式，日益得到传媒业界的重视。

（五）跨媒体平台＝媒介融合？谈到媒介融合案例，许多人就会想到美国"佛罗里达的 TAMPA，这是一次大规模的尝试，30 多个媒体放在了同一个大平台里运作，尝试了一次多家媒体的融合：TAMPA 先驱报、WFLA 电视台和 TAMPA　BAY 在线在同一写字楼同一平台上办公。这样他们的网站上就有电子版报纸，这是网络与报纸的融合，电视台和报纸则会联合采访，共同工作。"①这种把多家不同媒体汇聚于一个平台上的运作方式，只不过把原来分属不同地方的媒体集中起来，有利于实现资源共享，提高新闻素材采用率。但报纸、电视、网络并没有真正融合在一起，它们仍然以各自的传播特点与形态传播新闻。受佛罗里达 TAMPA 的影响，国内有些传媒机构也在尝试跨媒体平台的建设。这种平台的建设，可以看作是传媒管理改革的一种举措，也可以看作是传媒应对同行竞争的一种市场行为，而非媒介融合。

（六）跨媒体传播形式、多媒体报道＝媒介融合？跨媒体传播形式其实早已有之，笔者 2002 年曾发表一篇论文《试析电视新闻跨媒体传播形式》，文中就探讨了电视新闻广播化与电视新闻报纸化两种跨媒体传播形式。②目前，新闻报道中运用跨媒体传播形式、多媒体报道方式越来越多，尤其是重大事件发生时更是常见。这种"聚各家之长，扬独家之优"的报道方式决非媒介融合。每当重大事件发生时，我们经常看到电视中有传播报纸、网络内容的栏目或节目；报纸上有刊载网络博客的内容；网络更是集文字、声音、图片与视频等各种传播符号于一身，进行多媒体报道。在新闻实践中，跨媒体传播形式与多媒体报道是传媒在激烈竞争环境中与受众信息需求的推动下，传媒自身在采、写、编、播等环节上采取的一种高效传播举措。这种举措有利于增加信息量，降低报道成本。

（七）三网融合：遥遥无期。三网融合是指电信网、广播电视网和计算机通信网的相互渗透、互相兼容、并逐步整合成为统一的信息通信网络。融合之后能提供包括语音、数据、图像等综合多媒体的通信业务。从理论上分析，三网融合属于媒介融合。但是，从现实发展来看，三网融合在我国只是一个烫手

---

① 高钢，陈绚：《关于媒介融合的几点思考》，国际新界，2006 年第 9 期。
② 周建青：《试析电视新闻跨媒体传播形式》，中国广播电视学刊，2002 年第 12 期。

的概念。国务院确定三网融合首批 12 个试点城市已过一年多，取得了有什么进展呢？流媒体网 CEO 张彦翔认为，试点城市的意义目前还没有看出来。似乎都没有什么过多的进展，"只是在三网融合的政策下干着以前就在做的事"。[①] 一年来，虽然产生了一些所谓的三网融合模式，但是概念炒作远大于实际操作。以一些专家看好的"武汉模式"为例，也不过是一个概念炒作而已。该模式通过中国电信武汉分公司与武汉广电组建了武汉市三网融合合资公司。公司成立以来，由于资金缺乏，并没有实际运行。合资公司并不成功，武汉又进行了新尝试。2011 年 5 月初，武汉广电与武汉移动共同签署"三网融合·共建 G3 数字家庭"的战略合作协议，武汉的首个"三网融合套餐"同期出炉。三网融合研究专家融合网主编吴纯勇表示武汉所推"三网融合套餐"，其实不过是个噱头而已，只能说它以套餐的形式打包促销移动和广电的业务，和真正的三网融合相差甚远。[②] 去年年底，国务院又公布了第二批 42 个三网融合试点城市。三网融合由于利益之争，貌合心不合。真正的三网融合仍然遥遥无期。

此外，还有学者撰文认为传媒产业调整也是媒介融合的表现，传媒组织机构的改革也是媒介融合的体现，等等，似乎传媒界只要进行一些必要的改革或改进，就可以贴上媒介融合的标签，真是媒介融合，爱你没商量！

由上分析可知，媒介融合目前并不存在，仅是一种传媒理想。正如媒介融合的倡导者——美国密苏里大学新闻学院副院长布莱恩·布鲁克斯（Brian Brooks）所说："媒介融合是一个新闻学上的假设，也称做媒体融合。媒体融合的核心思想就是随着媒体技术的发展和一些藩篱的打破，电视、网络、移动技术的不断进步，各类新闻媒体将融合在一起……但是到今天为止这个概念仍然是一个假设，关于这个假设进行的研究，到今天为止大概有四十多个项目。"[③]

三、"媒体聚合"（Media Convergence）的表现形式与意义

"媒体聚合"近似于目前传媒实现的"全媒体"战略转型，例如南都全媒体集群、浙江报业集团全媒体转型。纵观中外传媒发展史，每一种新媒体都是

---

① 王昕、郝俊慧：《三网融合试点近一年：悬而未决老大难问题浮现》〔EB/OL〕. http://tech.sina.com.cn/t/2011-05-23/09275557505.shtml.2011-05-23。

② 同上。

③ 高钢、陈绚：《关于媒介融合的几点思考》，国际新闻界，2006 第 9 期。

在传播技术与社会需求的推动下诞生的。每一种新媒体都是对旧媒体传播功能的拓展或深化，不同媒体的物理属性决定了其各自不同的传播特点，报纸、广播、电视、网络、手机等不同媒体并不存在谁融合谁的问题，媒介融合并不存在。随着网络技术与通讯技术的迅速发展以及传媒转型的需要，媒体聚合日益明显，且发展迅速；与新媒体聚合，走多元化发展道路。其主要表现在以下四个方面。

1. 媒体报道聚合。在许多重大事件报道中，各类媒体在充分发挥自身优势的同时，还吸取它类媒体长处，形成多种多样的媒体报道聚合形式。主要有：（1）电视媒体报道聚合报纸、网络、手机媒体内容。（2）报纸媒体报道聚合网络、手机、博客媒体内容。（3）网络媒体报道聚合电视、报纸、广播、手机、博客、播客等媒体内容。（4）手机媒体报道聚合报纸、电视、网络媒体内容。（5）广播媒体报道聚合报纸、博客、电视、网络媒体内容。以上五种聚合形式在汶川大地震、甬温动车事故等突发事件的报道中经常用到。

2. 不同媒体聚合。不同媒体聚合是指报纸、期刊、广播、电视、网络等不同媒体聚集于一个传媒机构或集团旗下，达到经营多种媒体的目的，以实现跨媒体、跨区域、跨行业战略，做大做强传媒公司或集团。不同媒体聚合的途径主要有并购、参股或自办媒体三种。例如南方都市报从内容和品牌核心优势出发，一方面通过复制"改版国际国内时评深度娱乐等内容的整体输出共享"的《黔中早报》模式、"股权式合作办报理念、关键岗位人员、国际国内时评等内容共享"的云南信息报模式，等等；另一方面，以数字媒体作为必不可少的内容输出渠道，实现从单媒体、单媒介到多媒介、多渠道、多终端输出、延伸，实现内容在不同介质、终端上的产品化。[①]

3. 发布平台聚合。发布平台聚合是指不同媒体汇集于一个平台上进行传播，多角度及时满足受众信息需求。在一个平台上既可发布文字、图片，也可发布音频、视频，打破了原来单一的发布平台，提高了新闻素材的多次利用率，节省了采访成本。南都在全媒体集群构想中，实施"线索库即报料平台＋原创库即素材平台＋中央库＋应用库"等四个平台聚合方式，有效地整合了各种资源，提高了工作效率。并且原创库、应用库、中央库三者之间实现双向循环互动，而不是单向流动。

4. 媒体人员采访聚合。媒体人员聚合主要是指不同媒体的记者、编辑围绕

---

① 庄慎之：《南都全媒体集群十大动作》，南方传媒研究，2010 年第 23 辑。

同一个任务或目标联合进行采、写、摄、编、评等工作，以提高工作效率与报道影响力。例如，南方电视台与羊城晚报经常进行联合采访，实现资源共享，达到共赢目的。

随着网络通讯技术的发展与传媒实践的需要，人们可能会探索出更多更好的媒体聚合形式。媒体聚合在传媒发展中具有重要的意义，具体表现在以下两个方面。

其一，媒体聚合有利于扩大传播范围，拓宽报道面，提高报道影响力。媒体报道聚合中报纸借助电视、网络、广播的力量传得更远；电视借助网络媒体影响更多的人；网络借助电视、广播、报纸进一步扩大覆盖范围。一家媒体如果只拘泥于自家记者采写的报道，那么这家媒体的报道面是有限的；而媒体报道聚合能把不同媒体对同一事件的报道整合起来，如此就能拓宽报道面。我国传媒属于国家所有，条块分割，垄断经营。跨媒体发展、跨地区经营是不允许的。单一类型的传媒想要突破政策限制更好地发展，走媒体报道聚合之路是其良策。

其二，媒体聚合有利于节省成本，提高工作效率，提高传媒竞争力。媒体聚合是传媒转型的需要，也传媒主动参与竞争的需要。媒体聚合通过资源共享，减少了工作环节，节约了采写成本，缩短了制作成品的时间。在媒体聚合中，传播者要充分利用不同媒体的优势，避开其劣势，在激烈的传媒竞争中要做到扬长避短。除了扬已之优外，还要取它家之长，为已所用，因此在传媒竞争的同时也要开展必要的合作。媒体聚合通过人员合作，内容共享，为媒体各方既节约了成本，又提高了传播效果，带来的是多赢。同时，通过媒体的并购与重组，壮大传媒实力。媒体聚合表明传媒竞争已经进入竞合时代。

本文压缩版发表在中国高等院校影视学会第十三届年会暨第六届中国影视高层论坛论文集《新世纪 新十年：中国影视文化的形势、格局与趋势》，中国电影出版社，2010 年版。全文发表在《华南理工大学学报》（社科版）2012 年第 2 期。

基金项目：2011 年广东省哲学社会科学一般项目，批准号：GD11CXW03；广东省普通高校人文社科一般项目，批准号：11WYXM007

网络视频盗版现象探析

影视产业的发展为网络的发展提供了丰富的影视内容。据《第 29 次中国互联网络发展状况统计报告》显示：截止 2011 年 12 月底，网络视频的使用率呈上扬态势，其用户规模较上一年增加 14.6%，达到 3.25 亿人，使用率提升至 63.4%，成为中国网民继即时通信、搜索、音乐、新闻之后的第五大应用。中国手机网民规模达到 3.56 亿，其中手机网络视频用户占 22.5%。网络视频节目来源主要有两条渠道：一是原创，二是集成。就原创来说，虽然有些大型网站也参与到原创，但是必定是少量的。原创节目来源主要还是靠网民主动上传自己拍摄的作品。集成是指把人家创作的影像作品在网上汇集起来，供网民选择播放。就现有状况来看，集成的途径有两条：一是购买版权，二是盗版。目前，网络盗版现象十分猖獗，网络视频盗版更甚。由此，本篇论文拟对网络视频盗版的现状、危害、原因与防治对策加以探讨。

一、网络视频盗版现状：盗版源头难堵，泛滥之势严重

版权（copyright）即著作权，是指作者及其他著作权人对文学、艺术和科学作品依法享有的各种专有权利。著

作权包括人身权利和财产权利两部分。影视作品著作权包括整部电影或整部电视剧的著作权和影视作品中可单独使用的作品如剧本、音乐等的著作权两种情况，前者属于制片者，后者属于作品作者。[1] 在网络视频传播中，有些传播者未经著作权人许可擅自上传影视作品到网站上，供网友分享，侵犯了影视作品网络传播权。我国2006年颁布的《信息网络传播权保护条例》第二条规定：除法律、行政法规另有规定的外，任何组织或者个人将他人的作品、表演、录音录像制品通过信息网络向公众提供，应当取得权利人许可，并支付报酬。影视作品的版权应该受到法律保护，但是，现实状况令人堪忧。网络视频盗版到了严重泛滥的程度。由大度咨询及国内主流媒体共同发起的《中国网吧行业影视版权状况调查报告》显示，当前中国网吧影视盗版率已达到89.4%，网络环境下的版权问题已经成为中国互联网创新发展的瓶颈。喜剧电影《月光宝盒》上映2天后，就可以在网上找到盗版；《谍海风云》上映3天后就出现了高清盗版；《唐山大地震》在正式首映前两天就有"抢先版"的盗版在网络上流传。中国电影版权保护协会会长朱永德在2009年国际版权论坛上表示，在网络2.0时代，打着"网友上传"旗号行盗版之实的视频分享网站越来越多，视频分享网站已经成为"盗版基地"。2010年，甄子丹主演的新片《叶问2》上映六天，就遭遇网络盗版重创。据《叶问2》制片人之一安晓芬女士估计，影片大概有1000万的观看、下载次数，票房损失达3亿元之巨。上映才10天的《杜拉拉升职记》也有盗版链接出现。负责该片网络音像版权的郑先生称，以往盗版光盘和网络盗版多是音像制品出来后才有，"杜拉拉"情况让他们非常吃惊。[2]

从盗版源头分析，网络视频盗版现象主要有两种：一是由网民转载盗版视频到一些大型网站上；二是有些网站，打着娱乐分享的幌子，以盈利为目的，主动提供盗版视频。在版权保护和免费分享的对立中，视频网站往往保持中立态度。许多网站的细则上明确规定，网友上传到网站的作品均以娱乐分享为目的，没有涉及到任何直接的商业用途。如果有版权问题，经网站核实后，会立刻将侵权内容删除。由于投入与产出的矛盾，使得大部分视频网站对网友的侵权行为持宽容态度，以"网友上传"作为挡箭牌，似乎网民侵权与网站无关。因此，盗版泛滥之势日益严重。

---

[1] 魏永征、李丹林：《影视法导论》，复旦大学出版社，2005年版，第183、192页。
[2] 《网络盗版潜规则揭秘：宁愿用罚款来换取流量》，来源：新京报，http://it.sohu.com/20100514/n272110960.shtml，2010年5月14日。

二、网络视频盗版危害：扰乱影像市场秩序，阻碍影视产业发展

在我国文化产业改革中，影视业是开放最早的行业，从禁止到默许，从默许到允许，从允许到鼓励。一路走来，影视市场化日渐成熟。近年来，我国每年生产的电视剧过万集，2007 年达 14670 集，2008 年 14498 集，2009 年 12910 集，2010 年 14800 集。[①] 据电影局公布的统计数据显示，2010 年全年故事影片产量达到 526 部，较 2009 年 456 部增幅达 15%；同时生产动画影片 16 部，纪录影片 16 部，科教影片 54 部，特种影片 9 部，电影频道出品数字电影 100 部。全国城市影院总票房达到 101.72 亿元，较 2009 年 62.06 亿元增长 63.9%。[②] 然而，影视业"量"的繁荣并没有带来"质"的突破，其主要表现在三个方面：1. 缺乏原创性。近年来，能在国内外获得大奖的影视节目很少；"2008 中国电视剧上海排行榜"上，最具含金量的"品质大奖"空缺。"模仿致死，娱乐致死"的情况太严重。2. 影响力小。我国生产的影视节目在国外（尤其是发达国家）影响力非常微弱。电视剧输出局限在亚洲地区及其他国家的华侨聚居区，根本没有进入国外主流社区。3. 利润少。播出平台垄断，市场秩序混乱，曾获全国十佳制片人、东方传奇国际传媒有限公司董事长铁佛曾向笔者透露：虽然近年来每年生产的电视剧过万集，但是只有 1/3 的公司赚钱，其余则是 1/3 的公司保本，1/3 的公司亏本。[③]

造成影视剧原创性缺乏、影响力小、利润少等问题的主要原因在于影视盗版的泛滥。网络视频盗版已经严重干扰了网络视频市场的正常秩序。从 2002 年开始，到 2008 年上半年，较有影响的影视作品，由一个网站独家买断的价格一般为 30 万元；2008 年上半年，这个价格上涨到 200 万元。但因为网络盗版的泛滥，2008 年下半年，影视作品的网络版权开始暴跌。2009 年以来，几乎已经没有人愿意独家购买版权，因为盗版太多，谁也无法成为真正的独家。影视作品的严重贬值，不仅损害了权利人的利益，也打击了创作者的积极性，致使影视

---

① 王磊：《2010 年电视剧产量创 5 年来新高达 14800 集》，来源：文汇报
　http://media.nfdaily.cn/content/2011-02/22/content_20224021.htm
② 魏伶：《全国城市影院 2010 年总票房增 63.9%》，来源：一财网，http://www.yicai.com/news/2011/01/647568.html，
　2011 年 1 月 7 日。
③ 周建青：《我国影视行业与影视教育现状、问题及发展策略》，徐州工程学院学报，2011 年第 5 期。

作品数量和质量持续下滑。[①]

　　影视制作业属于创意产业，不但要有好的创意，还要有充足的资金投入。盗版的泛滥，导致电影、电视剧的价格不断下降，回收成本空间日益缩小。投资者赚不到钱，或者利润很少，严重影响投资者的信心，对影视的投入不断下降，从而使得影视作品的质量不断下降，恶性循环由此出现。可见盗版的泛滥严重地阻碍了我国影视业的持续健康发展。

三、网络视频盗版主因：以罚款换流量，经济利益驱动

　　中国电影版权保护协会在 2008 年花了两个月时间向全国 14 个代表性城市发放了 1800 多份问卷，通过调查统计显示，18 岁 ~35 岁的年轻人，每人每年平均观看 61.6 部影片，通过网络去观看影片的数量比例是 50.5%。根据艾瑞数据预测，2014 年，网络视频的市场规模将达到 160 亿元。可见，这是一个庞大的市场。综观国内网络电视、视频分享网站与其它网站的视频频道，其赢利途径主要有以下四种：其一，广告；其二，节目收费；其三，"广告 + 资费"；其四，"按需点播收费"。对于看惯了免费电视的受众来说，要让其交费看网络视频是不现实的。因此，对国内视频网站、门户网站、新闻网站来说，其赢利来源主要靠广告。而要吸引广告客户，主要靠点击量。由于版权成本和带宽成本较高，视频广告价格较低，付费模式难成气候，因此视频网站盈利困难重重。

　　在此种情况下，有些视频网站为了自身的经济利益，打着"网友上传"的旗号行盗版之实；同时自身也主动搜集盗版的影视节目供网友下载或在线观看。其大量的流量通过播放盗版的影视节目来获得，以大流量来获得高额的广告回报。《叶问 2》上映才 6 天，就遭遇 VeryCD 网站和皮皮影视盗版重创。VeryCD 网站查到的数据是，一天之内下载 20 万次；而加上皮皮影视这类在线视频网站，不到 10 天内《叶问 2》的下载、播放量近千万次。"[②] 因此，这两家网站被告上法庭。酷溜网因擅自传播电影《赤壁》，被北京海淀法院判决赔款 5.5 万元。近年来，视频网站侵权案中比较典型的还有："A199"网站影视作品侵权案、"中国宽带影视"网站影视作品侵权案、"天线视频"网站影视作品

① 方圆：《视频分享网站：不该成为盗版基地》，来源：中国新闻出版报，2009 年 10 月 29 日。
② 同上。

侵权案等等。 2009 年 9 月，在"中国网络视频反盗版联盟"启动仪式上主办方宣布，已对优酷、土豆、迅雷等主要视频盗版网站 1000 余部被盗版侵权的国内影视剧取证保全，将对优酷网盗版侵权的 503 部国内影视剧提请诉讼，其中包括《喜洋洋和灰太狼》、《麦兜三部曲》、《机动部队》等国内热播影视剧。为了打击盗版，国家版权局、公安部、工业和信息化部三部门连续 7 年开展了专项行动。2009 年第五次专项行动共查办网络侵权案件 558 件；2011 年第七次共查处网络侵权盗版案件 1148 起，是 2009 年的两倍。

为什么越打击越严重呢？网络视频盗版泛滥归根到底是盗版网站受经济利益的驱动。由于网络视频盗版监管难度大，隐秘性强；加上对网络视频盗版处罚力度不够，赔偿数目少，因此，有些网站受商业利益驱动，我行我素；甚至有些网站宁愿被起诉，也要用罚款来换取流量猛增，从而获得更多的经济利润。

四、防治网络视频盗版对策：自律与他律并重，加强多方监管

网络视频盗版现象日益严重，是否无法可治？答案是否定的。笔者认为，要有效防治网络视频盗版，必须重视自律与他律，加强多方监管。除进行打击网络视频盗版的专项行动外，还要进行综合治理。具体来说，可从以下几个方面加以防治。

1.加强反网络视频盗版法规的建设，加大处罚力度。针对网络盗版泛滥情况，2006 年 7 月 1 日起国家开始实施《信息网络传播权保护条例》法规，对侵犯作者著作权的个人或网站，构成犯罪的，依法追究刑事责任。从 2005 年至 2011 年，国家版权局、公安部、工业和信息化部三部门在全国范围内联合开展了七次打击网络侵权盗版专项治理行动。第五次专项行动期间，各地共对 3130 家重点网站实施主动监管，各级版权行政执法部门及公安、通信管理部门共查办网络侵权案件 558 件，关闭非法网站 375 个，采取责令删除或屏蔽侵权内容的临时性执法措施 556 次，罚款总计 13.375 万元，没收服务器 163 台。在第七次打击网络侵权盗版专项治理的"剑网行动"中，三部门共查处网络侵权盗版案件 1148 起，其中已作出行政处罚 466 起；通过"两法衔接"机制移送司法机关追究刑事责任66 起。2009 年 11 月，优朋普乐起诉优酷侵权案在海淀法院开庭审理，海淀法院对首批 47 部优酷侵权作品进行了判决，优酷败诉，被判赔偿优朋普乐总计人民币 45 万元，这是反盗版联盟系列维权诉讼中的首个审判结果。从现有网络视

频盗版侵权案件来看，原告通过法律途径维权成本高，而得到的赔偿低，导致有些网站屡罚屡盗，以较少的罚款来换取高额的视频流量，从而获得更多的利润。因此，在制订及完善反网络视频盗版法规时，要加大对盗版的处罚力度，提高法律的威慑力，使视频盗版网站不敢以身试法。

2. 强化网络视频行业自律，以自律促自觉守法。自律是指行为主体（个人或行业）的自我约束与管理，使之行为与社会道德或职业道德规范相符。近年来，中国互联网协会先后推出的与互联网行业有关的自律公约有《中国互联网行业自律公约》、《互联网新闻信息服务自律公约》、《互联网站禁止传播淫秽、色情等不良信息自律规范》、《互联网搜索引擎服务商抵制淫秽、色情等违法和不良信息自律规范》、《博客服务自律公约》、《中国互联网行业版权自律宣言》等等，这些自律公约对净化网络环境与加强内容建设起着重要的作用。对从事网络视频传播而言，由 8 家中央网络媒体发起、42 家新闻网站与视频网站签约的《中国互联网视听节目服务自律公约》，旨在自觉抵制"淫秽色情、暴力低俗的视听节目和侵权盗版视听节目在网上肆意传播"。由激动网、优朋普乐和搜狐等 3 家国内新媒体版权拥有和发行方代表共同发起，联合全国110 家互联网视频版权各权利方共同创建"中国网络视频反盗版联盟"；旨在共同抵制网络侵权盗版行为，维护网络视频市场的正常秩序。2009 年 12 月，酷 6网站对所有无版权的影视剧进行清理、删除，并禁止用户上传影视剧，这标志着中国网络视频行业主动保护知识产权方面迈出了坚实的一步。与此同时，酷 6网宣布将与搜狐视频共出资 1000 万美元，建立国内首个"国际影视版权联合采购基金"，创建国际版权合作模式，加强国际版权保护，促进中国网络视频版权市场繁荣发展，开创中国网络视频史上最大规模国际版权采购的先河。[①] 2011年 8 月包括所有的已获得牌照的网络视听网站的中国网络视听节目服务协会成立（目前全国共依法批准了 594 家互联网视听节目服务从业机构），成为网络视频行业自律和协作的重要行业组织。所有这些自律公约与自律行动，为防范视频盗版现象的产生，起到了积极的作用。

3. 多方监管网上视频内容，设置受理投诉机构。对网上视频内容的监管，涉及的部门较多，主要有国家版权局、广电总局、工信部等。网上视频内容播控必须获得国家广电总局颁发的牌照，包括 IPTV 牌照、互联网视听牌照、2G

---

① 尹磊：《酷 6 宣布删除无版权国际影视剧，联合搜狐筹建千万国际版权采购基金》，来源：搜狐 IT，2009 年 12 月 22 日。

手机视听牌照与 3G 手机视听牌照。为了加强对手机互联网视频的监管，2011年 2 月国家广电总局首批发放了 3G 手机视听牌照。该牌照分为两种：在范围上，牌照分为全国和地方运营两类；而在内容运营上，则分为集成和自办两种。首批获得 3G 手机视听牌照的有中央电视台、上海文广、人民日报、新华社、中国国际广播电台、央广视讯、视讯中国、华夏视联等八家。对从事网络视频业务的网站，主管部门除了定期开展打击盗版的专项行动外，还要不定期地检查视频网站播放的内容，发现盗版现象，要及时严惩。此外，主管部门还要设立专门的社会投诉机构，公开投诉方式，像治理淫秽色情及低俗信息专项行动一样来治理网络视频盗版，发动网民一起参与打击视频盗版。只有强化多方监管，网络视频盗版现象才会逐渐减少。

4. 提高网民网络视频鉴赏素养，净化网络视频环境。网民视频鉴赏素养是指网民鉴别欣赏视频节目的素质与水准。对网民来说，要讲究网德，不主动上传或转载盗版视频；同时，发现网上有盗版视频，要拒绝观看并主动向主管部门投诉。如果网民能达到如此境界，就说明网民的网络视频鉴赏素养高。如果网民的网络视频鉴赏素养高，那么，盗版视频就会没有市场生存空间，整个网络视频的环境就会得到进一步的净化。网络视频盗版现象的减少乃至消失，整个影视产业就会繁荣发展，从而使得网络视频节目更加丰富多彩，不断满足网民观看的需要，良性循环得以建立。2009 年 9 月，我国第一部文化产业专项规划——《文化产业振兴规划》的发布，标志着文化产业已上升为国家战略产业。该《规划》把影视制作、数字内容和动漫等产业作为重点发展的产业，支持发展移动多媒体广播电视、网络广播影视、手机广播电视等新兴文化业态，推动文化产业升级。有了国家政策的支持，网络视频行业的环境必将向好的方面发展，网络视频盗版现象必将不断减少。

本文发表在《中国出版》2012 年第 11 期，系 2011 年广东省哲学社会科学一般项目（批准号：GD11CXW03）与广东省普通高校人文社科一般项目（批准号：11WYXM007）阶段成果之一。

网络电视发展问题及其策略

网络电视即 IPTV（Internet Protocol TV OR Interactive Personal TV）交互式网络电视，是以计算机、电视机、手机等各类电子设备为接收终端，通过移动通信网、固定通信网、微波通信网、有线电视网等信息网络，从事传播音视频节目的新型传输形态。网络电视因其选择的自由性、信息的海量性与传播的互动性等特点与优势，深受广大用户与投资者的青睐。但是由于政策与技术因素的影响，网络电视发展并非一帆风顺，因此，本文首先探讨目前我国网络电视发展中存在的问题，然后分析解决这些问题的策略。

一、网络电视发展问题

综观我国网络电视的发展，其存在的问题主要有以下几个方面。

1. 政策限制与行业壁垒。随着美国、意大利、法国等国网络电视发展日益走向产业化，我国各大宽带运营商在 2004 年表示要把网络电视作为未来经济发展新的增长点，广电传媒则把网络电视看作是突破单一广告赢利模式的新路径。随着网络电视的发展，作为独立运作的电信与广电企（事）业各个单位利益矛盾日益突出。广电总局于

2004 年 6 月颁布了《互联网等信息网络传播视听节目管理办法》（当年 8 月开始实施），该"办法"第六条规定："从事信息网络传播视听节目业务，应取得《信息网络传播视听节目许可证》。《信息网络传播视听节目许可证》由广电总局按照信息网络传播视听节目的业务类别、接收终端、传输网络等项目分类核发。"迄今为止，全国获得该许可证的电信运营商有近百家。此外，广电总局严格控制 IPTV 许可牌照；目前，只有上海文广集团、中视网络与南方传媒集团三家获得了 IPTV 牌照，而网络运营商则无一家获得。对于拥有宽带平台的中国电信、中国网通、中国移动等只有与拥有许可牌照的广电传媒开展合作才能从事网络电视的经营。除了广电与电信行业之间存在利益纷争之外，拥有"牌照"的广电传媒与没有"牌照"的广电传媒在各自利益上也存在着冲突。2005 年 12 月 26 日，福建省泉州市广电局封杀已有近万户的上海文广百视通网络公司的 IPTV 业务；2006 年 1 月 10 日，浙江省广电局下文要求各地严查上海文广 IPTV 的宣传和安装业务。因此，即便是拿到了国家广电部门总局颁发的第一张 IPTV 牌照的上海文广在与各地网通、电信合作的过程中也不得不处于进退两难的尴尬境地，半个月内相继遭到各地市、省级广电的封杀，这说明网络电视在我国发展不仅受到电信、广电两大行业之间的利益纷争所扰，同时还要受到地方各利益集团的掣肘。①

　　2."内容危机"与赢利模式模糊。虽然网络电视的发展近年来被电信与广电部门看好，但是无论是点击已获得许可证的电信运营商推出的"天天在线"、"互联星空"，还是点击已获得"牌照"的广电运营商推出"央视网络电视"、"东方宽频"等等，都存在一个致命的弱点——内容匮乏。具体情况见下表一：

表一：网络电视具体情况一览表

网络电视名称	开设频道或栏目	内容特色	播放质量	是否有广告	是否收费
天天在线	新闻、电影、儿童、宠物、军事、科教、两性、高尔夫、佛教	频道多，内容少；新闻不新，电影资讯较多，可看的电影很少。自制节目甚少，主要是充当转播角色。	连接慢、缓冲时间长、时有中断现象，有些频道点不开画面小	有	收费，部分节目免费

---

① 《网络电视搅动我们电视产业链》，http://medianet.qianlong.com/7692/2006/06/15/2626@3240627_1.htm.

网络电视名称	开设频道或栏目	内容特色	播放质量	是否有广告	是否收费
互联星空	电影、电视剧、游戏、音乐、动漫、体育	频道较多，内容少，没有自制节目，主要是充当转播角色。	连接慢、偶有中断现象、画面小	有	收费，部分节目免费
东方宽频	东方卫视、新闻综合、生活时尚、炫动卡通、电视剧、体育、音乐、电影、纪实、戏曲、文艺、少儿、娱乐等	主要是依靠上海文广传媒集团的内容，缺乏个性化服务节目内容。	连接慢、缓冲时间长、偶有中断现象、画面小	有	收费
央视网络电视	新闻、纪录、专题、综艺、科教、经济、旅游、少儿、法制、电视剧等等	主要是中央电视台已播过的节目，缺乏个性化服务节目内容。	连接慢、缓冲时间长、偶有中断现象、画面小	有	收费

说明：此表由作者制作。

从上表可以看出，已经取得视听传播许可证的电信运营商，充当着中介者角色，视频内容少且无个性化；已经获得"牌照"的东方宽频与央视网络电视虽然内容较多，但是绝大多数是重播电视台的内容，真正属于网络电视个性化服务的内容很少。从上表还可以看出，网络电视播放质量难以满足观众需求。在"内容危机"与技术不成熟的现状下，网络电视赢利模式不明朗。虽然网络电视运营商大多采取收费模式，但是对于看惯了免费、低价位的电视观众来说，一时难以接受收费模式。中视网络公司郑家强总经理坦言："央视网络电视开通的第一天，北京网民当天就有 60 万人申请注册网络电视用户，最多时突破了百万用户。但自从 9 月份开始实行每月 30 元收费后，北京用户直线下降到一个相当低的数值。"[①] 网络电视如何赢利，目前仍然模糊。

3. 网络电视传输技术问题。 目前网络电视存在信源编码格式不统一问题，给节目制作、存储、管理、传输等带来诸多不便。虽然国际标准化组织在这方

---

① 赵文侠：《习惯低价看电视，网络电视尚无法与更多观众零距离》，http://www.china.org.cn/chinese/news/859738.htm。

面推出了 H.264 标准，但是在市场上由 Microsoft 和 Real Networks 等公司推行的专有格式仍占主导地位。国际电信联盟 2006 年 4 月宣布成立了"网络电视重点小组"，以协调和推动全球网络电视标准的起草与制定。我国提供广播和点播业务的节目码率受 ADSL 接入网络的条件限制一般在 300kbps 至 1Mbps 之间，因此观看网络电视时，常常出现连接速度慢、缓冲时间长、画面不流畅且清晰度差等问题；甚至有时还出现播放中断或连接不到服务器等技术故障。网络电视格式的不统一与技术的不成熟，造成了资源的浪费，阻碍了网络电视规模化、产业化的发展速度。虽然我国于 2006 年 3 月 1 日起，正式发布实施 AVS 标准，但是要让这一标准得到广大设备制造商与网络运营商的运用以及成为国际标准，还需时日。

4. 网络电视定位模糊。要对网络电视进行科学定位，首先要认识网络电视与传统电视的不同之处。二者主要不同之处见下表二：

表二：网络电视与传统电视主要不同之处一览表

类别 方面	传统电视	网络电视
观众特点	日益老龄化	年轻化，18 岁至 35 岁最多
反馈特点	主要是延时反馈，即使使用手机短信即时反馈，却是收费反馈，且不是对任何内容可以进行反馈。	即时反馈，免费反馈，可随时对任何内容进行反馈。
传播方式	点对面，属大家的电视台	点对点，属个人的电视台
传播特点	线性传播、顺时传播	既可线性传播，也可非线性传播
接受特点	观众被动接受	观众可自由选择，主动性强。

说明：此表由作者制作。

从上表可以看出，无论是从观众特点、反馈特点、传播方式方面，还是从传播特点、接受方式方面，网络电视与传统电视都有许多不同之处，因此，从事网络电视的内容制造商与网络运营商进行定位时，必须与传统电视的定位区别开来。遗憾的是目前我国网络电视绝大多数存在定位不清晰问题，以为只要开通了网络电视就可以包打所有网民。网络电视频道定位模糊、栏目范围过大、观众指向不明是其主要表现。例如开设的"电影频道"，就没有细分电影的类型，是武打片、战争片还是惊险片、爱情片等等，仅有几或十几部电影挂在网上。

5.舆论导向与版权问题。现在许多电信运营商与商业网站获得了网络传播视听节目许可证，如何加强对其传播视听节目的监控，如何使其传播的视听节目舆论导向正确，值得有关职能部门深入思考。也许有人认为网络电视传播的节目大多是娱乐节目，舆论导向性不强，不必像监控传统电视那样严格。其实不然，由于网络电视观众既是受传者又是传播者（既是节目的观众，又是节目的制作者），因此，难免没有不健康的节目。以娱乐节目为例，有的网上视频娱乐就显得低级、庸俗。另外，由于网上下载与上传视频节目的自由性，导致盗版现象日益严重。目前网络电视侵犯版权现象主要有两种：一是视频作品被他人转载或公开发布到一些大型网站上；二是有些网站打着为公众服务的幌子，以盈利为目的，提供盗版内容。针对网络盗版现象，2006年7月1日起国家专门出台实施了《信息网络传播权保护条例》政策，对侵犯作者的著作权的个人或网站，构成犯罪的，依法追究刑事责任。据国家版权局副局长阎晓宏介绍，2005年10月，国家版权局开展了为期两个月的打击网络侵权盗版的专项行动，查获案件172起，关闭三无网站76家，没收服务器179台，移送司法部门追求刑事案件的有18件。[①] 虽然国家出台了打击网络盗版的专门条例，但是由于网络环境下的侵权盗版行为隐蔽性强，因此，盗版情况仍然严峻，打击网络盗版任重道远。

二、网络电视发展策略

据中国互联网络信息中心（CNNIC）2005年至2006年连续四次发布的中国互联网络发展状况统计报告显示，近两年我国互联网继续保持持续、稳定的快速增长态势。具体情况见下表三：

表三：第16次至第19次中国互联网络发展状况统计表

调查次序 项目	第16次	第17次	第18次	第19次
统计数据截止日期	2005年6月30日	2005年12月31日	2006年6月30日	2006年12月31日
网民总人数	10300万人	11100万人	12300万人	13700万人

---

① 李鑫：《版权局谈网络版权纠纷 内容网站主观没错可免责》，网易科技，http://tech.163.com/06/0728/06/2N3KSOF0000915BF.html。

调查次序 项目	第 16 次	第 17 次	第 18 次	第 19 次
宽带上网人数	5300 万人	6430 万	7700 万人	9070 万人
上网计算机总数	4560 万台	4950 万台	5450 万台	5940 万台

说明：表中数据来源于第 16 次至 19 次中国互联网发展状况统计报告，表格由作者制作。

从上表可以看出，我国上网人数至 2006 年年底已达 1.37 亿人，占总人口的 10.5%；与 2005 年同期相比，中国网民人数增加了 2600 万人，是历年来网民增长最多的一年，增长率为 23.4%。自 1994 年中国全功能联入国际互联网以来，在 10 多年的时间里，每 10 人中就有一人是网民。中国互联网的快速发展，让广大投资者看到了网络电视隐藏着巨大的商机。一方面是互联网的快速发展，一方面是网络电视的发展不顺。如何解决这一矛盾，笔者认为有以下几方面策略值得考虑。

1. 制定新的政策，力促"三网"融合。早在 1999 年信息产业部下发 75 号文件，明文禁止电信与广电两大系统相互进入。2004 年，随着网络电视的兴起，电信运营商看到了其巨大的商业价值，表现出深厚的兴趣，且把 2005 年看作是"网络电视年"。正当电信运营商对网络电视发展作出一番美好规划之时，国家广电总局于 2004 年及时颁布并实施《互联网等信息网络传播视听节目管理办法》，这一制度门槛使电信运营商投资受挫。电信运营商、网络运营商、广电运营商在发展网络电视中利益纷争日益突出，如何解决这些矛盾？笔者认为走"三网"（电信网、计算机网、有线电视网）融合之路才是良策。广电运营商有海量的节目资源和优秀的制作团队，电信运营商有覆盖全国的网络通道向终端用户提供服务，因此，发挥各自优势，合则双赢，分则共损。西方发达国家的"三网融合"已经证明了这一点。令人高兴的是国家"十一五"规划中已清楚地写明："加强宽带通信网、数字电视网和下一代互联网等信息基础设施建设，推进'三网融合'"。"三网融合"之时，也就是网络电视形成规模化、产业化之机。人们期待着新的具体政策早日出台，"三网融合"早日成为现实。

2. 精确细化观众，提供个性服务。据第 18 次中国互联网络发展状况统计报告显示，上网人数 1.23 亿人中，18 岁至 40 岁的青年人占 75%，具体年龄分布如下表四所示：

表四：网民的年龄分布

18 岁以下	18 ~ 24 岁	25 ~ 30 岁	31 ~ 35 岁	36 ~ 40 岁	41 ~ 50 岁	51 ~ 60 岁	60 岁以上
14.9%	38.9%	18.4%	10.1%	7.5%	7.0%	2.4%	0.8%

数据来源：第 18 次中国互联网络发展状况统计报告。

从网民职业角度来看，第 18 次中国互联网络发展状况调查结果还显示，网民中学生所占比例最多，达到了 36.2%，其次是企业单位工作人员，占总数的 28.9%，排在其后的是学校教师及行政人员，所占比例为 7.4%，国家机关、党群组织工作人员所占比例为 6.2%，事业单位工作人员所占比例为 5.6%，自由职业者所占比例为 5.3%。鉴于网民年轻化与网民职业的不同，网络电视应充分发挥交互性与个人化强的优势，针对不同年龄、职业、收入状况、爱好的观众提供个性化、差异化服务。例如对于学生可开展远程教育，对于女性用户可提供电视购物、消费咨询类节目；年轻用户更能够接受操作相对复杂且娱乐性强的游戏业务，而老年人则更关注于传统节目形式；针对特殊用户，如酒店、小区、企业等，还可以开展个性化的视频会议、点播系统以及社区服务等业务。[①]

3. 发展上下游产业，创新多种赢利模式。 在网络电视产业链中，涉及到许多部门运营商的利益，有网络运营商、内容供应商、平台技术提供商、服务开发商、设备提供商等等。在我国网络电视发展的起步阶段，如何均衡各方利益，防止相互内耗，值得各方利益主体深入思考。就目前各网站推出的网络电视来看，还没有找到一个合适的赢利模式，大多采取免费观看，而取得"牌照"的东方宽频与央视网络电视，由于收费则流失了大批观众。因此，把电视台播过的节目挂在网上来收费，观众并不买帐。然而原创节目所需资金巨大，又不是网络电视在发展初期所能够承受的。因此，在大力发展网络电视的过程中，找到赢利模式十分重要。从理论上分析，网络电视可以有以下几种赢利模式：包月收费、广告 + 收费、广告、按需点播收费、套餐优惠、增值业务收费等等。当然，根据发展的具体情况可以创造更多不同的赢利模式。例如对于网络电视原创节目中的精品，还可以出版音像或书籍，以此创造更多的赢利点。现阶段总目标则是在发展中不断实现产品和功能的升级换代，在扩大规模中注重用户消费的心理行为，引导消费。当 IPTV 规模化后，所形成的社会潮流将使舆论一致趋向于

① 唐雄燕、迟远：《IPTV 运营模式探讨》，中兴通讯技术，2006 年第 3 期。

引导个人跟风消费。这是环境的牵引作用，而前提则是规模化。[①]

4. 统一技术标准，推动影视制作业发展。对于网络电视视频编解码标准，除了国际标准 H.264.MPEG-4，信息产业部还于 2006 年 3 月 1 日起，正式发布实施 AVS 标准，至此，我国具有自主知识产权的第二代信源编码标准 AVS 标准成为国家标准。从目前发展来看，AVS 整条产业链已经基本具备，网络电视发展速度将会大有提升。据第 18 次中国互联网络发展状况调查显示，在线影视人数超过 4000 万人，如何留住并增加用户，提供更多个性化的网络电视节目是主要措施之一。解决目前网络电视的"内容危机"问题，只有国家继续加大开放影视节目制作政策，降低社会节目制作公司准入门槛，提高民营制作公司参与网络电视节目制作的积极性，"内容危机"问题才会得以缓解。例如，全国最大的民营影视节目制作公司之一的光线传媒，定位为"中国最大的多媒体视频内容提供商和发行商"，目前制作 10 个电视栏目和 5 个互联网视频频道，是国内最大的互联网原创视频内容提供商，每日更新内容 40 小时以上。[②]

虽然我国网络电视在发展中存在诸多问题，但是只要综合运用各种策略：力促"三网"融合、提供个性服务、创新赢利模式、统一技术标准、推动影视制作业快速发展等，网络电视大发展的春天就会早日到来。

本文发表在《新闻界》2007 年第 5 期，为 2006 年广东省社科课题《新媒体发展研究》系列论文之一。

---

① 张彦翔、侯杰：《讨论国内 IPTV 模式和现状》，当代通信，2005 年第 15 期。
② 光线传媒简介，http://home.netandtv.com/renshi/subpage_renshi_jj1.html。

地铁电视不妨借用
无声电影之妙

随着北京、天津、上海、广州、深圳、南京六座城市相继开通地铁，地铁电视在短时间内快速发展。从地铁电视现有的传播内容与形式来看，传播效果并不理想。以传统电视理念来发展地铁电视显然不符合这一新兴媒体的特性，地铁电视陷入了叫好不叫座的尴尬局面。面对如此情况，如何增强地铁电视的传播效果值得深入研究。笔者认为，提高地铁电视传播效果，或可从100多年前诞生的"伟大的哑巴"——无声电影中得到一些启示。

一、地铁电视与无声电影的语境分析

目前大多数地铁电视并未进行音频输出，即使个别城市地铁电视开通了音频输出，但由于地铁运行时车内噪音高达约100分贝，观众无法听清声音内容，因此，地铁电视主要依靠图像传播信息，属于单通道（即视觉通道）传播，处于无声状态。这是由地铁电视特殊的传播环境所决定的。

对无声电影来说，从1895年法国人卢米埃尔兄弟放映的第一部影片《水浇园丁》宣告无声电影诞生到1927年有声片《爵士歌王》的上映，此间，由于录音技术尚未解决，因此电影都是无声的，被称为"伟大的哑巴"，观众只能从银幕上的黑白画面获取视觉上的快感，这不得不说是一种美学上的遗憾。正如好莱坞编辑埃德蒙·古尔丁对无声电影的惋惜："由于缺少声音，电影失去的岂止是它的制片人或观众已经意识到的东西。无声意味着观众损失百分之五十合乎逻辑的情感反映。"①

对比地铁电视与无声电影，我们可以发现二者的传播语境颇为相似。对地铁电视来说，地铁高速奔驰的噪声与乘客讲话声混合，导致车内环境噪音大，乘客无法听到地铁电视的声音内容，有声等于无声；此外，考虑到让车内乘客听到报站的需要，许多地铁公司在播放地铁电视时干脆取消音频输出。听觉符号的缺失是地铁电视和无声电影在传播致效过程中最大的障碍。鉴于两者相同的语境，新兴的地铁电视完全可以从曾经辉煌的无声电影中寻求生存之道。

二、无声电影对地铁电视的启示

1. 张扬屏幕文字功能，展现文字图形化魅力。无声电影的传播并非只涉及到非语言符号系统，在默片中，屏幕文字承担主要的叙事功能。"电视画面忠实地再现了摄影机所摄录的事件，可是它本身并未向人们揭示其所记录的信息的意义，它只是肯定它所再现的原始事件是一种具体存在罢了。"②语言符号的缺失必将增加传播过程中的噪音。相对于有声电影，无声电影的智力门槛显然高过前者。如何降低无声电影的智力门槛？挖掘屏幕文字功能是有效途径之一，因为屏幕文字在交待时间、介绍背景、人物对白等方面发挥着举足轻重的作用。

电影喜剧大师查理·卓别林的无声电影代表默片时代的最高成就。屏幕文字在其影片中的运用相当普遍。例如1928年出品的《大马戏团》中交待性字幕用了24段，对话性字幕用了120段，总共使用了144段字幕。可见，屏幕文字在无声电影中占有重要的地位，也充分说明了无声电影画面对屏幕文字有着无法割舍的依赖。屏幕文字的出现，有效地引导观众理解画面所传递的内容，极大地降低了观众的费力程度；同时增强了影片结构连贯性与叙事的逻辑性，从而使观众在无声环境中轻松地领悟创作者意图。

---

① 郝一匡：《好莱坞大师谈艺录》，中国电影出版社，1998年版，第148页。
② 黄匡宇：《电视新闻语言学》，中国广播电视出版社，2000年版，第33页。

在缺少解说词、同期声的接收环境中，若不突出屏幕文字的信息传递功能，很难维持受众的注意力。

与无声电影相比，屏幕文字在地铁电视中却受到了冷落。以广州地铁电视为例，今年4月17日《体育八面风》播出了中国男篮征战奥运会的历史，节目中仅出现了中国男篮征战奥运会的珍贵画面，而对观众最为关心的问题，如中国男篮在哪一届奥运会比赛、对手是谁、结果如何等重要信息均未在画面中给予字幕提示。在缺少解说词、同期声的接收环境中，若不突出屏幕文字的信息传递功能，很难维持受众的注意力。在地铁电视中，除体育节目外，动画片无对白、画面人物无介绍、MTV似于默片字幕的介绍、说明等功能外，其图形化处理更能有效地降低观众的费力程度。所谓图形化，是指充分张扬文字的图形传播张力，以不可抗拒的视觉冲击力驾驭受众注意力的一种图形处理方式。汉字的字形结构具有强烈的图表意味，在图形化处理过程中，把屏幕文字的文本语言转化为视觉图形语言，将屏幕文字的文本表意转化为视觉图形化的表意，做到识字如读图，带给观众视觉愉悦，使观众看到的屏幕文字不仅可以"读"，而且可"看"，甚至可"感"，从而降低观看地铁电视的费力程度。屏幕文字图形化赋予了汉文的图形传播张力和视觉动感，例如北京奥运会会徽"中国印·舞动的北京"，就是以京作为原型，运用图形化处理成舞动的人形。

随着计算机与影视技术的飞速发展，屏幕文字的包装手段日益多样化。在屏幕文字图形化处理之外，应注重屏幕文字的色彩、字体、光线和特技的处理。不同颜色的屏幕文字可以表达出不同的情感和气氛，调动受众情绪；屏幕文字的字型、字体应根据不同的栏目要求，综合运用多种字体；在制作屏幕文字时，还必须注意光线的运用，创造更富魅力的影像；大胆的构想、鲜明的造型、夸张的表现、优美的线条等特技方式的运用使屏幕文字产生出变幻莫测、张弛相宜的造型效果。

2. 把握栏目时长，控制节目节奏。如果说查理·卓别林是无声电影巅峰时代的代表人物，那么路易·卢米埃尔则是无声电影初期的杰出代表。卢米埃尔的电影每一部的长度只有2分钟左右（到1905年世界影片每一部的长度也只有5-12分钟）。早期的无声电影技术层面的缺憾却给地铁电视的节目形态带来了重大的启示。地铁电视完全可以借鉴早期无声电影"短小精悍"的特点来编排栏目。

以广州地铁为例，每站之间行车时间2分钟左右，与早期无声电影的时间长度相当。乘客在地铁内停留的时间短暂，这就要求地铁电视应在较短的时间内传播完整的节目内容，吸引乘客注意力。虽然在地铁范围内，地铁电视是惟一的视频媒体，收视具有垄断性和不可选择性，但这并不意味着高到达率。节奏拖沓的节目内容使乘客处于"无意注意"的状态，并对内容产生厌倦，厌倦的本质是时间的厌倦，是人的心理对时间的反弹。乘客在移动的交通工具上观看电视，只能接受某一合适的时间长度，因此地铁电视节目内容必须在乘客能够接受的时段和时长内播出。

节目内容时间的控制实质就是画面长度的控制，节目画面长度的确定，归根结底就是要满足观众的收视需求。我们可将这种需求简单地划分为三个层次：看清画面展示的内容，领会画面表达的意义，产生共鸣。地铁电视画面长度的确定应综合考虑这三方面的因素，即内容长度、情绪长度、节奏长度。卢米埃尔电影的一大特色是选择运动感强的拍摄对象，《奥地利骑兵的进攻》、《德国骑兵跳栏》、《威尼斯的游览船》等影片都是如此。即使风光片《威尼斯的游览船》运动感也不强烈，但卢米埃尔的镜头，也同样使对象"运动"起来。拍摄富有动感的对象，控制好画面节奏这一点很值得地铁电视节目制作者借鉴。

本文系与 2007 级硕士研究生吴浩文合作完成，发表在《视听界》2008 年第 6 期。

新媒体影像传播主体的行为特征与社会伦理责任探析

新媒体影像传播是指运用数码设备创作影像并通过手机与网络等新媒体发布与接受影像的活动。从哲学角度分析，主体相对于客体而存在，主体是指能够进行自主选择、趋利避害的活动者。客体是指主体活动的对象。在新媒体影像传播中，相对于拍摄对象，影像创作者是主体；相对于影像素材，影像加工者是主体；相对于影像作品，影像接受者是主体；相对于视频网站，网站经营者与出资者是主体。在新媒体影像传播中，人人都可成为影像创作者、传播者、接受者，因此，新媒体影像传播行为主体主要有四个：影像创作者、影像传播者、影像接受者、新媒体影像传播服务提供者。这四个主体的传播行为之间及其与社会的关系行为，必然是可道德判断的行为。如果这四个行为主体不按照新媒体影像传播道德"应然"的准则去做，那么影像传播的社会伦理问题就会产生，因此，探讨新媒体影像传播主体行为的特征及其该承担的社会伦理责任具有重要的现实意义。

一、新媒体影像传播主体的行为特征

在传统的大众传播中，一般来讲，传者与受者分工明确，传者负责采集与发布信息，受者被动接受信息；传者可以扮演受者角色，但受者不能承担传者的任务。网络与手机等新媒体兴起后，传者可以承担受者角色，受者也可以从事传者的工作。传者受者合二为一，这与传统媒体从业者角色有着明显的不同。影像创作者在影像作品完成后可以通过网络媒体来发布，实现点对多的传播；也可以直接发送给目标受众，实现点对点的传播，例如手机彩信的发送。因此，新媒体影像传播主体行为表现出与传统媒体主体行为不同的特征，主要表现在以下几个方面。

1. 不确定性。行为不确定性是指行为方式不是单一化而是多样化。在新媒体影像传播实践中，传播主体的行为没有固定性，传者与受者既可以制作影像，又可以传播影像，也可以浏览影像；传者受者可以是同一个人，也可以是不同的人。而在传统媒体影像传播中，制作影像的只能是传者，受众基本上限于观看者的角色。当然，现在电视台开设 DV 栏目播放拍客的作品仅是例外。多种角色的混合，使得个人传播行为变得多样。在新媒体影像传播中，没有固定的传者，没有固定的传播行为，人人可以利用影像载体传递信息，提供娱乐，展现观点，抒发情感等，实现了大众表达权的真正回归。人人可以做传者，使得新媒体影像来源渠道多种多样，使得新媒体影像内容丰富多彩；影像传播行为的不确定性，使得影像传播由过去的精英式传播走向现在的民间大众式传播，由此，催生了职业拍客、半职业拍客和业余拍客。随手拍现象的流行，使得影像传播随处可见，公民利用影像监督社会的权利得以落实。

2. 自由性强。与传统影像传播相比，新媒体影像传播要自由得多。传播者行为的不确定性，实际上就含有行为的自由性，即自己决定自己的行为，是制作影像、传播影像还是浏览影像，完全取决于个人的选择。如果是从事新媒体影像的制作，那么题材的选取、主题的确立、角度的选择、节奏的安排、声画的配合等方面均由自己确定，无需经过审批。而传统媒体影像的制作，一般是由团队来完成，策划、摄像、采访、编辑、配音、合成、播出等各个环节均由不同工作人员来完成；事前选题要报批，事后节目要审看，由此可以看出，工作人员的独立空间相对狭小，受到的约束也较强。在新媒体环境下，影像传播者与接受者在虚拟的世界里独自畅游，而现实道德与法规对其制约较小，因此，在这个环境中，人们无拘无束，十分自由。传播者上传或转载健康的影像还是低俗的影像、正版影像还是盗版影像、满足公众知情权的影像还是泄露个人隐私的影像等等，完全由自己决定。网上影像丰富多彩，良莠不齐。影像接受者可自由选择自己想看的内容，新闻、娱乐、暴力、淫色、故事、武打等内容无所不有；先看什么，后观什么，没有任何强制性。而在传统媒体影像传播中，无非就是新闻、娱乐、电视剧、广告四个方面的内容，所有播出的影像作品均由领导审批后再播出，舆论导向一致；况且受众观看时只能按照电视台事先的编排顺序进行，无法自由选择，强制性收看非常明显。

3. 影响广泛。新媒体影像传播影响广泛，一是指其影响的地域广，二是指其影响的人数多，三是指其传播的速度快，四是指其传播的内容深。虽然在传统媒体中，电视的影响广泛；但是相对于新媒体网络来说，电视的影响要逊色多了。在网络上发布信息，全世界的网民即刻可以看到，因此，在重大突发事件中，若要了解事件的最新进展，人们首先想到的是上网。有线、无线、移动、固定的网络满足了人们随时随地查看信息的需要。网上发布影像新闻，无需经过复杂程序，随身携带的手机即拍即传到网上微博或相关网站，瞬间就能传遍全球。最近利比亚、叙利亚发生冲突的真相，许多中国人就是通过网上传播的由当地居民用手机拍摄的视频才知道。此外，网络版面通过超链接容量极大，可以汇聚同一专题不同时期的影像。例如汶川大地震发生时，许多网络作了专题报道，且编辑了国内外近几十年来发生大地震的影像资料，让网民对其深入了解。对传统电视而言，虽然其通过现场直播方式，可以使观众观看与事件发生同步；但是其成本极大，需要投入大量的人力、物力与财力，非重大事件一般不会采用现场直播，因此现场直播难以成为常态。电视的受众多，往往是潜在的受众，且主要是一国之众，要跨出国界走向世界并非容易。中央电视台虽然说在美国、加拿大以及东南亚国家落地，但是仅仅是在有限的华人社区落地，还没有进入这些国家的主流人群中，因此影响力微弱。现在人们上网的时间多于看电视的时间；随着网络电视的普及，传统电视的影响日渐式微。

4. 功利多样。新媒体影像传播的功利性强表现在诸多方面，或是为了吸引眼球，追求点击流量；或是为了赢得浏览次数，按次收取费用；或是为了引起关注，提高知名度；或是为了展示恶搞才能，获得大家的称赞；等等，不一而足。由于影像制作者与传播者功利各不相同，以致新媒体影像内容形形色色，各不相同。为了出名，全裸上阵有之；为了赚钱，上传淫色影像有之；为了获得真相，偷拍个人隐私有之；为了满足公众知情权，及时发布影像新闻有之；为了娱乐大家，恶搞生活或剧中人物有之；等等。十分明显的功利性在新媒体影像传播中表现得淋漓尽致。而在我国传统的电视中，由于所有电视台属于国家所有，因此，其要实现的功利主要是社会功利与国家功利，功利比较单一，不象新媒体影像传播中每个影像创造者、传播者、接受者与服务提供者功利各不一样，千差万别。

二、新媒体影像传播行为主体的社会伦理责任

在新媒体影像传播中，由于主体行为具有不确定性、自由性强、影响广泛、功利多样等特征，因此，对于影像素养不高、自律性差的传播主体，社会伦理责任日益淡薄，以致手机与网络上淫色暴力影像泛滥、影像造假煽情之风流行、影像歧视与影像偷拍现象普及，这些伦理问题严重地影响了人们的价值观与世界观，影响着人们对现实环境的态度与行为，对个人成长与社会发展带来了严重的危害。因此，加强新媒体影像传播行为主体的社会伦理责任迫在眉睫，可从以下四个方面着手。

1. 强化社会责任的自由精神。网络的虚拟性与手机的私密性，给人们的传播带来了极大的自由性。对于新媒体影像传播来说，由于其传播特点决定了其传播的自由性远远高于传统媒体。在虚拟的网络社会中，现实中的人变成了一个个虚拟的符号；由此可以扮演不同的角色，而无需承担相应角色的义务。在网络环境中，人的自律性大大削弱，现实社会的伦理道德与法规无法约束新媒体环境下人的行为。因此，手机与网络上各种伦理问题不断呈现。在新媒体影像传播实践中，暴力的、淫色的影像随处可见，侵犯隐私低俗的影像颇有市场。一条《艳照嫩模哭诉陈冠希夺初夜，惊爆情欲视频待曝光》的视频，在搜狐视频频道推出当天，就获得了近一千万的点击量。人们不断在现实与虚拟的两个社会中自由地进出，很容易把网络上不道德的观念与行为带到现实社会中。在网上缺乏人情味的影像强化了现实中人际关系的冷漠；影像造假的泛滥进一步加剧现实社会诚信危机；网上黄色影像使现实中的人容易堕落，甚至走上犯罪道路。网上虚拟行为不负责任的表现大大弱化了现实社会中人的责任感。可见，在新媒体影像传播中，不负责任的自由给现实社会带来如此多的危害。

社会责任理论认为，"完全的自由和绝对的自由是没有的"，"没有限制

的自由只是一种幻想"。① 该理论指出,自由主义至上主义理论是从消极自由的概念中生长出来的,我们可以宽泛地称其为"免于……的自由",更确切地说是"不受外界限制的自由"。而社会责任理论依靠积极自由的概念,"从事……的自由",它需要必要的手段来实现既定的目标。② 自由是新媒体传播的灵魂,因此,要捍卫这种自由。但是这种自由是建立在相应义务与责任基础上的,因此,不能滥用这种自由。在新媒体影像传播中,应该追求积极的自由,追求与义务、责任相伴的自由。不负责任的自由是不会长久的,滥用自由必会引起政府或社会组织的干涉。手机与互联网传播黄色影像的泛滥,导致全国"扫黄打非"办公室、工业和信息化部、公安部等九部门联合开展整治互联网和手机媒体淫秽色情及低俗信息的专项行动。针对网络盗版泛滥情况,国家专门出台实施了《信息网络传播权保护条例》,对侵犯作者的著作权的个人或网站,构成犯罪的,依法追究刑事责任。自 2005 年以来,国家版权局、公安部、工业和信息化部三部门先后开展了七次打击网络侵权盗版专项治理行动。为了规范互联网视听节目服务秩序,国家广电总局与信息产业部于 2007 年联合颁布了《互联网视听节目服务管理规定》,等等。可见,新媒体影像传播的自由是受一定约束的自由,勇于担当社会责任的自由才是真正的自由,也是长久的自由。

2. 净化社会风气的务实精神。我们知道:真实是纪实影像的生命。但是在新媒体影像传播实践中,由于影像创作者对名利的追求、创作观念的偏差以及数字软件修改影像的便利,使得影像造假之风愈演愈烈。近年来,在全国各级大赛中的获奖新闻摄影作品《广场鸽接种禽流感疫苗》、《中国农村城市化改革第一爆》、《青藏铁路为野生动物开辟生命通道》等等,事后核实均存在 PS 情况,最终奖项被取消。2011 年第九届《影像中国》全国摄影艺术大展"社会记录类"获奖作品本有 52 件,结果有 27 件作品被取消获奖资格,主要原因是这些照片均被 PS 过:或增减照片内容、或移动了像素、或修改了光线背景等等。可见,创作者诚信问题日益突出。新闻摄影大赛如此,DV 大赛存在同样情况。为了达到预想效果,导演摆拍之风日益严重。在网络影像传播中,许多图片或视频无视社会伦理,迎合受众的低级兴趣,例如《少女与富二代一夜情换取名包》、《全裸厨娘现佛山某酒店开张现场》、《"导演撕衣门"女主角大尺度

---

① "A Free and Responsible Press", The University of Chicago Press, 1947。
② 威尔伯·施拉姆等:《传媒的四种理论》,中国人民大学出版社,2008 年版,第 81 页。

写真》等视频以女性身体为卖点，获得网民的"青睐"。更有甚者，有的女孩通过微博坦言自己的性爱经历，并贴上自己的性感照片，以此求得名扬天下；有的女孩通过影像形式炫耀奢侈的生活，以此满足自己的虚荣心。在社会新闻中，只要与性、色、愉情、女性等有关，就会用影像符号加以放大，以此满足人们的窥视欲望。

新媒体影像传播中存在的这些不良现象，污染社会风气，消磨人的意志，使人失去奋斗的动力，从而阻碍社会进步。因此，在新媒体影像传播中，传播者要有务实的精神，踏实的作风，深入到火热的生活中去，挖掘社会中的闪光点，弘扬社会美德。传播者通过影像作品，要以自强不息的信念引导人，以健康向上的作品鼓舞人，以身边人物高尚的精神塑造人。

3. 追求社会正义的人文精神。正义含有公正、公平之义。它不仅是一种道德观念，而且是一种道德情感。在新媒体影像传播中，作为传播主体，既要有社会道德，也要有职业道德，追求社会正义正是良好道德之体现。具体来说，在新媒体影像传播实践中，传播者要以平等之态对待社会各阶层，不能戴着有色眼镜从事影像传播。在影像报道中，要注意报道的平衡性，不能只唯上不唯下，不能只对有权有势、有钱有名的人物感兴趣；要把更多的镜头对准弱势群体。在追求社会正义过程中要有人文精神的关照，体现"以人为本"的思想。在社会生活中遇到不公正之事，用影像记录下来通过网络传播，以求得社会舆论支持，从而促进问题得到迅速解决。

目前，一些弱势群体得不到社会公平的对待，作为新媒体影像传播者，应该本着客观、平等的原则，从关心爱护弱势群体的角度出发，向他们伸出援助之手，努力传播他们的心声。在为弱势群体鼓与呼的过程中，要依靠事实的力量，应该侧重于找到事实的症结，帮助解决问题，而不是靠发明和编造煽情的言语就可以万事大吉。实际上这也是一种高高在上、不能以平等的身份进入弱势群体内心的一种语言歧视。[1]例如，有些农民工，常年累月在工地上辛苦劳作，却总被老板欠薪，有的老板甚至人间蒸发，作为有正义感的传播者应该借助新媒体影像传播的力量，客观报道此事，以引起相关职能部门的重视，使问题得到合理的解决。当然在传播中，要注意保护弱势群体的合法权益，不把与报道无关的涉及当事人隐私的内容报道出来。在灾难事件报道中，作为新媒体影像

---

[1] 罗以澄、詹绪武：《构建和谐社会与新闻报道的人文智慧》，现代传播，2007 年第 5 期。

传播者，一方面要有强烈的责任感迅速报道灾难事件，满足公众的知情权；另一方面在报道中，要有人文关怀精神，报道中尊重人的隐私，不煽情，不炒作，给受灾者以信心与力量；对灾难事件中出现的不良现象要敢于揭露，以正义之力战胜邪恶之险，给人以希望。

4. 增进社会和谐的专业精神。在新媒体影像传播中，增进社会和谐的专业精神是对传播主体更高层次的社会伦理责任。社会和谐主要表现在民主法治、公平正义、诚信友爱、充满活力、安定有序、人与自然和谐相处。如何有效运用新媒体影像传播手段更好地为构建和谐社会服务，是每个具有责任感与专业心的传播主体必须思考的问题。具体来说，要求影像传播主体充分保障公民知情权、参与权、表达权和监督权等"四权"的落实，推动民主进程，促进司法公正；通过影像作品，培育文明风尚，营造诚信友爱的舆论氛围；通过影像节目，疏导和化解社会矛盾，加强能源资源节约和生态环境保护，增强社会可持续发展能力；等等。

在新媒体影像传播中，要达到上述增进社会和谐之目的，影像传播主体之专业精神十分重要。对新媒体影像传播主体来说，其专业精神主要表现在：客观、公正、真实、全面。在影像传播中，传播主体要以专业精神实现新媒体影像传播的信息传递功能、社会预警功能、社会协调功能、公共论坛功能、舆论导向功能、广告娱乐功能等诸多功能。在实行监督时，要不畏权势，顶住各方压力，守护正义；在追求利益时，要拒绝庸俗、低俗、媚俗之风；决不能为一家之利而损公众之益，忘掉自身该承担的社会责任。坚守专业精神，事关新媒体影像传播的健康发展，是传播主体为公众服务的具体体现，是影像传播增进社会和谐不可或缺的精神支柱。

本文发表在"2012 年中国网络传播学年会澳门国际会议"上。

广电政策与民营影视发展研究

>> 从广电政策的开放性看我国民营电视公司的发展走向
>> 我国民营影视制作公司运营经验、存在问题及发展策略
>> 如何发展壮大我国社会节目制作公司
>> 我国民营影视制作发展现状与对策

从广电政策的开放性看我国
民营电视公司的发展走向

2004 年 11 月 28 日，国家广电总局和商务部联合发布的《中外合资、合作广播电视节目制作经营企业管理规定》（下简称《规定》）开始实施。2005 年 1 月 1 日施行新的《外商投资产业指导目录（2004 年修订）》，首次放宽了外资准入范围，将广播电视节目制作、发行和电影制作列为对外开放领域。与以前的广电政策相比，《规定》第一次提出允许境外专业广播电视企业与我国广播电视节目制作机构和国内其他投资者可以合资、合作设立专门从事或兼营广播电视节目制作发行业务的企业，至此，我国历来禁止广电行业向境外资本融资政策的"防火墙"打破了。为了更好地理解《规定》，把握好我国电视产业的发展方向，尤其是把握好我国民营电视制作公司的发展走向，本文在解读《规定》的同时，重点论述广电政策的开放性给民营电视公司发展带来的影响。

一、《规定》出台背景

目前，我国有电台、电视台 1900 多座，共开办广播节目 1800 多套、电视节目 2200 多套；基本建成了有线、无线、卫星多技术、多层次混合覆盖的全国广播电视网，广播电视人口综合覆盖率已分别达到 93.34% 和 94.61%，其中有线电视网已近 400 万公里，有线电视用户超过 1 亿；我国收音机、电视机的社会拥有量分别超过 5 亿台和 4 亿台，录像机、VCD、DVD 等也有近 5 亿台，已有 70 多套广播节目和 40 多套电视节目上了卫星。从数量上来说，我国已经成为广播电视大国；但是，不是广播电视强国。

　　从 1958 年建立第一座电视台以来，我国广电行业实行的是计划经济体制下的管理方式。从节目制作到播出，从人事管理到财务收支都是围着计划转。一方面，我国电视台长期以来实行的是"前店（播出）后厂（制作）、承包制作、一次使用"的模式，结果是效益低、浪费大、质量差。随着社会主义市场经济的建立与我国加入 WTO，这种不为市场生产的"自产自销"的自然经济生产方式，远不能满足广大观众对电视产品的需求。另一方面，虽然我国电视频道资源比较丰富，但是，供给的地区差异较大，电视节目供需之间存在着较严重的总量和结构失衡。"1997 年至 2002 年，我国电视频道超过 2000 个，年播出时间达到 1000 万小时，呈现高速增长的态势。由于全国电视节目年生产总量不足 300 万小时，节目制作能力缺乏，各频道本地化、专业化特色并不明显，内容趋同现象严重"。[1] 2003 年，我国电视节目播出总量达 956 万小时，却只有 202 万小时的节目供播出。调查显示，市级台的自制比例占播出的 10%–20%，省台占 20%–30%，而中央电视台的自制比例是 40%。[2] 电视节目供需之间的矛盾，直接导致节目重播率高。上网一查各级电视台的节目播出时间表，全国近十个上星频道在同一时段播出同一部电视剧的现象经常出现，更甭提不上星的频道了。即使在同一电视台不同频道之间，或同一频道不同时段之间，同一节目多次重播也是"遍地开花"。电视节目供求结构失衡和供求比例失调，是制约我国电视产业发展的重要因素。

　　党的十六大明确提出要积极发展文化产业，小康社会人民群众日益增长的精神文化需求，对广播影视产业发展也提出了新的更高的要求。随着 2003 年已经启动的广播电视数字化的推进，我国在 2005 年开展数字卫星直播业务，2008 年全面推广地面数字电视，2015 年停止模拟电视播出，实现数字广播电视有线、卫星和无线的全国覆盖。届时数字电视的节目容量将增加到 500 套左右。目前，

---

① 林小勇：《产业化，我国影视制作业现状与发展趋势》，中国广播电视学刊，2004 年第 1 期。
② 北京广播学院等：《中国电视市场报告》，第 91 页

广电总局已批复同意的数字付费频道和数字广播节目共167套，另外，广电总局在批准中央电视台组建数字付费节目集成运营公司后，又批准北京广电集团、上海文广集团、中影集团、中广影视网络公司可以组建面向全国的数字付费节目集成运营机构。然而，数字电视内容的匮乏却是现阶段多数广电机构的"隐痛"。

为了消除电视台的"隐痛"，实行制播分离，推动节目制作社会化，大力发展民营电视制作公司，是其良策。我国民营电视制作公司的发展从"不允许"到"允许"历经10年，现在，民营制作公司80%集中在北京，有1100多家。但是，民营电视制作公司有名的并不多，屈指可数的有光线、嘉实、银汉、唐龙、星美、英扬、其欣然、蓝道、长安等。这些著名的民营电视制作公司也面临"资金与人才"两大难题。据诞生于1994年的第一家民营电视机构——嘉实广告文化发展有限公司总经理封刚介绍，他们最大难题在于如何融资和合作，解决资金储备问题。光线总裁王长田认为：资金、资源、人才的匮乏，是民营电视业普遍面临的问题。

综上分析，困挠我国电视产业发展的主要问题是节目供需严重脱节与制作资金和人才十分紧缺问题。为了解决我国电视产业发展中的系列问题，广电总局审时度势，引入竞争，适度开放，加大电视产业开发政策支持力度。从这个角度讲，《中外合资、合作广播电视节目制作经营企业管理规定》开始实施，势在必行。

二、《规定》最大特点——有限开放

与之前的国家广电政策相比，《中外合资、合作广播电视节目制作经营企业管理规定》的最大不同之处在于首次明确规定（并非"意见"）：允许境外专业广播电视企业与中国广播电视节目制作机构和境内其他投资者可以在中国境内合资、合作设立专门从事或兼营广播电视节目制作发行业务的企业。这一颇具开放性的《规定》对解决我国广播电视产业发展中资金紧缺问题、节目制播比例严重失衡问题具有里程碑式的意义。资金紧缺一直是广电机构普遍存在的问题，据北京广播学院对国内100位台长的调查显示，69.5%的台长认为资金紧缺，国营如此，民营又怎样？据了解，我国绝大多数民营电视制作公司因为缺乏资金只能采取小作坊式生产，80%的民营电视制作公司出现亏损，以致有些公司倒闭。"融资"问题不解决，谈加快我国广播电视产业发展，谈与国际广播电视产业发展接轨，谈参与国际竞争等等，都是纸上谈兵。《规定》的实施对解决我国广播电视产业发展的"融资"问题，尤其是向境外广电企业融资，是一个重大突破。

但是《规定》的开放是有限度的，制作权、播出权仍掌握在中方。具体说来主要有以下几方面的限制：

1. 设立中外合资、合作广播电视节目制作经营企业（简称"合营企业"）有一定的门槛。（一）资格条件：中外合营各方均具有独立法人资格。其中，中方应有一家为持有《广播电视节目制作经营许可证》或《电视剧制作许可证（甲种）》的机构；外方应为专业广播电视企业。若中方无"许可证"或外方不是专业广播电视企业，则无资格设立合营企业。（二）资金条件：注册资金不少于 200 万美元或等值人民币；设立专门制作动画片的合营企业，注册资金不少于 100 万美元或等值人民币。（三）法定代表人与股份比例条件：法定代表人须由中方委派，合营企业中的中方一家机构应在合营企业中拥有不低于 51% 的股份。可见在合营企业中，中方掌握主动权。

2. 不得设立外商独资广播电视节目制作经营企业。国外媒体集团想在国内独资创办广电节目制作公司是不允许的，只能与国内具有独立法人资格的节目制作公司合作或合资。合营企业不得委托或租赁给外方、境外机构或在境内的其他外商投资企业经营，不得让外方或其他境外机构、境内的其他外商投资企业承包经营。

3. 制作范围有限制。《规定》写明合营企业合同、章程须约定：节目选题、内容应经中方同意。合营企业可以制作专题、专栏、综艺、动画片等广播电视节目，但不得制作时政新闻和同类的专题、专栏节目。具有明显舆论导向的新闻类节目仍是一个"禁区"

4. 总量控制。合营企业每年应当制作不少于节目总量 2/3 的中国题材的广播电视节目，应自觉接受广播电视行政部门的监督管理，并在每年 1 月 31 日前将其前一年度的节目制作、发行业绩向国家广播电影电视总局备案。

根据我国国情，有限度的开放，有所为有所不为，有所进有所不进，是这一《规定》的最大特色。虽然是有限开放，但是《规定》的实施无疑是广电政策质的突破。

三、广电政策的开放性给我国民营电视制作公司发展带来的影响

纵观世界传媒产业的发展，都是政府制定政策主导传媒市场变革。1987 年德国出台《广播电视发展协议》，1990 年意大利制定《公共和私人的广播电视体制的规定》，1996 年 2 月美国出台的《1996 年电信法》，都体现了政府在传媒产业发展上的主导作用。尤其是美国《1996 年电信法》，彻底推倒电信业、传媒业、娱乐业等行业壁垒，大大放宽媒体经营范围，该政策不仅引发了美国，而且引发了世界范围内的传媒业和其它行业的并购、联合、重组。①

回顾我国民营电视制作公司所走过的 10 年，可以看出，民营电视制作公司的发展与国家的广电政策息息相关。国家对民营电视制作公司的开放进程如下表所示：

国家对民营电视制作公司开放进程一览表

时间	政策名称	要点	开放程度	生存状态	备注
1995 年 9 月 1 日	《影视制作经营机构管理暂行规定》（第 16 号令）	第 5 条规定：个人、私营企业原则上不设立影视制作经营机构。	不开放	与电视台及其公司合作或违法经营	2002 年 4 月唐龙被叫停
2002 年 5 月	《广播电视节目制作经营许可证》	民营电视制作公司经过批准可以取得经营"许可证"	默许并开放试点	与电视台合作或违法经营	至 2003 年 3 月有 13 家取得许可证
2003 年 8 月 7 日	《关于改进广播电视节目和电视剧制作管理办法的通知》	选择一批近年来参与电视剧制作业绩突出、具有相当制作实力的非公有制机构作为试点，为其核发长期（亦称甲种）《电视剧制作许可证》	开放试点	合作经营、合法取得许可证、违法经营三者并存	共有 8 家民营企业首获此证

---

① 李岚：《传媒产业的理论视角：控制与影响因素分析》，现代传播，2004 年第 5 期。

2003 年 12 月 30 日	《关于促进广播影视产业发展的意见》	逐步放宽市场准入，吸引、鼓励国内外各类资本广泛参与广播影视产业发展，不断提高广播影视产业的社会化程度等	表明有限开放态度	合法经营公司较多，违法经营公司较少	央视实施制播分离，民营公司快速发展
2004 年 11 月 28 日	《中外合资、合作广播电视节目制作经营企业管理规定》	允许境外专业广播电视企业与中国广播电视节目制作机构和境内其他投资者在境内合资、合作设立专门从事或兼营广播电视节目制作发行业务的企业。	实施有限开放行为	较多民营公司取得许可证，出现中外合资影视企业	首家中外合资影业公司中影华纳横店影视公司成立

从上表可以看出，我国由政府制定政策主导传媒市场变革才刚刚起步。虽然民营电视制作公司面临着许多困难：资金紧缺、营运模式陈旧等；但是，随着《中外合资、合作广播电视节目制作经营企业管理规定》的实施，中外资本必将滚滚而入我国广电产业，必将加剧广电产业的竞争，促进我国广电产业快速发展，对我国民营电视制作公司实现跨跃式发展将会产生重大影响。具体表现在：

1. 节目制作权、版权得到确认。在我国民营电视制作公司没有取得合法"身份"时期，他们只得借靠于电视台来制作节目，制作出来的节目却不能署上自己的名字，更谈不上拥有节目版权。《我爱我家》、《闲人马大姐》、《东北一家人》等著名情景喜剧都是英氏影视公司的作品，然而，没有一部作品的版权书上写着英氏影视公司的名字。有时候，虽署名，但由于是和有证单位联合拍摄，自然是联合拥有版权，也不能擅自拿到市场上经营。没有版权，到了电视剧转让和出售的时候，麻烦就来了。买片子的人往往只认有证的单位，却把真正的制作者凉到了一边，这严重侵害了民营电视公司的合法权益。[①] 中央电视台的一些知名节目如《幸运 52》、《开心辞典》、《夕阳红》等均是由民营电视制作公司制作却被冠以中央电视台制作的名义。据了解，目前各家电视台播

---

① 陆地：《2004：中国电视产业大解码》，南方电视学刊，2004 年第 1 期。

出的节目（新闻节目除外）中有80%是外包给民营电视节目制作公司的。《规定》的实施，使民营电视制作公司拥有合法的制作权及其节目版权，民营制作公司再也不需要借靠电视台的牌子来生产，制作的节目可以堂堂正正地署上自己的名字，侵害其版权的现象将会大大减少，因此，民营电视制作公司的积极性会越来越高，做大做强是其必然趋势。

2. 引发民营电视制作公司重新洗牌。我国现有民营电视制作公司1100多家，但是，绝大多数公司处于弱小状态。制作规模小，节目质量不高，是我国民营电视制作公司发展的现状。随着《规定》的实施，许多民营电视公司面临着重新选择，重新定位，民营电视制作公司的座次将面临着重新排列。境外资本进入，对民营电视制作公司来说，是机遇，更是挑战。电视竞争日趋白热化，必然要求电视媒体讲求经济效益，提高节目质量，把电视真正当作产业来经营。我国民营电视制作公司要想在竞争中立于不败之地，必须做大做强，要么并购，要么联合，要么重组，要么合资，要么合作等等，民营电视制作公司没有更多的选择余地。从与国际接轨的角度来说，大投入、大制作十分必要。国外传媒集团觊觎我国传媒市场由来已久，只是政策的限制难以大显身手。随着相关政策逐步放宽，外资进入广播影视产业的势头更加迅猛。2004年10月中旬，华纳与中影集团、浙江横店集团合资成立的中国首家中外合资影业公司——中影华纳横店影视公司获准成立。11月25日，中国电影集团和索尼影视国际电视公司共同组建华索影视数字制作有限公司。我国民营电视制作公司能否像上述公司一样，抓住机遇，与境外电视企业合资或合作，迅速提升自己，实现跨跃式发展，这取决于民营电视公司管理者的战略决策。

3. 节目竞争进入品牌竞争阶段。由于我国电视节目供求结构失衡和供求比例失调，民营电视制作公司初创阶段主要作用是解决电视台的燃眉之急，在为各级电视台提供节目时，由于缺乏人才与资金的支撑，广告、发行不到位，绝大多数民营电视制作公司没有树立品牌意识。资本唯利是图的商业价值趋向使我国民营电视公司普遍短视，一谈起民营电视公司如何开拓和发展，就认为完全是政策体制的制约，忽视了民营电视制作公司自身存在的市场和创新意识薄弱、开拓进取精神不强、创意匮乏、内容雷同、节目质量滑坡等根本性弊端。经过几年的发展，以光线传媒、欢乐传媒、唐龙国际传媒、派格影视、东方欢腾为代表的民营节目制作商普遍已经积累了比较丰富的电视节目和品牌资源，例如光线传媒现拥有12档节目，每日制作量达5.5小时，在全国近300家电视台 600 台次播放，覆盖中国内地全部地区，收视观众达 10 亿人以上。其中《娱乐现场》和《音乐风云榜》都成为各大电视台的名牌栏目；唐龙国际传媒的《机器人大擂台》、《娱乐纵天下》，欢乐传媒的《欢乐总动员》等等也不例外。但是，与全国民营电视制作公司相比，有名气的民营电视制作公司所占比例微不足道。我国加入 WTO 已经 3 年多，随着《规定》的实施，国外雄厚的资金、丰富的管理经验、先进的影视制作技术与节目制作理念将会对我国民营电视制作公司的发展注入新的活力，民营电视制作公司的竞争将会由节目竞争进入品牌竞争阶段。

4. 运营模式创新。 目前，国内民营电视运营模式归纳起来不外三种：独立制作、与电视台合作、与电视台的公司合作。随着《规定》的实施，民营电视制作公司的运营模式将会大有创新，主要表现为两少三多——独立制作模式及与电视台合作模式将会越来越少，与从电视台剥离出来的节目制作公司合作、与国外电视企业合作、与同行公司联合或重组模式将会越来越多。随着广电改革政策的进一步到位，把电台、电视台、广电集团（总台）的除新闻宣传以外的社会服务类、大众娱乐类节目，特别是影视剧的制作经营从现有体制中逐步分离出来，按照产业发展的方向和现代产权制度、现代企业制度的要求组建公司。对于产业经营前景比较好、具备企业化运作条件的如体育、交通、影视、综艺、音乐、生活、财经、科教等频道频率，在确保频道频率作为国家专有资源不得出售，确保节目终审权和播出权牢牢掌握在电台电视台手中的前提下，经批准可以组建公司，探索进行频道频率的企业化经营。如此一来，电视台将来较少从事节目制作，其主要任务就是从事新闻报道、节目终审与播出，严格把好舆论导向关。因此，民营电视制作公司与电视台合作的模式将会越来越少。而从电视台分离出来的节目制作公司，由于其与电视台拥有良好的合作关系，良好的人事资源及较好的专业技术，因此民营电视制作公司与其合作的运营模式将会越来越多。电视产业的竞争越来越激烈，电视市场"强者越强，弱者越弱"的马太效应将更加突显。随着外资的不断进入，创办民营电视节目制作公司所需的资金门槛，将会迅速提高。因此要创办或发展民营电视制作公司大多会选择与国外电视制作公司合资或合作，或与其它民营电视制作公司合作模式，这样一来，民营电视制作公司独立制作的模式将会越来越少，而与国外电视企业合作的模式及与同行合作的模式将会越来越多。

5. 建立大型完善的电视节目辛迪加。 电视节目辛迪加是一种发行和销售节目的专门商业机构，是节目通过交易市场出售给各地电视台进行播出的方式。明确的说，是各电视机构之间资源共享的一种合作组织，是节目储存、流通的商业运作中心和媒介，类似于节目库。① 在80年代，我国建立的省级电视台节目交易网与城市电视台节目交易网只是电视台之间用来交流节目，各个电视台把自己制作的、自认为质量较高的节目主动提供给其他电视台播放，不计任何报酬，并且以自己的节目能够在其他电视台播放而感到骄傲。到90年代初，代之而起的是各电视台拿出自己的电视节目与其他电视台的电视节目进行对等交换。采用这种方式，一方向另一方让渡电视节目的使用权即播放权，必须以从另一方对等取得其他电视节目使用权为条件。这实际上是商品交换的一种初级形式，即"物物交换"。90年代中期以后，电视界的商品意识进一步增强，开始把电视节目推向市场。目前，电视节或电视节目交易会是我国最主要的电视节目交易市场，如北京电视节目交易会、广东电视节目交易会、上海国际电视节、四川国际电视节等等。② 与美国等西方发达国家相比，我国的电视节目辛迪加还处于初级阶段，还未形成规模化、专业化。随着我国电视市场的逐步开放，电视产业的急速发展呼唤着大型完善的电视节目辛迪加。

纵观我国民营电视制作公司发展历程，政府对其态度依次是：不允许→默许→试点开放→允许。随着《规定》的实施，可以预测，自2005年始，我国民营电视节目制作公司的发展将会有质的飞跃，广电产业发展将会驶入快速车道。只有电视节目制作公司强大起来，我国才有步入电视强国的可能。

本文第三部分发表于《中国广播电视学刊》2005期第5期，全文发表于《华南理工大学学报》（社科版）2005年第5期。

---

① 吴克宇：《电视媒介经济学》，华夏出版社，2004年1月版，第109页。
② 李晓枫、柯柏龄：《电视传播管理实务》，新华出版社，2001年版，第177页。

我国民营影视制作公司运营经验、问题及发展策略

从近十年我国颁布的广电政策可以看出，国家对发展社会节目制作公司的政策越来越开放。现在我国有社会节目制作公司1507家，其中125家取得了电视剧制作甲种证。在影视剧生产方面，我国近几年每年生产电视剧过万集，其中80%的影视剧是社会节目制作公司生产的①。在电视栏目方面，大家熟悉的《幸运52》、《娱乐现场》、《欢乐总动员》等等都是社会节目制作公司制作的。社会节目制作公司的发展为解决电视台自制节目不足、为满足广大观众的精神需要、为加速我国电视产业发展起了重要的积极作用。

什么是社会节目制作公司？社会节目制作公司是指以社会资本为主体以节目制作为核心而没有播出平台的自负盈亏的公司。这一定义可从四个方面来理解：其一指出了公司资金主要来源于社会资本；其二公司的主营业务是制作节目；其三表明了公司只有制作权没有播出权；其四指出了公司发展没有行政拨款而是自负盈亏。

为了全面了解我国社会节目制作公司的生态环境与发展现状，为了给制定广电政策的有关部门提供决策依据，为了推动我国广电产业快速健康有序的发展，笔者于2005

---

① 2005年8月8日，国家广电总局社管司任谦副司长接受作者专访时提供的数字。

年走访了北京、广州、上海等地数十家在全国较有影响的制作公司、国家广电总局、部分省市广电局及电视台，试图对我国社会节目制作公司的运营经验与存在问题进行探讨，从制作公司的发展现状中，探究发展壮大我国社会节目制作公司的几点启示。

一、我国社会节目制作公司运营经验

通过对北京、广州、上海三地数十家社会制作公司的调研，可以看出这些公司业务模式各不一样，市场推广手段各有特色，在运营方面有许多经验值得总结。

1. 注重创新，创新是其生命线。公司制作节目主要涉及娱乐、音乐、体育、资讯、生活、影视剧等领域，在具体操作层面上，特别强调创新，创新是节目之魂，也是公司生存之本。因为，观众是喜新厌旧的，没有收视率，意味着节目没有市场。同是娱乐节目，《娱乐现场》与《欢乐总动员》从节目形式到内容都有许多不同，即使同一档节目，每次制作时都要注入新的元素进去，给观众以新鲜感。无论原创还是引进，创新必不可少，为此，社会制作公司都有策划与创意部门，策划人才受到重用，有的大公司每年还选派策划人才到国外考察、进修，目的是提高公司节目的创新能力。

2. 重视调查，开拓市场手段多样。几乎每家制作公司都有市场部或营销公司，可见对市场调查与营销的重视。制作公司制作的节目要面对三类市场：消费者－观众、播出者－电视台、出资者－广告商，因此，每当推出一个新的节目或栏目时，制作公司市场部都要向观众、电视台、广告商进行深入调查，根据调查分析再作出决定。一旦推出一个新节目、栏目或影视剧，制作公司利用自身资源，不断创造新的营销手段，有媒体宣传与地面活动相结合手段、有广告优惠套餐手段等等。由于开拓市场手段多样，因此许多公司制作的节目在全国"遍地开花"，例如光线传播公司制作的《娱乐现场》销售到了全国100多家电视台。

3. 突出主业，多种经营。制作公司都是以节目制作为核心业务，主要制作电视栏目节目或影视剧，制作的内容题材在国家政策范围之内，欢乐传媒、光线传媒、派格太合、银汉传媒等公司都有十多档电视栏目在电视台播出，其中不泛优秀栏目；冠华世纪、英扬传播、嘉实传媒虽然制作量少一点，但这些公司都是通过与电视台合作方式来制作社会新闻、文化资讯类节目，口碑良好。

制作公司主业是节目制作，因此，收入来源主要是靠广告。但是，广告不是唯一收入来源，制作公司实施的是多种经营战略；除广告经营外，还有演艺经营、节目经营、活动经营、平面媒体经营等等，多种经营化解了单一经营的风险，例如派格太合除制作电视栏目、影视剧外，演艺经营、活动经营也搞得有声有色，其收入来源也是公司财源的支柱之一。

4. 讲究效益，重视成本核算。社会节目制作公司制作的节目大都是舆论导向性不强的节目，因此，他们往往把电视节目当成商品(一种特殊的商品)来经营，在讲究社会效益的同时，更注重经济效益，讲究投入与产出的比例，对节目制作每个环节的投入斤斤计较，精打细算，力控成本，以最少投入获取最大收益。制作公司是为市场需要而生产，从不盲目扩张，即使上一个新项目，也是谨慎而行，反复评估市场需求，尽最大努力杜绝浪费。

5. 机制灵活，队伍精干。社会节目制作公司的运行机制十分灵活，机构、部门因市场而设；具体操作时有的公司实行项目负责制，有的实行中心制，有的实行流水线作业，既分工又合作；制作程序简单，盈利模式多样，营销方法多种，融资手段灵活。制作公司在招聘人才时看重的是对行业的喜爱度、从业经历、能力及其人品。公司人员精干，大公司不过 300 多人，小公司只有 10 人左右。虽然人少，但节目制作量并不少，主要是因为公司挖出了每个人的潜力，一人干二、三人的事，不像电视台人浮于事，因此，工作效率较高。

6. 讲政治，政策观念强。我国传媒业是个垄断行业，电视台是党和政府的喉舌，因此舆论导向摆在第一位，社会效益优先。虽然电视节目制作在非新闻领域有所开放，但是并不意味着在非新闻领域想怎么做就怎么做。传媒公司老总或高层管理者都深谙过好政策关的重要性，对禁区绝不触及，否则血本无归，甚至破产；所以，从公司制作的内容来看都注重了正确的导向性，哪怕娱乐节目也是健康的娱乐，适合国情的娱乐。制作公司讲市场，也讲政治，善于在政策与市场中找到平衡点，尤其善于在政策中找到公司发展的新目标。

二、我国社会节目制作公司存在问题

虽然我国社会节目制作公司在近几年的发展中积累了许多宝贵经验，但是存在的问题也不能忽视。

1. 目光短浅，没有战略眼光。社会节目制作公司基本上都是看到眼前，看不到长远，因此，很多公司没有长远发展规划，今年赚钱不知道明年怎样，更不知道三五年后公司发展到什么程度。在调查时，很多老总认为主要原因在于不知道今后政策如何变化；在传媒垄断行业，他们认为没有市场规律可循，买卖双方的不平等，使他们成为受欺者，每年都面临着与电视台签约、续约、毁约问题，电视台与公司签约一般都是一年一签，因此，他们制作的节目大多寿命不长，一档节目能坚持三、五年就算不错，想打造品牌节目难上加难。调研中，笔者发现制作公司基本上没有自己的大厦，场地全是租来的，公司宁愿每年花费几十万、几百万元来租大厦，也不愿建大厦。在谈到走出境外经营时，绝大多数老总认为无能为力，最多也只是找一个国外电视机构来合作一个项目，如拍影视剧、搞演艺活动等等。实力较强的派格太合、欢乐传媒、唐龙国际等公司在节目引进方面做得较好，引进之后再进行本土化包装。即使要走出去，也只能借船出海，因此，具有国际战略眼光的公司凤毛麟角。

2. **队伍不稳，管理方式陈旧**。虽然社会节目制作公司人员精干值得肯定，但是，公司员工流动性大，即使管理层也是如此。例如成立 6 年的银汉传播公司，领导班子经历了 4 次变化，原创始人夏骏、王坚平都已离开；欢乐传媒公司原运营总裁魏永刚离开了该公司。管理层尚且如此，员工就更不用讲了，因为制作公司每年揽的活不一样，裁员、增员常有，加上许多公司实行的是项目管理，做一期节目给多少钱，不做就没有钱，因此，员工收入不稳定，以致有些员工学了技术成为业务骨干后就跳槽。另外，制作公司的管理方式跟不上公司发展的需要，个人决定公司的风险系数过大。不过，现在也有一些公司老板看到了这一问题，在决策公司发展问题上与管理层协商，不是一人说了算，并且分出部分股份给高层管理者及业务骨干，和大家拧成一股绳，共同推动公司向前发展，嘉实传媒公司就是这样做的。

3. **规模弱小，各自为战**。在我国 1507 家制作公司中，绝大多数规模弱小，主要表现在固定资产少、流动资金少、场地小、人员少、年制作节目量少。很多公司还是作坊式生产，单独拍摄一部影视剧，一家公司难以承担，要找几家来合拍。即使在国内同行中有些公司规模不小，但是与国外同行一比，甚是渺小，因此，把规模做大、把公司做强、克服各自为战的状况还需一段时间。2005 年成立的 "东方传奇国际传媒有限公司" 是我国首个民营影视制作联合体，这家公司由四大民营影视机构联合组建，像这样的公司在我国也仅有一个。

4. **资金、人才是制约公司发展的两大因素**。调查中，许多公司老总认为没有自己的播出平台，是公司发展的最大瓶颈。由于我国政策明确规定，频道、频率属国家所有，不准出卖、转让，因此就现实来讲，制约公司发展的两大因素是资金与人才。不管哪家公司都曾经或现在遇到过资金、人才短缺问题，由于影视制作业是高投入、高产出的行业，许多公司在发展过程中融资非常困难，银行贷款无物可押，上市融资条件未熟，因此只能靠滚雪球似的自我发展。当然，也有极少数大公司靠自己在业界的实绩来融资，例如派格公司与太合于2002年底组建"派格太合环球传媒公司"，为进一步腾飞奠定了坚实基础。人才问题，一直是困扰制作公司发展的一个主要问题，现在制作公司紧缺"懂宣传、善管理、会经营"的复合型人才，紧缺会"策划与创意"人才，因此，加大引进与培养这方面人才，吸引并留住人才是制作公司迫切需要解决的问题。

5. 开拓新业务意识不强，网站经营不到位。 近年来，我国开始大力发展数字电视、网络电视、移动电视、手机电视。在调查中，除光线传媒、欢乐传媒、派格太合等几家大公司对新媒体业务较为关注外，大多数公司无意开拓这些新领域，还是维持原有业务，可见其开拓意识不强。另外，许多公司不注重网站经营，在网站经营方面光线传媒公司做得较好，其E视网较有特色；欢乐传媒、派格太合、银汉传媒等公司网站，信息滞后且量少，网页设计陈旧；还有许多公司没有自己的网站，无法通过上网了解公司情况。可见，网站经营没有得到制作公司的重视。

三、发展壮大我国社会节目制作公司的策略

虽然我国社会节目制作公司发展迅速，但是与国外节目制作公司相比，既不大也不强。如何做大做强我国社会节目制作公司，通过实地考察，笔者认为要做到以下几点。

1. 广电总局要强化宏观指导

为了做大做强我国社会节目制作公司，作为公司主管部门，广电总局要着力加强宏观指导，具体可从以下几个方面进行。

（一）建立行规，规范秩序。目前，我国传媒行业还是垄断行业，市场化程度并不高，虽然说电视剧这一块已经市场化，但是买卖双方的不平等显而易见。据2004年统计，历年沉淀在电视台里应该返还给制作公司的资金大概有

7个亿①。由此可见，电视台回款信誉不好。电视栏目的贴片时间没有一个统一标准，完全由电视台随意决定；电视节目的买卖价格十分低廉，制作公司有苦难言。为此，建议广电总局从宏观方面制定下列政策，以解决当前制作公司发展中不平等待遇问题。

　　A. 广电总局成立专门小组及设立信誉榜。该小组主要监督电视台付款情况，对电视台与制作公司之间的交易信誉曝光，年终总结一次，对于信誉好的单位实行奖励，信誉差的给予罚款。

　　B. "贴片时间"标准化。对于电视栏目而言，根据不同栏目、不同时段、不同级别的电视台，广电总局制定一个统一的"贴片时间"，规定一个小时节目贴片时间占多少，这样杜绝电视台随意划定贴片时间。

　　C. 对电视节目（含影视剧）买卖价格实行宏观调控，制定上限与下限，确保双方利益；同时规定制作公司节目利润与电视台播出该节目获得的收入有一个恰当的比例。现在电视节目市场买卖很不公平，制作方生产的节目，价格却由买方电视台来定；如果制作方不同意，节目播不出去，亏损就更大。按照国外通常算法，制作公司一般来讲制作一小时节目，它的收入应该占那一小时节目收入的55%。广电总局可根据我国国情，制定一个合理比例，来保证制作公司的合理利益。一般国际上一部电视剧的价格占这部电视剧播出时广告收入的40%，但中国的实际情况是不到20%，80%全部赚到电视台的"荷包"里了。如此一来，电视剧的制作费就会削减，从而影响电视剧质量。

　　D. 规定电视台每年用于购买节目的经费与全年广告总收入有一个恰当的比例。韩国早在12年前主管部门规定电视台广告总收入的12%必须用于购买节目，这个比例逐年上涨，现在涨到了40%；由于出台这一政策，韩国电视产业发展迅速。目前，韩国影视剧、动画片纷纷在我国落地。据统计，2004年我国电视台用于节目购买的经费与台里总广告收入的百分比不到8%②。其实制定一个恰当的比例，一是可以促使电视台减少自制量，深化人事改革；二是可以提高节目制作公司生产的积极性；三是可以不断满足人们日益增长的精神文化需要。

　　（二）加强管理，强化服务。在管理方面，广电总局根据存在问题应着手

① 2005 年 8 月 8 日，国家广电总局社管司任谦副司长接受作者专访时提供的数字。
② 2005 年 8 月 9 日，东方传奇国际传媒有限公司董事长铁佛接受作者专访时提供的数字。

建立一系列制度，加强对制作公司与电视台的管理，用制度来管理，条件成熟上升为法规，靠法规来管理。在加强管理的同时，还要强化服务的职能，在电视台与制作公司之间架起一座桥梁，加强信息的沟通。2004年广电总局社管司编写的《广播电视播出制作传输机构名录》，免费派送给制作公司，这是一项很好的服务。据了解社管司还准备出版一本《制作手册》服务于制作公司，这将又是一项实在的服务。此外，建议社管司每月出版一份反映制作公司与电视台最新动态的刊物，让双方信息共享。

（三）稳定政策，出台细则。近年来，广电总局出台了一系列政策来推动广电产业的发展，但是政策调整幅度太大，社会制作公司难以适应，如广电总局要求黄金时段不能播放涉案剧的调控，使那些正在拍摄或刚完成制作还没有播出涉案剧的公司蒙受损失，以致许多公司老总不想去制订长远发展规划。2005年8月8日公布的《国务院关于非公有资本进入文化产业的若干决定》，对非公有资本进入文化产业分成了鼓励、限制和禁止三种情况。据调查，民营制作公司深知触及禁区的严重后果，因此，大多能自觉遵守规定。就目前而言，主管部门要做的工作是制定并实施一系列鼓励扶持社会制作公司发展的具体措施，不能停留在口号上，而应落实在行动上，譬如在税收减免、财政补贴、场地租赁、融资渠道、证件发放等方面制定出一系列的优惠政策，扶持社会制作公司的发展，使其不断壮大。

（四）制播分离，阶段试点。2003年，我国电视节目播出总量达956万小时，却只有202万小时的节目供播出。[1]电视节目供需之间的矛盾，直接导致节目重播率高。为了消除电视台的"内容危机"，实行制播分离，推动节目制作社会化，大力发展民营电视制作公司，是其良策。在"制播分离"的操作上，可实行分阶段试点进行，条件成熟，全面铺开，不能以"一分就乱"的顾虑而不去做，因为播出权牢牢撑控在电视台手里。推动"制播分离"要像推动数字电视的发展一样，有个明确的时间表，并且这个时间表不宜太长。

（五）部门设置要合理，职责权限要分明。对社会节目制作公司的管理主要归属于国家广电总局社会管理司，但是，由于许多制作公司也拍摄电视剧，因此，广电总局的电视剧管理司也有权管理。在广电总局的网站上，清楚地写明了社管司的职责，其中有："负责发放和吊销电视剧制作、发行许可证；组

---

[1] 林小勇：《产业化，我国影视制作业现状与发展趋势》，中国广播电视学刊，2004年第1期。

织审查引进的境外电视剧、合拍电视剧和需要审查的国产电视剧等节目及进口节目内容。" 电视剧管理司的职责其中有："组织审查国产电视剧、引进境外电视剧（含动画片）、与境外合作制作电视剧等节目内容，发放和吊销国产电视剧的发行许可证。"[1] 显然，两个司都有发放、吊销发行许可证及审查电视剧内容的职责。如此交叉管理、多头管理，往往事倍功半。

（六）成立协会，整合力量。建议成立全国级、省级、市级广播电视节目制作业协会，通过协会来维护他们的权益，反映他们的诉求，整合他们的力量，广电总局只是加强对协会的宏观指导。

2. 电视台要真诚合作

电视台与社会节目制作公司不是竞争对手，而是合作伙伴；为了实现双赢，电视台应该做到以下几个方面。

（一）公平买卖，诚信为本。"公平买卖、诚信为本"是任何交易中应该遵守的职业道德，但是在垄断时期的交易中，砍价没商量。电视台凭着撑控了播出权，在购买节目时，所出价格与成本格价相差甚远，制作公司难以接受但又无可奈何；如果是以"贴片时间换取节目"，制作公司的节目就很难上黄金时间播出，并且电视台还规定不能抢它的广告客户。与电视台签约，一般是一年一签，制作公司的节目培养期一过，开始赚钱了，又面临着断签的危机。调查中，一些公司老总道出了无法打造品牌节目的原由也就在此。更有甚者，电视台常常毁约，影视剧播了之后不给钱，制作公司无计可施，欲与之打官司，又担心得罪之，最终是哑巴吃黄连——有苦难言。

（二）事企分开，人事改革要到位。按照国家广电改革政策：事业产业分开运营，电台、电视台由政府设立，实行国有事业体制，属于产业经营范围的包括电影、电视剧、网络、大众娱乐类和社会服务类广播电视节目，这部分则面向市场，该剥离的剥离，该转制的转制。[2] 目前电视台在剥离、转制中面临着许多困难，人事改革力度不大。电视台真正做到事企分开之际，就是社会制作公司繁荣发展之时。

（三）成本核算，奖励精品。电视台在购买的节目及影视剧播出之后，对取得良好社会效益与经济效益的节目或影视剧要进行奖励，以此鼓励制作公司

---

① 国家广播电影电视总局网站：http://www.sarft.gov.cn/downstage/page_57.jsp。
② 国家广电总局赵实副局长：《在全国广播影视工作会议上的报告》，2004 年 12 月 21 日。

多出精品。

（四）信息公开，建立招标制度。电视台频道改版、栏目增设、节目改版等方面的信息要及时向社会制作公司公布，对于非自制栏目节目实行招标制度，这样有利于制作公司公平竞争。

3. 制作公司要自身努力

社会节目制作公司要做大做强，离不开自身苦练内功，具体来讲要做到以下几点：

（一）加强学习，提高决策者综合素质。吃透政策，使公司决策正确；提高管理水平，使公司发展增加效益；努力开拓市场，使公司影响力扩大——要做到这些，需要制作公司的老总及其高层管理者不断加强学习，与时俱进。

（二）改进技术，提升节目质量。节目质量是制作公司发展的生命线，提高质量是制作公司的日常工作。在质量方面，一是要更新落后设备，从前期拍摄到后期制作的设备要跟上发展的需要；二是要加强员工的培训，既要重视对员工技术的培训，也要注重对其制作节目理念的更新。

（三）管理创新，提高效益。制作公司在管理体制、管理制度方面要不断创新，努力创造融资渠道，适时实施重组、兼并、收购战略；科学量化考核，不断提高社会效益与经济效益。

（四）脚踏实地，做好长远规划。制作公司在发展中既要把眼前的事情做好，也要注重长远的发展，即公司发展既要有战术眼光，又要有战略眼光，唯如此，公司方能蒸蒸日上。

通过对我国社会节目制作公司运营经验与存在问题的探讨，可以看出，我国社会节目制作公司在发展中虽然取得了许多成绩，但是存在的问题也不少。只有国家广电总局加强宏观指导，电视台真诚合作，制作公司自身努力，我国社会节目制作公司才有可能做大做强。

本文是作者参加中广协会课题《电视节目社会制作公司的生态环境与发展研究》的阶段性成果之一。

本文参加 2006 年暨南大学举办的"数字化时代的传媒产业高峰论坛"会议，后收入《数字化时代的传媒产业》论文集中，暨南大学出版社，2008 年版。

如何发展壮大我国社会节目制作公司
——国家广电总局社管司任谦副司长访谈录

访谈时间：2005 年 8 月 8 日
访谈地点：国家广电总局社管司

近年来，随着广电政策逐步开放，我国社会节目制作公司迅速发展。其发展现状怎样？遇到了哪些问题？面临哪些机遇与挑战？怎样看待我国社会节目制作公司的发展前景？带着这些问题，我们专访了国家广电总局社管司任谦副司长。

我国社会节目制作公司还没有规模化

周建青：到目前为止，我国已经有多少家电视节目制作公司领取到了节目制作许可证？这些节目制作公司可以分为哪几类？您是怎样理解社会节目制作公司这个概念的？社会节目制作公司对我国电视业的发展起到了怎样的作用？

任　谦：到目前为止，我国已经有 1700 多家电视节目制作公司领到了节目制作许可证，其中包括 127 家已经取得电视剧制作甲种证的单位。关于制作公司分类的话，从公司

▲中间是任谦，右边是李宝萍，左边是作者

性质来分，可分为电视台所属制作公司、事业单位国有控股（包括军队的）公司、民营的社会资本公司。社会节目制作公司是指除广播电视系统之外所有的电视节目制作机构。社会节目制作公司对满足老百姓的文化需求、丰富人们的生活、推动我国电视业的发展起到了很大的作用。去年，我国生产了一万多集电视剧，其中80%是社会制作公司生产的，电视剧制作产业的规模已经基本形成。

李宝萍：据调查，我国的民营电视节目制作公司规模小且各自为战，有的制作公司拿了大片之后，不能独自承担，作为主管全国节目制作公司的职能部门，有什么办法来解决这个问题？

任　谦：小而全的公司都不够专业，据了解美国有些制作公司专门给电影加噱头，它分得很细的；我们一切都是自己做，小而全，恰恰阻碍了生产力的发展。现在我们要打破这种小而全的作坊式的生产方式，推动规模化生产。2004年，我们就已开始着手推动制作业的规模化，2005年5月首个民营影视制作联合体——东方传奇国际传媒有限公司正式成立，这家公司由四家民营影视制作公司联合组建而成，注册资金为五千万元。这家公司除了继续拍摄金庸的武侠系列片外，还斥资买下了王蒙、苏童、王朔等著名作家代表作的版权，准备改编成电视剧或电影。编剧、服装、制作、销售等环节，公司分工明确，这才叫规模化、专业化生产。

东方传奇成立后，我们也在总结它的经验。将来也不是政府出面要谁和谁组建大公司，而是由他们自己谈，在政策方面我们给予扶持，民营制作公司刚起步时，一般不会给它电视剧甲种许可证的；但是这家成立之后，我们马上给它甲种许可证，这就是政府所能做的，一成立就给他甲种证，这就叫扶持。横店影视集团，浙江最大的民营制作集团，当地政府在财政、税收等方面给了它许多优惠政策。我国政府现在也有文件规定影视制作公司可以享受财税方面的优惠政策。

按文化产业政策来扶持影视剧的生产

周建青：我国社会节目制作公司虽然量多，但不强大；以生产电视剧为例，近年来我国每年生产的电视剧超过一万集，但是精品少，以致 1/3 的公司赚钱，1/3 的公司保本，1/3 的公司亏本，对此，广电总局是否考虑到联合国家税务总局、财政部等相关部门，制订出一系列对社会节目制作公司扶持的政策，使我国的节目制作公司不断做大做强？

任　谦：现在是千军万马过独木桥，大家都在生产电视剧，都以为电视剧能挣钱，其实这里面很复杂。如果看播出渠道的话，有中央、省、市、县四级电视台；如果中央台首播了，地方台只能是二轮播、三轮播了，这个价格要差很多，而且中央台愿不愿意给你播呢？如果这个片子卖给省台，基本上就是省台播了。播放渠道在四个层次，每天播 2-3 集的话，按 365 天算，能够在黄金档播出的电视剧也只有 6000 多集，但是现在产量大大超过实际播出的需要，如果超过 100%，就有 50% 的要沉淀，因此，电视台好中选优，有收视率的他就买，没有收视率的就不买。过去大家喜欢拍比较适合观众的警匪片，后来总局下了个规定，警匪片不能上黄金档，这个题材一下全打死了，所以现在电视剧重播率特别高。为什么呢？第一是播出平台有限，第二是没有很多适合老百姓看的优秀片子。我们现在审查得非常严，政府官员认为好的可发许可证的老百姓不一定喜欢，既叫好又叫座的电视剧有，但比较少，因此，很多电视剧要沉淀下去，我们产量太多了。而且这 6000 多集中，还要引进一定的量，按照播放比例来讲，国产剧与引进剧的比例大概是 8:2，这样，每年引进剧加起来有 1000 多集，因此，每年淘汰、沉淀、亏本的肯定是有，符合市场规律。要么你不生产，生产的话，肯定有风险。政府在政策上扶持，但对每个剧来说，不会扶持，不会给你钱；在税收方面可以调节，作为文化产业就按文化产业的政策来扶持。

李宝萍： 对影视节目制作公司的管理权，主要由广电总局及省级广电局掌控，在调研中，有些市级广电局社管处反映，由于他们没有审批权，因此他们无法对影视制作公司实施有效的管理，对此，市级广电局要求下放一点管理权给他们，让他们共同来参与管理，对"权力下放"问题，您怎样看待？

任　谦： 对制作公司的管理，我国是实行两级管理，由广电总局与省广电局共同管理。中央领导强调一定要严把市场准入关，省里把关相对要紧些，管理权一旦下到市里后就会五花八门。过去电视剧制作权都属总局管，后来，我们把权下放到省里去了，现在总局只管甲种证，乙种证不管了。乙种证作为项目管理，由省广电局管理。甲种证代表最高资质，年限是 2 年。连续两年制作达到 3 部中长片电视剧（8 集以上）或 4 部短剧的可发放甲种证，后来又减了一部；真不容易达到，因为生产电视剧是个漫长的过程。为什么不一年一审，而要二年一审？因为制作电视剧有个生产周期，有的是跨年度生产；就投资来讲，还有个资金规模问题，现在一集现代剧是 30 万元，20 集就要 600 万，3 部就是 1800 万。

我们在调整管理权，但是放到市里面我们还没有考虑。就制作业发展来讲，与管理权下放到市里面没有很大的关系。什么时候下放到市一级，要看制作业的发展情况；如果将来节目制作公司发展多了，全国有一万多家，省里面也管不过来的时候，那时就要考虑市一级的管理权了。

电视制作业的真正门槛是注册资金，300 万元是这样确定的

周建青： 据了解，申请制作公司的注册资金很多都是虚拟的，虽然总局规定不少于 300 万元，但是实际上很多公司在申请时，帐上有很多钱，过几天、十几天或一个月资金就抽走了。对此，总局有什么办法来解决注册资金虚拟问题？

任　谦： 上世纪 80 年代末 90 年代初注册资金为 50 万元，那时这是一笔很大的钱；后来提高到 300 万元。现在 50 万元的话，很多老百姓有了，我们算了一下，300 万元也是很低了。制作一集电视剧就要 30 万元，50 万元只能拍一集半的剧，那你还是个公司吗？社会融资时，人家也不会相信 50 元万能融到什么资，就以 300 万元为基准。我们老是讲电视行业是高投入高产出的行业，你必须有高投入，才能有高产出。上次有个人建议我们搞零资金注册，那不可能，这不是开个门档卖水果。卖水果还要投入几十块、几百块钱呢，零资金注册是

不可能的。你注册后抽走资金，这是你规避我的政策，是你老板的问题。注册资金定为 300 万元，意味着要承担 300 万元的责任，让他增加一种责任感。如果打起官司来，法院判你还有社会诚信的问题。现在我们认为 300 万元还不够呢，还要往上提。例如上海有个汽车演员在拍电视剧时淹死了，如果真打起官司来，老板要赔 300 万元才能破产。当时以 300 万元为基准，我们也是经过调研得来的。至于老板抽走资金是另外一回事，小打小闹是做不起来的，他只不过拿了一块牌子而已。抽走资金的公司往往是进来看看，他觉得这个好玩，拼凑起来了，想干点事实际上也干不了，没发展起来，马上就垮了，300 万元是最基本的。2004 年刘云山部长说要提高制作业的门槛，我们没有其他门槛，只有注册资金的门槛。原来还有个门槛就是必须挂靠地市级以上的文化新闻出版单位。这样，挂靠的单位就变成了稀缺资源。一个地区广电局、新闻出版局、文化局等就这么几家，加起来也不超过十家、二十家。制作公司挂靠这些单位，每年要交管理费，有的达几十万元，管理费是一个非生产成本，这样就不合适了。后来我们就把这个门槛取消了，我们说谁审批谁管理。例如，广东省的制作公司由广东省广电局社管处管，但不许收费，要减少非生产性成本。我们在 34 号令中就强调这点，门槛不是没有，而是谁批谁管。从电视制作业来看，真正的门槛就是注册资金。钱不能太少，300 万元就是这么来的。

影视制作公司为什么大多数缺乏长远规划

李宝萍： 由于我国广电政策的不稳定性，许多社会节目制作公司的发展没有长远的规划，也没有想过如何去做大做强，对此，您是怎样看待这个问题的？

任　谦： 广电政策的不稳定是很正常的。因为我们是宣传部门，宣传部门是靠政策来吃饭的，他要根据一时一地的情况，当前的国际政治、经济关系来不断调整。广播电视政策每年都在调整，这不叫不稳定，这是属政策环境的问题。当然大的政策环境还是稳定的，比如说我们鼓励电视制作业的发展，从十六大提出以后到我们 34 号令，这都是我们行内一个基本的法令。这么大的部门还是要靠法律、法规来管，至于方向我们明确告诉大家当作一个产业来发展。

政策是经常调整的。民营制作公司发展没有长远规划，有两个方面的原因：一是老板本人的素质表现，他懂不懂这个行当，这是一个主观上的原因；二是政府给他们什么样的资讯。现在我国数字电视、IP 电视发展很快，作为业主他不知道政府在做什么，他没有地方获得这个信息。我们搞数字电视、手机电视、移动电视、IP 电视就是给大家增加一个市场渠道，拓宽一个市场面，我们通过政策来引导他们，告诉他们，我们今年又批了多少个付费频道与少儿频道，专业频道多少个，要让他们知道有这些频道，好让他们生产节目来提供。政府与市场主体平等对话、沟通交流有，但是不够。一是业主自己不去想；二是政府渠道不畅；三是制作公司只看眼前利益；由此使他没法做长远规划。三、五年内公司制作几部精品，到 2010 年发展到什么程度，他都没有，都是眼前的。没有长远规划，不仅制作业是这个情况，而且其他中小企业也是这个情况。当然，制作业中还是有些公司有长远规划，像光线传媒、东方传奇就是如此。钱进来后，公司要对投资方负责，每年增加多少利润才能还得起人家的钱，除了还本还要还息，逼着他去想这些问题。只是这样的公司太少；大多数是走一步算一步，走一步看一步。这也是规模小的问题。

1700 多家制作公司里面有长远发展规划的不多，大多数缺乏长远规划，这是我们要加强引导的方面。如何引导我们也有想法，比如每年出一本《制作业手册》，手册里把每年有多少个专业频道、什么设置等等全包括进去，我们2005 年出了一本《广播电视播出、制作、传输机构名录》，免费派送给制作公司，以后我们还要为他们提供各种服务。

影视制作业风险确实存在，我们要解决建立行规行矩的问题

周建青： 社会节目制作公司制作出来的节目在卖给电视台时，由于没有一个可操作性的行业标准，因此，买卖双方往往是不平等的，电视台常常以掌控了播出平台的优势来压价，对于这个问题，总局能否制定出一个可供参考的行业标准来平衡各方利益？

任　谦： 这个不平等在我国体制内肯定是存在的，"店大欺客、客大欺店，就看谁大"。现在我们是店大，都是党和政府的喉舌，没有商业电视台，没有什么竞争，一个地方一个台，"店大"也要讲规矩。制作业风险确实存在，我们要解决建立行规行矩的问题。我国制作业市场的秩序不够规范，这样造成了开店的人老欺负客人，而且客人还不敢告他。协议签了，但他没把它当回事，他可以找很多理由挤你出去。我们要解决的是进来有个规矩，要把法律法规建立起来。除了《合同法》、《著作权法》外，我们还要建立起有针对性的法令制度。

现在所有风险都是在制作方，因为一个制作公司不可能保证每部片子都是精品，每部片子都是成功的，都是有收视率的。他可能两年之内生产一部精品、一部废品，但成本要从精品里面提取才能再去生产。

公司制作出来的电视节目及电视剧，电视台可以挑三拣四。怎样规避制作风险？电视台回款应该要交，要严格按协议来办。原来想搞一个全国统一的标准化、格式化的合同，后来有人说这不是你们政府办的事呀，就没办了。但是现在买房合同照样是格式化，霸王条款照样存在。

我们搞个统一的合同出来，一定会是客观公正的，起码保证制作公司有个底线。合同文本都已经拟好了，并且有一句"必须统一使用广电总局统一印制的规范的合同文本"。我觉得这个标准化、格式化的合同，更多的带有一定的指导性。制作公司在签订合同时，可以参照这个格式化的合同，如果觉得太离谱，承受的风险过多，可以拒绝签订。现在纠纷越来越多，上海有一家公司一页纸的合同卖了四部电视剧，他什么权力都没有，打官司的时候没法打，吃亏了。当然，市场上如果大家缺乏诚信的话就难办了。

中央台信誉好，回款快，但价格压得太低。与中央台签了协议，播了以后，他绝对守信誉。店太大了，有的公司认为只要节目能在中央台播出，价格低点也无所谓。

2004年有个统计，历年沉淀在电视台里应该返还给制作公司的资金大概有7个亿，广告部的主任今年换了，接班的主任不认帐；明年接班的主任也就不认了；后年的就更不认前任的了。很多制作公司的节目播了无数次，你找他去要钱，他说他不知道你们协议是怎样签的，这种赖账现在较多。即使电视台还款，他也是先还一部分，制作公司拿他没办法。现在电视台都盖高楼大厦了，就制作公司没有，盖不起来呀。

所以要解决这个问题，除了规范合同外，政府部门还有个监督的问题，要监督市场。

影视制作业机遇与挑战并存

李宝萍：您认为我国社会节目制作公司实现可持续发展面临哪些机遇与挑战？

任　谦：机遇与挑战并存。机遇还是有的。第一，从大的环境讲，老百姓有需求。因为人们生活中除了衣食住行之外，还要有精神生活，而且老百姓看电视希望每天都看到新的东西。制作业按照发展产业规律的方向走。

第二个是科技发展的机遇。现在科技发展为我们开拓了很多节目市场，网络电视、楼宇电视、手机电视、移动电视都出现了，原来的一条出路现在变成了几条出路，企业可以在市场中寻找合适的定位，要避免品种单一，过去的品种只有电视剧。

第三个机遇就是社会的资本非常冲动。只有我们这个行业还算是一个优质的行业，人家愿意不断地投入，哪怕第一年、第二年赔钱他也愿意投，别的行业没有这种机遇。现在一些银行的贷款成了不良贷款，只有我们这个行业始终是有投入有产出的行业，这里面的机遇很多，看你把握得住不。

至于面临的挑战也有好几个方面。第一是受到外来的挑战。改革开放最早开放的领域是广播电视，这点不承认不行。在上世纪80年代初就把《霍元甲》引进来了。现在由买节目变成为人家可以控股的时候了，国外的广告公司可以搞独资的广告公司，广告业有大量的外资进来，而我国传媒发展离不开广告，这就面临着挑战，又要用人家的钱，又要保证文化安全、政治安全。

第二个挑战就是我们很多老板不懂市场的规则、市场的游戏，人的素质要亟待提高。我们这个行业是个复合型人才的行业，需要懂宣传、会管理、善经营的人才，这种人才还是很缺乏的。现在我们队伍素质不适应从计划经济转入市场经济，对市场经济基础知识掌握得比较少，懂制作但不懂怎样去开拓市场，不仅制作业是这样，而且我们政府官员中，有些人懂经济只会懂花钱经济，不会懂挣钱经济。我看宣传片，一看就知这种片能否播，但这个片子能不能挣钱我肯定看不出。我们要把两个方面结合起来，不但看这片子能不能播，还要看能不能挣钱，整个社会环境、政策环境变了以后，我们要积极地调整。

第三个挑战就是高新科技发展以后，很多老板跟不上，连上网都不会，怎么去理解高科技的东西，去寻找市场空间。说到底还是人的问题最关键。我认为挑战还是自己挑战自己的问题。

周建青：社会节目制作公司需要从哪些方面提高竞争力？怎样积极参与国际传媒竞争？

怎样提高竞争力，产品是核心竞争力，但是人是最关键的。

参与国际传媒竞争，我们要走出去。电波的覆盖我觉得最重要的是产品的有效覆盖，有效传播。我们需要懂国际市场的人和渠道，这才是关键。很多国外机构在电视节期间买了我们很多的专题片后要重新编辑，他只作为素材来购买。另外，我们制作的节目都不会留国际声道，声道还是混合的，人家一般要求采用国际声道，现在我们出去的节目声道都是混在一块的，他都没法给你做。我们制作节目的人与卖节目的人是脱离的，国际节目营销的人与制作国际节目的人，管理上是脱节的，所以我们的很多节目缺乏针对性，同样一个题材，老外换个角度在他国内台播出了；但这个信息反馈不到我们制作部门，电视台里的人还互相抱怨，国际部的（过去的外宣部门）抱怨卖节目的，你们怎么不告诉我卖不出去。参加嘎纳电视节及其它国际电视节的人员，回来之后，不把国际电视市场什么行情告诉制作部门，互相脱节，这种脱节怎么解决，我认为还是要靠公司化来运作。只有公司化运作的时候，作为企业的老板要占领国内市场与国际市场，他就必然会去主动关心这个事情，为什么我国很多民营公司制作的电视剧、纪录片出去的很少。电视剧主要还是华人世界为多，覆盖东南亚还是以华人居住区为主。我们怎样把产品形式丰富起来，用各种形式去宣传中国。我们的古装戏出去太多了，英国人还以为中国人都在梳辫子；在这方面，要靠贴近生活的纪录片来宣传，我们的人文精神还是靠纪录片来宣传，这些东西在国际竞争业里太少了。

我们讲参与国际传媒竞争，竞争还达不到，只有把节目输出去才能讲竞争，先要解决走出去的问题，然后才能讲竞争。

李宝萍：没有强大的制作业，就没有强大的电视业。您认为我国社会节目制作公司的发展动因是什么？您是怎样看待我国社会节目制作公司的发展前景？

任　谦：动因就是社会需求、老百姓需求。节目制作业始终只有往上走的线，没有往下走的线，不是抛物线。因为人们生活中除了衣食住行之外，还要有精神生活，而且老百姓看电视希望每天都看到新的东西，老是炒冷饭就没意思了；老百姓的需求就是我们服务的对象。因此制作业始终是朝阳产业。

本文采访系与国家广电总局《中国广播电视学刊》编辑部副主任李宝萍合作完成，发表于《视听界》2007年第1期。

我国民营影视制作
发展现状与对策
——东方传奇国际传媒有限公司董事长铁佛访谈录

访谈时间：2005 年 8 月 9 日

访谈地点：北京艾维克大厦 13 楼福缘视线影视文化有限公司

国内首家民营影视制作联合体——东方传奇国际传媒有限公司于 2005 年 3 月 11 日正式组建，作为广电总局节目制作规模化试点单位，东方传奇直接受广电总局社管司管辖，是以影视制作发行为龙头、开展演员经纪、电视剧专项广告、演出等辅助性业务的影视制作联合集团。几个月过去了，东方传奇发展得怎样，东方传奇对我国影视制作产业发展起到了怎样的作用，带着这些问题，笔者走访了曾获 "2004 年度全国十佳制片人" 奖的东方传奇董事长铁佛。

国内首家民营影视制作联合体
——东方传奇怎样诞生

周建青： 东方传奇国际传媒有限公司（简称 "东方传奇"）是什么时候正式成立的？为什么要成立这家公司？

铁　佛： 正式组建是 2005 年 3 月 11 日，但是在五年前就开始酝酿这个事情。在我们国家 "入世" 谈判的时候，

▲右为铁佛，左是作者

在 2001-2002 年整个制作业空前繁荣的时候，有很多家在北京做得较好的公司在酝酿这个事情。原来我们公司是民营的还没有制作许可证，就挂靠中国文联音像出版社。挂靠的时候我们正在制作国内版的《射雕英雄传》，《射雕英雄传》有几家投资方，如九州音像出版社、华夏视听等。这些大的公司当时就想组建一个比较大的公司联合体，这个事情前前后后讨论了不下十次。由于各自公司体制不一样：有国营的、有合伙的、有个人独资的，各自的诉求、利益都有差异，所以这个事情就搁置下来了。直到 2003 年底，国家广电总局对民营制作这一块开禁，开始发制作许可证的时候，这个事情又重新提起， 前后酝酿了有大半年时间，最后确定了四家组建联合体，除我这一家外，还有上海艺诚文化艺术交流有限公司，其老总袁晓波曾在国际电视公司和九州传播公司做过老总；在国内做电视栏目很有影响的北京光线传媒有限公司，以其主打栏目《娱乐现场》成为中国娱乐节目制作的领头羊；曾经制作《让爱作主》、《浮华背后》、《白银谷》等一批名剧的北京金天地影视文化有限公司。这 4 家公司到 2004 年年底基本上达成了一致意向，广电总局就给了个批复，直接给东方传奇颁发了电视剧制作甲种证，总局把东方传奇作为民营制作规模化试点单位，由社管司直接管辖。

我做电视剧经历有 20 多年了，最早在国营单位北京电视剧制作中心。当时的北视中心应该说是电视剧制作的领军团队，如《四世同堂》、《凯旋在子夜》、《渴望》、《北京人在纽约》等等享誉全国的作品都出自于北视中心。但叫好不挣钱，每拍一部戏都得可怜巴巴地申请拨款，四处找赞助，于是 1989 年我们与广东中山怡和集团合作组建了一个中山电视艺术中心，因为是民营的，没有制作许可证，就挂靠中国文联音像出版社，主要是做节目买卖。当时我们从台湾引进了电视剧《八月桂花香》，做节目买卖一直持续到 1993 年。当港台剧在国内逐渐卖得开的时候，因为大家都在做，我们就回头再转向制作。中山电视艺术中心和北京电视剧制作中心一起成立了中北电视艺术公司，当时就拍了 100 集的《京都记事》，后来两边法人因为利益问题又分开了。在国营体制下我觉得很难有大的发展，所以自己就成立了北京福缘视线影视文化有限公司，挂靠在中国文联音像出版社。从这么一个过程走过来，我觉得无论是北京电视剧制作中心、中北电视艺术公司，还是中山电视艺术中心及我自己开的这家公司，终归都是一个小规模、小制作的一个前店后厂的连做带卖的这么一个公司，都没有形成生产经营规模和链条，未来要在国内不要说跟国外的制作公司竞争，国内上千家制作公司大家都你拼我拼的话，都觉得经营起来比较累，所以就萌生了要做一个近似于联合体的合作性质的大一点的公司，姑且叫做集团公司，大家的资源重新进行整合，发挥各自所长，这样做起来都不显得累，可以抵御一些市场风险，或者是有一定的资金链，基于这些想法，就组建了国内首家民营影视制作联合体——东方传奇国际传媒有限公司。

东方传奇三大题材系列：
武侠系列、当代作家经典系列、后宫系列

周建青：东方传奇成立后是怎样进行运作的？

铁　佛：把这四家股东集合在一起不是件容易的事情，这些公司都是电视节目市场的佼佼者，要他们放弃现有品牌完全归入东方传奇不太现实，于是我们把股东分为经营性股东和非经营性股东，福缘视线和艺诚两家作为经营性股东，在东方传奇成立后就不再继续经营与其相同的业务，其他两家股东是非经营性股东，他们在短期内还可以经营与东方传奇相同的业务，但今后逐步过渡，最终完成统一。从 2004 年酝酿到总局批准，再到 2005 年申请注册，这中间我们讨论了很长时间，涉及到方方面面的利益必须在公司的章程和合约上都有明确体现。在合作期间，其实已经进入了公司的正常运转。首先必须整合我们公

司的题材资源，比如原有各自的一些版权购买、作品改编权的买断，公司在酝酿过程中就进行了题材资源的整合，几家凑到一起，我们一共拥有价值相当于1300万元的版权或叫做基本投资，因为制作就像开餐馆，材料不备齐，再好的师傅也难为无米之炊啊，没东西怎么做呢？所以现在我们基本上就列出了三大题材系列，第一个是由我们从2000年以来操作的武侠系列，之前我们做了金庸的《射雕英雄传》、《天龙八部》、《神雕侠侣》等，这些电视剧制作我们都有部分投资，2005年10月拍摄《雪山飞狐》。武侠系列，我们不会局限于金庸，2004年我们也做过梁羽生的《萍踪侠影》，后来做过古龙由《绝代双娇》改编的《小鱼儿与花无缺》，有关古龙的我们还会做几部经典作品，这就基本上形成了一个中国武侠系列。第二个系列是在2004年开始做的当代作家经典系列，我们把当代中国一些有名作家，例如王蒙、王朔、张贤亮、余华、苏童等的一些经典作品改编权买断，然后重新用我们对作品的认识来形成一个系统的影视作品，陆续推出王蒙三部曲、王朔三部曲、苏童三部曲等等。第三个系列做一个中国的后宫系列，因为我们审视过去的一些创作，发现历史剧里面，都有一种男权意识，从《康熙大帝》到《雍正王朝》诸如此类的作品，没有一部不是帝王将相的；我们忽略了一个最有表现张力而且最为观众所喜欢的后宫题材，其实任何一个朝代的后宫，都有很多很多的故事，所以我们现在计划做一个后宫系列，大概有五、六部，我们给了它一个很俗的题目叫《生生死死》。总体起来说有这么三大系列，同时，也会生化出一些不属于这些系列的其他作品，比如我们在上海拍的《欲火凤凰》，这是香港导演王晶监制的一部剧，讲述一个玉石家族三代人的爱恨情仇的故事。

周建青： 您刚才说的武侠系列片中大多数早就拍过了，为什么还要重拍？

铁　佛： 对，前面说的武侠系列片以前拍过的都不下一次了，拍得最多的是《神雕侠侣》，曾经在香港、新加坡、台湾拍了15个版本。为什么还想再拍？因为现在对作品的理解，对影视剧艺术表现力的把握，跟原来相比已经有一个质的变化，那么再来重拍这些作品，会有不同的认识，不同的表现，带给观众一种新的感觉。不是我为什么要拍，因为影视这个东西，说白了好莱坞最为成功的影片，他们认为最保险的就是旧剧新拍，所以好莱坞好多大的商业片都是这样产生的。

周建青： 那你们公司有很多事情要做啊。

铁　佛： 从生产的角度看，现在排得很满，四、五年都做不完。

东方传奇的三大优势及市场推广手段

周建青：东方传奇公司跟其他的节目制作公司相比独特或者优势的地方在哪里？

铁　佛：我觉得有三方面的优势：一是题材资源优势，二是人才的聚集和整合优势，三是我们对销售网络的掌握优势，这三大优势渗透到了从创作到制作到销售的三大环节。三大优势确保它的规模化生产，一旦进入规模化生产，公司的品牌、影响力、张力就可以全部表现出来。

周建青：像人才整合，四家公司各有各的人才，你们需要哪些方面的人才？

铁　佛：各有各的人才，我们就发挥各自所能啊，如果相对重复的，那我们就留下优秀的，淘汰差的。

周建青：公司成立后，赢利模式主要有哪些？

铁　佛：我们目前主要是在制作和经营这一块，同时整合我们原有的 3 家演艺经纪公司，电视剧专项广告、演出等辅助性业务也都已开展起来。

周建青：你们公司的市场推广手段主要有哪些？

铁　佛：市场推广手段有各种方式，一个是借助于媒体，这是贯常使用的套路；还有一个就是建立三大销售网络，我在这个行业里面有长达 20 多年的历史，国内的三大播出网络，我们基本上都保持着良好的合作关系。

周建青：哪三大销售网络？

铁　佛：一个是中央台，一个是省级台，一个是市级台，这三大网络我们基本上是点对点的直接推荐销售，这个应该是我们的一个长项，在中国市场上，与媒体做电视剧买卖或者交易的人，有做我这么多年的已经没有几个。

影视行业现状：1/3 赚钱，1/3 略赔，1/3 亏本

周建青：近几年，每年生产的电视剧一万多集，我听业内人士讲 1/3 赚钱，1/3 保本，1/3 亏本，你是怎样看待这个说法的？

铁　佛：这个说法应该叫 1/3 赚钱，1/3 略赔，1/3 亏本，平均下来就是略亏。这应该是一个基本准确的说法。

周建青：那为什么还有很多公司加入影视制作行业呢？

铁　佛：这个就跟每年或者每 3 年才能出一个明星一样，这个圈子里面就

是每两年、三年才能出一个大家所知道的演员。为什么艺术学院招生，还有那么多的人打破了头排队，去年火爆的超级女声这个节目，明明就是电视台自己做的一个节目，结果所有的参与者都以为这是一个通往明星之路的捷道，大家都拼命去挤，首先是因为它有一个外在的虚幻光环，所以大家都认为这个行业是那么风光的一个行业，就像跟开饭馆的说我是拍电视剧的，给人的感觉似乎不一样。第二，因为中国人做生意最注重的是脸面，尽管做赔了也不可能满街跑说我做赔了，那么略微赚了一点钱的就夸得不得了，赚 10 块钱的可以夸大到一百万，外人一看，这个行业很有"钱"景，于是就争着往里钻了，钻进去死掉了，赚了赔了只有他自己知道。

周建青：东方传奇发展的长远目标是什么？

铁　佛：长远目标就是把它做成一个真正的集团化的规模化生产的集团公司。以后我们可能把制作、销售和前期的剧本创作，分成独立的、独立核算的资源成长性的独立公司。

周建青：就是制作公司只管制作，创作公司只管创作？

铁　佛：创作部门创作出来的东西，对东方传奇公司来讲不是唯一的，如果我不用的，他也可以进入到市场去销售。

周建青：这个创作部门还是你们公司的？

铁　佛：对，是子公司，把它发展成为子公司，让他自己去成长。制作这一块也是，除了我给他的制作项目以外，它可以去帮那些没有制作能力的公司，赚取制作费、管理费诸如此类的。销售也是一样，比如我给了你销售公司生产的戏，我们就是他的品牌戏，那么你也可以给其他公司组织销售门路，也可以拿来做代理销售。

周建青：不拘泥于本公司。

铁　佛：对，完全把他做成一个独立的、具有自我生存能力和发展空间的子公司，同时以后的演艺公司也好，围绕电视剧制作的而建立的广告公司也好，等等，他们都是一个个子公司。

中国影视制作行业目前来讲还是一个起步阶段

周建青：您是怎样看待我国制作行业发展中的一些问题？

铁　佛：对于制作行业的问题，我觉得中国的制作行业目前来讲还是一个起步阶段。为什么这样讲呢？首先在于电视剧这样一个在电视媒体里面支撑性的产品，它所得到的应有价值是不够的；不够的原因是我们的电视媒体都是国有的，都是垄断的。形成这样一个垄断以后，在节目买卖平台上就出现了一个买方说了算的这样一个结果。所以节目的价格或价值不是由市场来定，而是买方说了算。买方在买了影视剧之后又把它作为商品卖出去，卖给广告商的时候，它的收入是买进的多少倍呢？应该是它买进的百分之九百多。因为我们做过一个基本的统计，全国电视台在2004年用于购买节目的开支，跟它同时段播电视剧收取广告费的总的广告收入的百分比不到8%。

周建青： 呵呵，电视台赚了一大把。

铁　佛： 是呀，电视台拿到了92%，制作公司只拿到了8%。电视频道是国家的，不是你自己的，这是国有资源，国有资源要算一份钱，电视台的自身管理要算一份钱，然后播出设备要算一份钱，都可以算，七七八八算完有多少。按照国外通常算法，制作公司一般来讲制作一个1小时的节目，它那1小时的收入比应该是那1小时节目收入比例的55%。就是说制作方占到55%，播出方占到45%。我们现在姑且不要说55%，如果公司制作的节目一旦能够占到节目广告总收入20%的份额，那它的发展就不得了。节目量不可能无限的增大，因为每天晚上只这么多时间，全国全年加起来也就是四千到五千多部剧，播出量只有那么大。为什么说我国影视制作行业还是起步阶段，原因就是它没有一个规范的操作准则。这个准则由谁来规范，不是由卖方来规范，也不是由买方来规范，而是由负责卖方和买方管理的国家机关和相关管理部门来规范。

影视制作行业有前景，但前景是国家给的

周建青： 为了保证制作公司的利益，国家主管部门能否制订一个统一的合同，这样制作公司跟电视台签约时，至少保证有个底线给制作公司，这种做法可以吗？

铁　佛： 这种做法不可以，政府不可以定价，但政府可以定政策。比如说韩国电视剧为什么发展得那么快，早在13年前韩国的文化方针就是管影视制作、管电视台的，它那一年就明确规定电视台广告总收入的12%必须用于购买节目。这个比例每年在涨，现在就涨到了40%。韩国人制作影视剧的投资相当于我们的3倍，如果我们是50万元做影视剧，他们就是150万，所以他们有明星，他们出明星。

周建青：现在韩剧在我国还是比较流行的。

铁　佛：韩剧是用钱堆起来的。问我影视制作产业有没有前景，我说有前景。但这个前景谁给你，还是国家给你。国家给这个产业制定一些宏观调控性的政策和规定。有了这样的政策和规定这个产业必然有更大的生存空间，这是第一。第二，从现在的媒体的构成格局看，我相信两三年以后也会出现变化，现在我国媒体结构是宝塔式结构，地市级台是最大面的，中间是省级台的，最上面是中央台的，这就跟我们的政治结构是一样的；其实媒体不是这样的结构，媒体是平行走的，它一定不是宝塔式结构的，为什么美国有四大播出网。因为媒体的覆盖与政治管理、政治架构完全是两回事，媒体是一个与受众紧密相关的大众传播机构，所以我相信未来两三年国内的电视媒体格局会出现变化。我们一些大的省级台，比如说上海文广、湖南广电，会弱肉强食的兼并其它一些比较弱势的台，形成不同格局的播出体系。到那时可能会逐渐形成多个购买单位，因为现在我们在国内面临的是3个购买单位，3个里面选择一个。实际上3个里面，说白了，一般很少人卖给中央台。因为中央台你肯买，价格肯定低了。这一两年中央台有所转变，但是还没有过度到市场化地步。所以面对的只有两个选择，以后可能会有4个到5个，或者更多的选择，更多的买家，在节目的价格上会出现一些变化。

要从中国走向世界，完全闭门造车是不行的，唯一的做法就是跟人合作

周建青：影视制作公司要从哪些方面提高竞争力？怎样积极参与国际传媒竞争？

铁　佛：对这个问题，我有我的观点。如果你是闭门造车，按你的思维、你的观念来做，哪怕你认为你做得很好，也未必能参与海外竞争。就像我们的电影一样，我国电影从张艺媒的《红高粱》1988年获第38届西柏林国际电影节最佳影片金熊大奖开始，以为就走入国际了，其实还差得远。除了大家所认同奥斯卡已经具有巨大商业价值的一个品牌以外，所有国际性的电影节都是一种鼓励性的电影的party。我们曾经做过一个《天上的恋人》，参加东京电影节，反响也不错，最后组委会问我们有什么要求，要求很简单就是需要一个奖，那奖都分配完了，怎么办呢？那组委会为了鼓励你的热情，于是就来了一个"杰

出艺术贡献奖"。由此我认为除奥斯卡这样一个由学院评出来的比较严格的电影奖项以外，其它无非就是行业内为了鼓励士气或者说给大家一个聚会的机会，party。所以我回过头来讲，电影尚且如此电视剧就更不用说了。因为中国的电视剧，说白了，就是拍给中国人看的，台湾的电视剧就是拍给台湾人看的，美国的电视剧就是拍给美国人看的。曾经在国内热播的《加里森敢死队》、《八月桂花香》、《霍元甲》等，也不过是曾经而已，它不可能成为一个永久。文化本身就是在这块土地上产生的，外面搬过来的东西它很难生长，比如说我把一棵树摆在这，你不把它栽进去它怎么可能活，肯定很快会死的。同样，你要进入欧美的主体市场，我们现在的剧都在出去，出去到哪里？就是到一个很狭小的华人市场，就是国外的一些华人移民。东南亚、港台，就是很狭小的市场，电视剧永远不可能进入主流市场，就是说韩剧再牛 B 再怎么样，它能够进入到中国主频道的黄金时段播吗，不可能的，它只能在非黄金段播出。

周建青：国家政策不准吧。

铁　佛：对，你有这个政策，人家也有这个政策。还有一个就是观众本身的接受度。比如说韩剧生产有多少部，你不能说有一部两部韩剧在日本、美国的主流媒体播了，就说韩剧大举进攻了，它其实也受到了一些局限，我们也仔细分析了一些韩剧，它也有它的局限性。我就断言，在一两年后韩剧会像当年的日剧一样同样会销声匿迹。因为观众总是喜欢新鲜的，新鲜过了后，回头一看，哦，还是自家做的菜好吃。你在家里吃烦了，上一顿饭馆你会觉得饭馆做的菜真好，那天天吃饭馆的时候你回过头来，哟，还是家里的饭好吃，一个道理，所以我就说，要从中国走向世界，完全闭门造车是不行的，唯一的做法就是跟人合作。

周建青：跟国外的合作？

铁　佛：对，接下来我们要和港、台及国外的一些公司合作。

周建青：合拍电影还是电视剧？

铁　佛：合拍电视剧，我们就是借助人家的观念，借助他们在非华语地区海外的销售经验和市场网络。只能是借船出海，你自己这所船是摇不出去的，就是摇到珠江头上的时候一个大浪来了你就翻掉了。

周建青：您认为公司做大做强的对策有哪些？

铁　佛：公司做大做强的对策，回过头我还是那句话，就是在于拥有多大的资源、多强的资源。这个资源是方方面面的，包括人才资源、题材资源、市场资源等等。

周建青：您想过要让东方传奇上市吗？

铁　佛：目前没有。

周建青：东方传奇在拍电视剧中遇到过资金短缺吗？

铁　佛：到目前为止，我认为我们的资金链相对来说还是比较完善，还没有遇到过资金短缺的问题。

建立规范的电视节目市场体系取决于国家产业相关的政策和法规

周建青：前面讲到电视剧市场体系不够完善规范，您认为怎样建立比较完善规范的电视节目市场体系？

铁　佛：要建立这个体系，首先取决于国家产业相关的政策和法规。这个不是我们觉得怎么样就会怎么样，这个我们已经跟广电总局，跟广电总局的若干司，电视剧司也好，社管司也好，我们都谈过了，这个东西不在于我们公司本身，也不在于我们制作人，这个在于国家的宏观管理部门，他们要求怎样来解决一个电视剧市场管理的相关政策和法令——符合市场发展、能够保证这个市场建成发展的宏观政策和法规，这个是最要紧的，没有这个东西，谁说了都无济于事。

补记：

2005 年~2006 年，因为研究的需要，本人先后实地调研了我国颇具影响力与代表性的部分民营影视制作公司，除了专访东方传奇董事长铁佛外，还专访了光线传媒公司总裁王长田、欢乐传媒公司副总裁郁康淳、派格太合环球传媒公司总裁孙健君、嘉实传媒集团副总裁李农、冠华世纪传媒公司总经理王坚平、英扬传媒董事长黄英毅等等。通过对他们的专访，笔者整体上对全国民营影视制作公司的发展现状及其存在问题有了较全面的了解，在此，对他们百忙之中接受本人专访深表感谢。

粤港媒体发展研究

广东传媒内容产业创新发展战略探析

　　广东，改革开放的前沿阵地，得改革风气之先，各行各业改革创新如火如荼，传媒行业也不例外。1986年广东电台最早开创直播大板块的"珠江模式"引领全国，1996年广州日报成立了全国第一个报业集团，2004年全国第一家全省性广播电视集团南方广播影视传媒集团在广东诞生等等。现在广东拥有广州日报报业集团、南方日报报业集团、羊城晚报报业集团、深圳特区报业集团、南方广播影视传媒集团、深圳广播影视集团、佛山传媒集团、广东省出版集团、家庭期刊集团、广东新华发行集团和珠江电影集团等11家传媒集团。改革开放30年来，广东传媒无论从媒体数量、广告收入还是从经营管理、传媒影响力方面，今非昔比。

　　然而，广东传媒发展到今天也遇到许多瓶颈问题，其中之一就是内容产业发展缓慢，传媒内容远没有满足渠道与受众需要，传媒业营业额大但利润小。内容强则传媒强，内容产业大，则传媒产业大。因此，本文试图从广东传媒内容产业创新发展战略角度进行探讨。

一、内容产业概念及其国外内容产业发展概况

　　"内容产业（Content Industries）"的概念最早提出是在 1995 年召开的"西方七国信息会议"上，第二年欧盟制定的《信息社会 2000 计划》把内容产业定义为"那些制造、开发、包装和销售信息产品及其服务的产业"。2001 年 4 月 2 日在欧洲经济和社会委员会发表的一份公报中，对内容产业的定义作了更完整的表述："内容产业由那些制造、开发、包装和销售数据、文本、语音、图像或多媒体内容的企业组成，表现为以纸张、微缩胶卷、磁存储器或光存储器为载体的模拟或数字形式。主要包括各种印刷出版（报纸、图书、杂志和企业出版物）、电子出版物（在线数据库、音频和视频文本服务、传真和以 CD 为基础的服务、DVD、全球信息网、宽带网、乐教天地）以及视听产业（电视、录像、广播、音频和电影）。"①

　　内容产业是 21 世纪最具竞争力与发展潜力的产业。世界内容产业主要分布在北美、欧洲和亚洲地区，特别是这些地区的发达国家。据统计，在 2002 年全世界内容产业市场规模为 124 万亿日元，其中北美地区为 54.4 万亿日元，占总体的 45%（美国为 51.7 万亿日元）；欧洲、中东地区的市场规模为 41.3 万亿日元，占总体的 34%，亚太地区为 24.7 万亿日元，占总体的 21%。日本是亚洲太平洋地区内容产业最为发达的国家，其市场规模占亚太地区全部的一半以上，在世界市场中约占 10% 左右。② 这些国家与地区内容产业如此迅速发展，离不开国家的政策扶持与法规保护。2003 年日本政府组建了由总理大臣挂帅的"知识财产战略本部"，下设"内容产业专业调查会"；2004 年 6 月日本国会通过了《内容产业促进法》，旨在促进内容产业迅速发展。韩国通过出台支持数字内容产业发展的专项计划，完善法律环境，使该国数字内容产业已经超过传统的汽车产业，成为韩国第一大产业和十大新增长点之一。2003 年韩国数字内容市场规模达到 54700 亿韩元，2004 年增长 18.6%，达 65000 亿韩元。③ 2000 年，英国贸工部发布的《英国数字内容产业发展行动计划》及之后颁布的系列政策法规，对英国数字内容产业进行了详细的规划，现在英国数字内容产业（出版业、

---

① 吴乐珺：《媒介融合趋势下的内容产业建设》，欧盟网站：Gateway to the European Union, http://europa.eu/index_en.htm.

② 孙国庆：《日本内容产业发展分析》，经济研究，2006 年第 1 期。

③ 长城战略咨询：《韩国数字内容产业发展模式分析》，http://www.sina.net，2007 年 6 月 26 日。

软件业、网页设计业、图形制作业、游戏业、广播电视业）占整个创意产业的份额超过了 85%，数字内容产业真正成为英国经济的引擎。[①] 美国通过《联邦信息资源管理政策》，实施了控制数字内容使用的"数据权限管理"技术协议，为美国数字内容产业提供了更广阔的发展空间，内容产业已经成为美国第一大产业。

二、广东传媒内容产业发展存在问题

广东传媒数量多、集团多，但是传媒影响力与其经济影响力甚不匹配，笔者认为制约广东传媒进一步发展的主要问题是其内容产业薄弱。主要表现在以下几个方面：

1. 内容匮乏且同质化严重。 广东传媒虽然数量多，但是生产的内容少，难以满足受众需求。因为内容少，导致电视台重播率高，有的节目或栏目在同一频道重播三四次，又在不同频道轮播。例如《TV 搜索》栏目每天在广东电视台的每个频道都有播出，栏目剧《夜倾情》在珠江频道播两次后，又在其海外版重播三次；《外来媳妇本地郎》在不同频道也要重播三四次；南方电视台的《今日一线》在经济频道一天播出三次等等。广东的报纸版数较多，但是广告版面占其 1/3 或 1/2。除了内容少之外，同质化严重十分明显。以电视为例，广州电视台的《新闻日日睇》、南方电视台的《今日一线》、广东电视台的《今日关注》，这三个栏目均以报道"民生新闻"为主，每天报道的内容有许多大同小异，尤其是负面新闻，车祸、火灾、跳楼等等，几乎一样，究其原因，是电视台的编外人士如 DV 爱好者，每天拿着 DV 拍摄这些场景，然后送至三家电视台，从中获得制作费。同质化现象在报纸中也甚是明显，由于各家报纸实行报料有奖制度，每个报料如果刊登出来，就会给予 50 元至 300 元不等的奖励。这项制度的实施旨在扩大新闻来源，提高报纸信息含量；同时也成就了某些人的职业。据了解现在有了专门的报料公司，该公司招聘一些人员在广州十区布点，一旦有什么突发事件，就迅速向广州各家报纸报料，如此导致《新快报》、《信息时报》、《南方都市报》等纷纷加以报道。突发新闻如此，时政新闻也不例外，由于各报社对记者的分工十分具体，且对漏报较重要新闻的记者实行罚款制度，

① 汪礼俊：《数字内容产业——英国经济新引擎》，通讯企业管理，2008 年 6 月。

结果导致报社之间有些记者私下里互通有无，这样，就出现了同一条新闻你报、我报、他也报的现象。不怪乎有些人发出"广州报纸这么多，买一份足矣；广州本地频道这么多，看一个够了"的感叹。传统媒体如此，新媒体更是严重。广东广电部门开发的移动电视，其播出内容基本上是传统电视台内容的重播。手机报纸只是报纸和网站内容的二次加工和利用，手机电视与手机广播传播的自主内容甚少。数字电视所播节目实质上就是传统电视节目，只不过清晰度提高了，可看的频道多了，但内容大同小异。

2. 内容创意乏新与制作人才严重不足。综观近年来广东传媒的发展，电影电视在国内外获得大奖的甚少，电视新闻、报纸新闻、广播新闻近年来获得中国新闻奖一等奖的几乎没有，刚起步发展的动漫行业就更不用说。传媒行业属创意行业，内容创新甚是重要。而目前独家新闻少，原创动画作品少；缺乏创意的内容没有市场竞争力。导致内容创意乏新主要原因是内容制作人才缺乏。在广东传媒现有运营机制下，难以培养出高品质的内容制作人才，也难以留住富有创造力的人才。

3. 内容制作不计成本与节目交易平台缺乏。由于我国传媒属国有垄断行业，因此，其竞争程度十分有限。许多电视台为了制作参加评奖节目或宣传节目，往往不计人力、物力与财力。在平时节目制作中，往往是一次生产一次使用，用后就封存到片库中，这种自产自销的生产方式难以满足社会市场需求。可见，节目制作并非为交易而做。在广东地区缺乏节目交易平台，因此，各家媒体制作的成品很少用来交换或交易。即使在每年一度的广州国际纪录片大会上，虽然有纪录片交易环节，但其影响有限，交易额甚少。

4. 政策法规不到位。在内容产业发展方面，从我国颁布的政策法规来看，限制的多，扶持的少。《著作权法》、《电子出版物管理规定》、《互联网出版管理规定》、《互联网视听节目服务管理规定》等法规，这些法规对规范内容产业发展起着重要的作用，但是对于刚刚起步的内容产业来说，更需要的是政策扶持与鼓励。新媒体发展如何融资，传媒经营性资产如何剥离，动漫产业如何壮大，电视台制播分离如何推动，"三跨"（跨媒体、跨地域、跨行业）如何实现，"三网"（电信网、计算机网、电视网）怎样融合等等，这些制约传媒发展的问题急需政策的支持。

5. 事业产业不分。我国传媒行业大多实行"事业单位，企业化管理"运营模式，从这一模式可以看出传媒处境之尴尬，也导致我国传媒既不像事业单位，也不像公司企业。广东传媒集团之多、之大，全国罕见。但是，这些传媒集团的组建全靠行政手段，而非市场手段，因此，组建后的传媒集团，资源难以整合，运行效率不高。号称全国最大的南方广播影视传媒集团，除广州与深圳两座城市的广电没有整合进来外，把全省19个地市的广电全部纳入，再加上省级的广东电视台与南方电视台，可谓广电航母。虽然架子很大，但是内容很空。仅有几个经济不发达地区的广电愿意加入，而经济发达的地市广电，仍然我行我素，例如2005年1月佛山传媒集团诞生。

三、广东传媒内容产业创新发展战略

从上分析可以看出，广东传媒内容产业发展存在许多问题。如何解决这些问题，把广东传媒内容产业做大做强，笔者认为可以采取以下战略措施。

1. 创建内容数据库，开发新的盈利渠道。广东传媒收入主要靠广告，如此单一的盈利模式风险很大，因为，广告量的多少与经济是否发达密切相关。目前，受美国金融海啸的冲击，我国房地产行业日益不景气，房地产公司广告投入急剧萎缩，从而导致广东许多传媒广告收入直线下降。在广告增收难以为继之时，开发新的盈利渠道颇显重要，其中创建内容数据库是其有效途径之一。广东各传媒集团可把其生产内容全部数字化，按年代与内容进行分类。通过建立数据库，为集团外的受众与客户提供收费服务，这样既开发了过往内容的再次利用，为受众与客户提供方便；也为集团自身发展增加一条创收渠道。

2. 建立内容制作基地，重视人才培养。目前，广东部分地市出台了一些优惠政策扶持动漫产业发展，建设动漫基地。广州从化、番禺、天河、白云等区都在加紧建设，深圳、东莞、佛山等市也不甘落后，基地建设一片欣欣向荣，然而在这表面繁华的背后显得甚是空虚。有的动漫企业不重造血功能只看输血大小。广州一家动漫公司老总说，选择哪里舍弃哪里，主要看政府的优惠政策；"从白云区到越秀区，再到天河区，半年内搬了3次。"[1] 可见，广东动漫基地建设存在一些问题。除动漫产业外，影视节目制作基地、新媒体内容制作基地、音像出版基地、平面媒体设计制作基地等等都应该大力发展。制作高质量内容

---

① 黎宏河：《动漫基地亟待冷思考？到底需要多少动漫基地？》，http://www.xwcbj.gd.gov.cn/news/html/qgxydt/article/9777114280630.html。

产品关键在于人才，因此，广东要大力培养人才、引进人才并留住人才。可以通过高校与基地联合培养人才，高薪聘请人才，待遇留住人才，唯此方能建好内容产业制作基地。

3. 打造内容产业平台，完善内容供应市场。有了好的内容产品，如何实现其社会效益与经济效益呢？因此，打造内容产业平台、完善内容供应市场尤为重要。广东省、市政府通过政策与资金引导，打造内容产业平台，这个平台为内容产品的交易提供场所，就像美国的辛迪加组织，买卖双方可以讨价还价，根据自己的需要选购内容产品。这个平台可分为两类，一类是虚拟平台，就像淘宝网，即通过网络建设，把各种内容产品分门别类挂上去，方便买卖双方随时进行交易；另一类是真实平台，就像商品交易会，即通过定期定地举办内容产品博览交易会，让买卖双方进行实物交易。

4. 制订并完善相关政策，大力发展内容产业。国外经验表明：内容产业的发展，离不开国家政策的支持与法规的完善。近年来，我国出台了许多相关政策大力发展文化产业，这是一个大好时机，因此，广东要抓住机遇，制订出发展内容产业的有关政策与地方法规。目前，广东部分地市出台了扶持动漫产业发展的政策，但是"只重视播出，不重视产业的形成"的现象也遭到了业界的质疑。广州笑笑吧动漫公司总经理孙太泉说，政府文件中明确表明节目如在中央台或地方台播出，就能得到政府奖励，至于是否能形成一条完整的产业链，却无人问津。于是，很多企业为了拿到政府奖励，便以节目在电视台播出作为最高标杆。这样的功利心态导致动漫的题材普遍缺乏创意，形象推广、衍生产品开发等运作根本无从谈起。[①] 可见，发展动漫产业的政策还需完善。影视制作行业的政策，也越来越开放。国家广电总局 2003 年 12 月颁布《关于促进广播影视产业发展的意见》，2004 年 11 月颁布《中外合资、合作广播电视节目制作经营企业管理规定》，这些政策的实施，有力地促进了影视节目制作业的繁荣发展。目前，电影、电视剧制作民营公司独领风骚，电视节目与栏目的制作也日益社会化。在这种环境下，广东省、市政府相关职能部门通过出台有关政策，力促电视台真正实现制播分离，把非新闻类节目制作推向市场，让社会制作公司参与竞争，电视台只负责新闻类节目制作与播出工作，只有这样，才能解决

---

① 黎宏河：《动漫基地亟待冷思考？到底需要多少动漫基地？》，http://www.xwcbj.gd.gov.cn/news/html/qgxydt/article/9777114280630.html。

电视台因"内容危机"导致重播率高的问题，才能提高节目制作质量，才能满足受众需求。

5.整合资源，组建广东内容产业协会。目前，广东拥有省广电协会、省报业协会、省出版协会、广州动漫协会等等，这些协会为促进业自身发展起到了积极作用。内容产业的发展离不开这些行业的发展，因此，通过整合这些行业协会以及与内容产业有关的行业来组建广东内容产业协会，让协会来规范管理，推动会员单位与政府、社会的沟通，有效解决内容产业发展中存在的问题；同时加强会员之间的横向联系，维护协会会员的合法权益和行业经济秩序，为会员提供服务，从而推动广东内容产业快速持续健康发展。

内容产业已经成为世界发达国家的新兴战略性产业，2007年中国数字内容产业规模继续保持快速增长，其市场规模达到了1570.1亿元，增长率超过40%，显示出了极大的发展潜力。有机构预测，我国数字内容产业将继续保持高增长态势，在2010年其市场规模将达到3420.8亿元。[1]国家"十一五"规划纲要明确提出："鼓励教育、文化、出版、广播电视等领域的数字内容产业发展，丰富中文数字内容资源，发展动漫产业。"广东只有正视目前发展中存在的问题，并切实加以解决，才有可能成为我国内容产业发展的排头兵。

本文于2008年12月获得广东省社会科学年会论文二等奖，之后发表在《岭南视听研究》2009年第3期。

---

① 通信世界网：《2007年中国数字内容产业市场规模超1500亿元》，http://www.cww.net.cn/sp/html/2008/2/26/2008226 1150441417.htm。

试论粤港两地中文报纸的
不同特点

香港面积不大，传媒产业发展迅速。现在拥有 52 份日报、数份电子报章和 754 份期刊、两家本地免费电视节目服务持牌机构、5 家本地收费电视节目服务持牌机构、12 家非本地电视节目服务持牌机构、一个政府电台以及两个商营电台。① 广东是我国报纸改革的前沿阵地，传媒事业蒸蒸日上。粤港两地相邻，经济都很发达，由于实行不同的体制，因此，两地中文报纸呈现出不同的特点。下面从报纸新闻取向、编辑自主权、审查程序、版面、报价、广告、发行、报业竞争等方面加以比较。

一、两地报纸新闻取向不同

香港报纸以政经新闻作为头版头条的非常少，而以暴力、色情内容为头版头条的较多；广东报纸以政经新闻作为头版头条的非常多，暴力、色情内容很难上头版头条。例如，2004 年 6 月 1 日，"泛珠三角区域合作与发展论坛"在香港开幕，2 日移师澳门，3 日在广州闭幕。对于事关香港、澳门与内地 9 省区经济发展的大事，香港与广东媒体是如何报道的？ 6 月 2 日香港报纸大多对此事进行了报道，

---

① 《香港 2002》，香港特别行政区政府新闻处出版，第 279 页。

但各报处理方法不同。下面选取香港 5 家日报具体说明，见下表 1。

表1：6月2日香港5家主要日报对"泛珠三角区域合作与发展论坛"报道的版面安排与新闻标题

报纸名称	版面安排	新闻标题
文汇报	A1	泛珠铁路网 16 年后铺妥
东方日报	A1	泛珠三赢 香港如虎添翼
太阳报	A2	泛珠合作粤港澳清晰定位
苹果日报	A3 版下半版	张德江为粤港澳合作分工 港力争成珠三角商贸服务中心
星岛日报	A3	泛珠扩建快速交通网

从上表可以看出，对这次论坛的报道，只有《文汇报》、《东方日报》安排在头版头条位置，而《太阳报》安排在第二版，《星岛日报》安排在第三版上半版，《苹果日报》安排在第三版的下半版。该日《太阳报》的头版头条是《冷血父虐杀亲女》，《苹果日报》的头版报道是《周正毅操控股价囚 3 年》及《8 式酷刑杀 2 岁女》，《星岛日报》的头版整版是广告版，其第二版新闻是暴力新闻。

6月4日，广东报纸对"泛珠三角区域合作与发展论坛"在广州闭幕都进行了报道，下面选取 5 家主要日报加以说明，见下表 2。

表2：6月4日广东5家日报对"泛珠三角区域合作与发展论坛"报道的版面安排与新闻标题

报纸名称	版面安排	新闻标题
南方日报	A1	"9+2" 签署合作框架协议
广州日报	A1	"9+2" 建九大协作网络
羊城晚报	A1	"9+2" 巨舰今天鸣笛启航
南方都市报	A1	泛珠合作签署框架协议
新快报	A1	内合纵 外连横 互利共赢谋发展

从表 2 中可以看出，对这次论坛的报道，广东的 5 家主要日报，都安排在头版头条位置，充分肯定"泛珠三角区域合作与发展"的战略部署，只是标题稍有不同。

随手翻开香港报纸，卖淫嫖娼的新闻、跳楼烧炭自杀的新闻、暴力凶杀的新闻随处可见，即使原财政司司长梁锦松喜获"千金"，大多报纸也安排在头版头条中加以报道，这对广东的报纸来说是不可想象的。

二、编辑自主权与审查程序不同

香港传媒实行的是总编辑责任制的编辑主导模式，所有传媒由老板或某一财团经营（香港电台除外）。虽然每个传媒都有自己的主张，但一般大老板都不会直接抓采编（《苹果日报》除外），只将大政方针告诉总编辑，由总编辑自主具体操作，而各版面编辑则根据总编辑的部署实施编辑自主权。记者所写稿件交编辑之后，无权过问如何处理，编辑完全按照自己的立场决定稿件取舍。就是公营的香港电台（特区政府每年投入6亿港元），在"编辑自主"的主导下也常常与特区政府唱反调。在香港，对传媒的监管都是事后监管，而不是事前监管。只有在传媒产品出来之后，看受众的接受度，市民的投诉次数才去决定是否对该传媒进行警告或处罚，查封出版物非常罕见。如果没有人投诉，就假定公众接受，无论什么内容，政府都不会插手。对于报纸和刊物，政府基本上视为商业行为，只要求经营者向公司注册处登记备案即可。只要经营活动符合公司法例，内容不受干预。印刷品唯一明令受到《淫亵及不雅物品条例》的管制，对于报刊色情和暴力内容，由影视及娱乐事务管理处分级，限制未成年人接触。除了色情与暴力外，政府不审查其余内容，不论是社会、经济还是政治。相对香港传媒来说，广东传媒的编辑自主权要小得多。对于报刊，作为党的耳目喉舌，严格把关。记者所写稿件要经过新闻部主任、编辑、责任编辑、编委会领导直至总编辑审核，特别重要稿件要送上级主管部门审阅，显然广东传媒实行的是事前监管。

三、版面设计、版面数量、报纸订价不同

香港报纸版面都是全彩版，讲究视觉冲击力，图片占的版面超过了文字版面。有些报纸（例如《苹果日报》）甚至要求每条新闻都配照片，按整个版面的面积来计算，70%是图片，30%是文字，报道肤浅，缺乏深度。全彩色、大图片、大标题、电脑砌图是香港报纸版面的主要特色。例如，2004年7月2日至3日《苹果日报》与《东方日报》关于游行的报道，图片报道绝对超过了文字报道，

如下表 3 所示：

表 3：7 月 2 日至 3 日《苹果日报》与《东方日报》关于游行报道统计表

统计内容 报纸	图片报道			文字报道
	大图片	中图片	小图片	
苹果日报	14	56	97	45
东方日报	1	19	20	32

图片尺寸说明：3 寸以下规格的（含 3 寸）为小图片，4 寸至 9 寸规格的图片为中图片，10 寸以上规格的（含 10 寸）为大图片。

广东报纸相对香港报纸来说，图片少，并且不是全彩。笔者曾经统计过《广州日报》、《羊城晚报》、《南方都市报》一周图片总量、平均每版图片量，具体情况见下表 4。[1]

表 4：《广州日报》、《羊城晚报》、《南方都市报》版面数、图片数一览表

分项统计 报纸名称	广州日报	羊城晚报	南方都市报
一周图片总量	843	584	1364
一周版面总数	237	205	530
平均每天图片量	120.4	83.4	194.9
平均每版图片量	3.6（对开）	2.8（对开）	2.6（对开）

说明：版面总数是指把广告版面排除在外的版面数，统计时间是 2002 年 9 月 1 日至 7 日。

从上表可以看出，三报平均每版图片量只有 3 幅左右，从图片大小来看，三报采用的大图片很少，小图片很多，文字占的版面超过了图片版面，报道详细，颇有深度。

香港报纸版面不但图片多，而且版面量也大。报纸版面根据内容的不同，一般分为 ABCDEF 叠，每叠有 4 到 30 不等的版面。广东报纸大多分为 ABC 叠，每叠版面数量不一。两地报纸每叠内容、版数、报价的不同见下表 5。

---

[1] 周建青：《图文并重，比翼齐飞——从广州日报、羊城晚报、南方都市报看图片运用发展趋势》，新闻战线，2003 年第 3 期。

表5：香港报纸、广东报纸版面内容、版数、报价比较一览表

报纸 \ 分项比较		版面内容							版数	报价
		A叠	B叠	C叠	D叠	E叠	F叠	G叠		
香港报纸	东方日报	新闻、体育	产经	娱乐	马经	副刊	男极圈	广告	100左右版	6港元
	太阳报	新闻、波经	财经、朝阳	娱乐、名娱	马讯	夜游神			90版左右	6港元
	苹果日报	新闻	财经	娱乐	马经	副刊及广告	夜生活		90版左右	6港元
广东报纸	广州日报	新闻	娱乐	时尚					60版左右	1元
	羊城晚报	新闻	娱乐新闻	新新生活					40版左右	1元
	南方都市报	新闻	娱乐、副刊	天天财富、健康	摩登时代				100版左右（杂志型版式）	1元

从上表可以看出，两地报纸都有新闻、娱乐、及副刊版面，但是香港报纸版面内容更丰富，它还有马经（赌马）、波经（赌球）与色情版（男极圈、夜游神、夜生活版实为嫖妓指南）。香港报纸的价格由报公会规定，每份报纸不论版面多少，统一售价6港元；广东的报纸大多每份售价1元，但不是统一规定的，《南方周末》每份售价2元，《信息时报》每份售价0.80元。

四、广告设计、广告内容、发行统计不同

香港报纸广告版都是彩色版，每幅广告基本上都配有一幅图片，图文并茂，醒目易记。广告内容无所不有，吃穿住行样样都有。市民不用出门便知超市行情。例如《苹果日报》的"今日大减价"、"今日街市行情"等广告版，把同一物品的街市价格与超市价格公布，方便人们选购，广告的设计体现"以人为本"，饮食广告不但告诉你哪里便宜，还提出建议，告诉你食法，还有"小贴士"告诉你注意事项，这些建议、小贴士三言两语，精点到位。加上彩图的配合，似看图识字，读者容易接受。由于香港报纸属某老板或财团所有，因此，经常见

到有些报纸的头版就是一幅大广告，例如《星岛日报》在 2004 年 5 月 27 日至 6 月 2 日 7 天的头版中，有 5 天头版是广告版。可见对商业利润的追求是报社的第一追求。

　　广东报纸的广告版主要是黑白版，仅有部分标题加以套红。地产广告、旅游广告很少配图片；即使配图，彩图较少，黑白较多，因此，广告冲击力不强，视觉效果较差。相对香港报纸广告来说，人文关怀不够。广东报纸的头版很少登广告，即使刊登广告，也只能是头版的下部分留下一点点空间来刊登一至二则小广告，显然，对社会效益的追求是报社的第一追求。

　　两地报纸发行量的统计方法各不一样。据统计，香港中文报纸的日发行总量是 150 万份，其中，发行量排在前三位的《东方日报》、《苹果日报》、《太阳报》，三报发行量共占有 100 万份左右。这些报纸在报头下面一般刊登"今日印数"，但是"自称印数"一般尚未扣除废纸、赠阅及卖剩回纸。只有经过核数师到代理商处凭票核实，才知道当日报纸的实际销量。例如，2003 年 4 月 1 日《东方日报》在报头介绍："2002 年 11 月 20 日《东方日报》实销 527519 份，多《苹果日报》15 万份以上；《苹果日报》自称印数 375000 份，《苹果日报》在当日公布的'自称印数'是未经过核数师核实，亦不等同实销数，事后《苹果日报》亦没有公布当日的实销数。"

　　广东报纸在发行渠道上与香港报纸基本一样，大多数也是自办发行。广东主要报纸的发行量较大，据《中华新闻报》2002 年 8 月 20 日公布的报纸发行量，《羊城晚报》是 150.01 万份，《南方都市报》是 103.01 万份，中国新闻网公布《广州日报》的发行量是 163 万份。

五、报业竞争激烈程度不同

　　香港报业的竞争程度远胜广东报业。70 年代，香港的大报是《工商日报》和《华侨日报》，他们的头版头条基本上是一条重要的国际新闻。而进入 80 年代，这两份报都相继关门。当初有很多晚报，现在则一家也无，香港报业完全靠市场吃饭。为了争抢市场，《东方日报》、《苹果日报》，晚上十二点钟就印出了第一批报纸，在旺角可以卖了，抢喝夜茶的客，双方在这方面竞争很厉害。香港报纸经常会出现有重大新闻的时候改版，例如今年台湾的 5. 17 声明，晚上 12 点才出来，《东方日报》、《太阳报》都改版，它有个第二次版加上这条新闻。如果没有及时改版而漏报重大新闻，相关人员就会受到停职处理。例如《太阳报》的一个副总编因为漏报了"梅艳芳逝世"的消息，结果被撤职。

由于香港报业市场的激烈竞争，报社之间相互挖人才、相互打官司的现象经常发生。《苹果日报》曾以"同一职位，薪水加倍"的挖角手法震动香港报业。1995年2月，《东方日报》刊登一项报道，指其所属的东方报业集团自1995年以来，有51宗诉讼涉及出版界、传媒组织和传媒工作者，部分诉讼仍未完结，而集团已为此付出2400万港元的律师费。

广东报业之间的竞争也越来越激烈，但是，报纸没有完全走向市场，因此，其竞争有一定的限度。广东报业之间相互挖人才、相互打官司的现象很少出现，报业之间既竞争又合作；报业经营既讲究经济效益，更注重社会效益。

笔者分析香港报纸与广东报纸的不同特点，并非要褒谁贬谁。两地报纸根据自身体制、经济环境、思想观念等方面的不同，相互取长补短，以促进各自报业的发展。例如，广东报纸在版式设计方面可以学习香港报纸，把版面进一步做活；香港报纸在新闻取向方面可以学习广东报纸，注重政经新闻的报道，同时，加强深度报道。

本文发表于《传媒观察》2005年第2期。

图文并重，比翼齐飞

——从广州日报、羊城晚报、南方都市报看图片运用发展趋势

对报纸版面来说，图片和文字是两种重要的传播手段，它们只能相互补充而不能相互取代。以前说的"图文并茂"偏重于新闻图片在报纸版面上的装饰性和辅助性功能，随着经济的发展，新闻改革的深入，电脑、数码相机的广为使用，图片作为一种重要的新闻报道手段，在报纸中日益凸现出来。"图文并重"的理念在广州日报、羊城晚报、南方都市报中得以充分体现。本文通过对图片量的剧增、图片传播信息主体地位的确立、图片版面的占有率三个方面的分析，指出这三家报纸在版面编排中实践着"图文并重"的编排理念，它们的成功运作，代表了图片在版面中的发展趋势。

在具体分析之前，首先说明几点：第一，所选三家报纸可以说代表了相应报纸运用图片的模式。第二，表中图片总量、版面总数均指把广告版面排除在外。第三，统计时间均是 2002 年 9 月 1 日至 7 日，这一周国内外均没有发生重大突发事件，这样，分析的样本更具代表性。第四，文中所述图片不仅指新闻照片，还包括绘画、图表。

一、从图片量剧增角度看，图片在版面中占有重要地位

据统计，1992年全国47家大报中，每月采用照片200张以上的报纸有31家，其中用300张以上的有5家，平均每天每报用7至10幅。而现在广州日报、羊城晚报、南方都市报运用的图片量较以上报刊急剧增加，请看统计表一。

三报图片量一览表（一）

报纸名称	广州日报	羊城晚报	南方都市报
一周图片总量	843	584	1364
平均每天图片量	120.4	83.4	194.9
平均每版图片量	3.6（对开）	2.8（对开）	2.6（4开）

虽然笔者统计图片量时包括了照片、绘画、图表，但是3家报刊每天刊用的照片量已大大超过了上述提到的任何一家大报刊用的照片量。以羊城晚报为例，一周中图片总量是584幅，其中绘画、图表有66幅，照片518幅，平均每天刊用照片74幅，显然今非昔比。这3家报社都有专职摄影记者、图片编辑、美术编辑，这是以往不可想象的。

图片量急剧攀升主要原因有三：其一，经济体制原因。过去是计划经济体制，报业不讲经济效益，亏损由财政补贴。而现在实行社会主义市场经济体制，报业既要讲社会效益，又要讲经济效益，要靠自己抢市场、创利润来求得发展。其二，20世纪90年代以来，媒介之间的竞争颇为激烈。报纸除了要与同行之间竞争外，还要与广播、电视、期刊、网络等媒体展开争夺受众"眼球"的竞争。为了在竞争中取胜，报纸寻到了一个法宝——图文并重。其三，高科技的发展，为图片的制作及传输提供了极大的方便。

从3报一周中图片总量来看，南方都市报最多达1364幅；从平均每天图片量来看，也是南方都市报最多达194.9幅。3报运用图片量在全国报界已走在前列，且得到了受众市场、广告市场的认可，这可从2001年3报的发行量、广告额中得到具体印证，有关统计见表二。

三报 2001 年期均发行量、广告额统计表（二）

报纸名称	广州日报	羊城晚报	南方都市报
发行量（万份）	163	150.01	103.01
广告额（万元）	141000	47434	27833
广告额在全国广告媒介排序	4	14	28

（说明：数据来源除广州日报发行量来自中国新闻网外，其余均来自中华新闻报 2002 年 8 月 20 日和 9 月 24 日）

因此，无论从图片数量方面还是市场效果方面，我们可以看出：图片在版面中占有重要的地位。

二、从传播功能角度看，图片在版面中占据主体地位

从传播功能角度看，笔者把图片分为辅助性图片和主体性图片。辅助性图片是指在版面中不能传递新闻信息佐证文字内容，只起装饰点缀的图片。主体性图片是指能够独立传播新闻信息，或佐证文字内容与文字稿融为一体传播完整信息的图片。有关三报辅助性图片量、主体性图片量和主体性图片占有率见统计表三。

三报主体性图片占有率统计表（三）

报纸名称	广州日报	羊城晚报	南方都市报
一周图片总量	843	584	1364
辅助性图片量	56	40	136
主体性图片量	787	544	1228
主体性图片占有率	93.4%	93.2%	90.0%

从上表可以看出 3 报在运用图片时都看重主体性图片，其占有率均在 90%以上，由此可知主体性图片占有绝对优势，在 3 报的图片中已处于主体地位。但这并非要否定文字的作用。其实，在 3 报版面中，图片与文字以各尽所长而又相互融汇的双主体特点而存在，这种有机融汇和默契互证，使报道内容显得更为确凿、翔实，从而深受读者喜爱。

　　图片和文字双主体的特点在 3 报的版面中已有充分体现，其表现形式主要有两种：图文合一与图文对位。

　　1. 图文合一。即图片与文字同时指向一个具体的新闻形象的传播形式。这种传播形式似"看图识字"，降低了智力门槛，使读者阅读时费力程度（即时间支出、精力消耗）最小。一般来讲能够独立传递信息的图片与文字说明结合都属这种传播形式。其具体表现形式有：A. 单幅照片与文字合一。如羊城晚报 9 月 2 日报道"广东新生齐赴北大"时，只用一幅考上北大的新生集体照片加十余个文字就形象地报道了这则新闻。B. 多幅照片与文字合一。如南方都市报 9 月 3 日"目击"版，用 9 幅照片加少量说明文字报道了"中国残疾人艺术团广东巡演"，生动地表达了"生命可以如此坚韧"的主题。C. 图表与文字合一。羊城晚报 9 月 3 日报道"中国 500 强只大不强"，用四个图表直观显示了中国企业与世界 500 强资产百分比，直观地说明了新闻主题。D. 漫画与文字合一。如南方都市报每天的"漫画联盟"版就属这种形式。

　　2. 图文对位。即图片与文字围绕着同一个新闻内容，在各自独立表现的基础上，又有机地结合起来的传播形式。这种传播形式在三报版面中得到了广泛应用。图文对位不是给人以"看图识字"的简单感知，而是利用图片与文字不同步产生的信息差距，充分调动读者的联想，加大感知深度，从而使读者看了图片后急需阅读文字，或阅读文字后急想观看图片，极大地满足了读者获知信息的欲望，从而产生信息快感。其传播形式具体表现有：A. 单幅照片与文字对位。如广州日报 9 月 4 日《北京路千年前是河涌》新闻中，左边是巨照"北京路千年古道"，右边是文字报道，交代路下挖出的具体情况及其背景。B. 多幅照片与文字对位。如羊城晚报 9 月 2 日报道《险！廿米高桥塔当床睡大觉》，由于图片易唤起读者的有意注意，因此，读者一般会先看 5 幅照片报道：获救、支起救生气垫、曲臂车升高救人、桥面大塞车、警方将男子带走。看了 5 幅照片之后仍不满足，很想知道事情发生的背景及其它新闻要素，于是，阅读文字。这种照片与文字结合的报道给读者传播的是完整的信息。C. 图表与文字对位。如南方都市报的"全国党员人数发展一览表"、"美英空袭伊拉克图"等等，图表可使报道中的数据信息和方位信息得以充分体现，而背景资料、事件发展的过程则由文字稿来叙述，这样不同类型的信息通过不同符号传向受众，便于受众接受。D. 漫画与文字对位。如广州日报 9 月 1 日在报道《在家看黄片有无隐私权》时，配以一幅漫画：《老爸，你们看的这影碟成人也不宜！》画中通过一小孩对正看黄碟的父母大喊，诙谐地表达了作者的观点，文字稿叙述的是5位市民对在家看黄碟的不同看法，图文对位，别具一格。

因此，要办好一张引人阅读的报纸，既要用好文字，又要用好图片，全面确立图片和文字在版面中的双主体地位。

三、从图片版面占有率角度看，图片版面占据主导地位

图片和文字是报纸版面中两个重要元素，过去由于受以文字为主、图片为辅的传统思路的影响，以致图片成了版面中的点缀品，无图片版面占据主导地位。而今天恰恰相反，图片版面占据了主导地位，请看统计表四。

三报主体性图片占有率统计表（四）

报纸名称	广州日报	羊城晚报	南方都市报
一周版面总数	237	205	530
无图片版面	8	12	31
有图片版面	229	193	499
图片版面占有率	96.6%	94.1%	94.2%

从上表可知，3报有图片版面占绝大多数，无图片版面占极少数，图片版面占有率均在94%以上。由此看出三报的版面中图片版面占据主导地位。之所以出现这种现象，主要是由于图片在版面中有以下三个方面的作用。

1. 传播信息，佐证事实。 无论是图文合一还是图文对位，图片都有传播信息的作用，其中新闻照片还有证实文字内容的功能。例如南方都市报9月4日报道《娄底矿难33死6失踪》新闻，用两幅照片证实矿难确已发生，尤其是第二幅照片用特写镜头，把遇难矿工家属的悲痛之情形象生动地展现在读者面前，达到了"一图胜千言"的效果；至于发生矿难的其它新闻要素则由文字稿来叙述。这篇报道就是通过"用文字叙述，用照片证实"的传播方式，极大地满足了读者的信息需求。羊城晚报9月7日报道《50年公交大变身》，整版共有17张照片，通过"用照片讲故事"的形式，把50年来公交巨变展现出来。由于照片角度多样，每个年代不同车型和不同功能的车照，车票、车站、车厢的变化，亲历巨变的售货员、司机、站长、乘客等等，加上少量的文字说明，公交巨变不容置疑。

值得指出的是图表绘画在图文合一和图文对位中，仅有传递信息作用而无证实功能。

2. **引导读者阅读。**视觉中心是美国心理学家 B·F 斯金纳提出的一个概念——CVI（The Center of Visual Impact——视觉接触中心）。他认为一个有创造性的和谐的版面设计，就是要在版面上安排一个强有力的视觉接触中心。一个没有变化的版面，不能引导观察者向任何明确的方向移动，而图片就是版面上最具强势的视觉刺激物，能产生视觉上的冲击，心理上的唤醒，成为读者的视觉中心。如果没有这样一个视觉接触中心，读者阅读报纸就会漫无目标并毫无顺序可言，而编辑如果能够利用视觉接触中心，巧妙地设置版面，将视觉接触

中心放在他认为能够最有效地引导读者、刺激进一步阅读的位置上，就可起到事半功倍的效果，那时，他"推销"出去的不仅仅是那几篇报道，而可能是整个版面。

从三报的图片版面来看，图片编辑都十分讲究版面中视觉接触中心的设置，且图片版面中多数版面有3幅图片，这样可以形成3个视觉中心。图片有大有小，不论是从大图片向小图片的视觉流动，还是从小图片向大图片的视觉流动，只要有视觉流动，就存在着无形的视觉流动轨道，而这条轨道，拥有无形的视觉优势，把读者优先注意的稿件或稿件群体，安排在这条轨道上，读者在目光流动的过程中，必不会轻易错过它们。这便是有效利用视觉冲击中心之间视觉轨道上的视觉优势。可见，三报的图片编辑在"诱导"读者方面是多么高明。

3. 美化版面。美国《行型活字印刷新闻》杂志的编辑阿诺德写道："对版面设计者来说，图片在表现动态和使版面变得多样、生动方面起着十分重要的作用。"图片与文字间隔安排处理得当，能创造一种赏心悦目、引人入胜的效果。辅助性图片的装饰美化作用不容置疑，因为这样的图片本来就是为美化版面而存在的。主体性图片是否也能起到美化版面作用呢？答案是肯定的。从审美角度讲，图片本身就是一种艺术品，它直观、形象，较之单调的文字稿要有趣得多。试想如果版面上尽是黑白相间的文字稿，能给读者带来美感吗？尤其是三报在版面中运用彩色图片，不仅打破了纯黑白色的宁静，更使版面充满着韵律美，具有类似于音乐或建筑艺术那样的节奏感。当版面不够稳定需要调整重心时，编辑经常最先考虑的是用图片来解决。没有图片，版面缺少密度最大的色块，容易显得轻浮，更难以形成一种跌宕起伏的美感。当然，运用图片时不能仅从美化版面角度去选择，注意选择那些具有传播信息、佐证事实的图片，对版面来说尤显重要。

令人遗憾的是，在一周的统计中三报都存在无图片版面，虽然极少，但是也应引起注意。尤其是羊城晚报9月4日A2"要闻版"和9月5日"体育新闻"版，广州日报9月3日A2"要闻版"，南方都市报9月4日A03封三新闻版和6日A10-12"广州新闻民生版"等这些新闻版均无图片；南方都市报9月7日A05整版报道"民工被打事件调查"，只是在版面右上角用了一张拇指大小的黑白照片。所有这些不能说没有遗憾。当然，瑕不掩瑜，三报在使图片在版面中跃居主体地位方面做出了开拓性的工作。

综上所述，无论从图片数量、图片功能方面，还是从图片版面占有率方面，我们可以肯定地说，3 家报纸在版面中对待图片、文字，是按照"图文并重"、"比翼齐飞"的要求，平等相待，实现了"以图文并重取胜"的传播效果。

本文发表于《新闻战线》2003 年第 3 期。

香港传媒怪象、成因
及其根治对策

在香港众多的传媒中，除香港电台是公营外，其余都是私营。市场导向下的香港传媒，媒体成了老板的私器、赚钱的工具，新闻成了纯粹的商品，不少传媒在市场竞争中迷失了诚信、迷失了良心、迷失了自我，以致传媒界产生诸多怪象。

一、香港传媒怪象

香港传媒在残酷的市场竞争中产生的怪象主要有五种：造假、煽情、偏重暴力色情、嗜揭隐私、政治主观，下面分别述之。

1. 造假。近年来，海外传媒对香港新闻的转载率明显下降，反映外界传媒对香港新闻真实性的存疑。传媒之间的恶性竞争，使一些传媒铤而走险，违背新闻职业道德；只求刺激销量，罔顾专业操守；为了赚钱，大肆造假，制造轰动效应。例如，1996 年 6 月，香港"壹传媒"属下出版的第 48 期《忽然 1 周》制造《潘迪生凭信仰对抗癌病》的新闻，使迪生集团的股份一夜间暴跌，股份由 9.7 港元跌到 9 港元，市值损失当以亿港元来计。1998 年 10 月，《苹果日报》接连三天用头版全版报导陈健康事件；后来据有关方面揭露，《苹果日报》涉嫌付钱给当事人，连当事人回香港祭拜妻儿的香烛都是该报的人提供的，旁观的忿怒者出来殴打当事人，更是该报导演的一出戏。拍摄的嫖妓照片与该报付出 5000 港元有关。2002 年，李嘉诚曾对一群记者提到一篇报道，说他怀疑沙发里有电话偷听器，叫人用刀刮开沙发……"这些是如何做出来的？一丝一毫也没有。但是感觉可笑，我们香港人竟会花钱、花时间来看这些报道。"收集香港报纸上关于新闻诉讼的案例，完全假的、张冠李戴的"新闻"，屡见不鲜。

据香港中文大学对香港市民及记者的调查显示，自 90 年代初至 90 年代中后期，无论是市民或是新闻工作者，对传媒的评价都显著下降。在 1997 年前后达到最低点，其后因舆论的压力，一些报馆有所收敛，令情况有所改善，但仍不理想。如下表所示：

2001 年香港市民与新闻工作者对传媒可信度的评估[①]

传媒机构		市民对传媒可信度的评估	新闻工作者对传媒可信度的评估
电子传媒	香港电台	7.52（1）	7.55（1）
	无线电视	7.04（2）	7.30（2）
	有线电视	7.01（3）	7.23（3）
	商业电台	7.01（3）	7.11（4）
	亚洲电视	6.87（5）	6.85（5）
	新城电台	6.57（6）	6.42（6）
报纸传媒	明报	7.54（1）	7.27（3）
	信报	7.34（2）	7.63（1）
	南华早报	7.24（3）	7.47（2）
	星岛日报	7.13（4）	6.78（5）
	经济日报	6.96（5）	6.95（4）
	英文虎报	6.77（6）	6.44（6）
	成报	6.48（7）	5.89（7）
	文汇报	5.93（8）	5.52（8）

---

① 李少南：《香港传媒新世纪》，香港中文大学出版社，2003 年版。

传媒机构		市民对传媒可信度的评估	新闻工作者对传媒可信度的评估
报纸传媒	新报	5.92（9）	5.06（13）
	香港商报	5.87（10）	5.42（10）
	东方日报	5.76（11）	5.14（11）
	大公报	5.64（12）	5.44（9）
	苹果日报	5.15（13）	5.08（12）
	太阳报	5.13（14）	4.45（14）
期刊	壹周刊	5.00	4.55
	东周刊	4.88	3.97
	整体香港新闻界	6.46	6.19

说明：评分幅度由1~10分，以上所列的是平均值，括号内是排名。

从上表中可以看出，香港电子传媒比报纸、期刊传媒的可信度要高，但整个香港新闻界的可信度仍不高，只有6点多分。占据发行量前三名《东方日报》《苹果日报》、《太阳报》的可信度更是大打折扣，其分值在五分左右，排在榜尾。无论是香港市民还是新闻工作者对传媒可信度的评估都不高，这说明香港传媒在市场导向下，对"真实是新闻的生命"的认识存在着偏差。这种情况到2003年仍未改变，如下表所示：

2003年香港市民对香港新闻传媒整体公信力调查结果统计表[①]

调查日期	2月14-18日	5月15-20日	8月11-12日
样本基数	1045	1067	1010
整体回应比率	68.3%	65.1%	68.7%
百分比误差（95%置信水平）*	+/-3%	+/-3%	+/-3%
评分误差（95%置信水平）*	+/-0.12	+/-0.10	+/-0.10
香港市民对香港新闻传媒整体公信力评分	5.68	6.10	6.10

说明：*95%置信水平是指倘若以不同随机样本重复进行有关调查100次，则95次的结果会在正负误差之内。

2. 煽情。香港有些资深传媒人说，如果对新闻报道的选择过程排列一个顺序，

---

① 来源：《港大民意网站》，新闻公报，2003年8月19日。

10年前的做法是：事实在先，立场在后；新闻为主，观点其次。现在流行的做法是：煽情在先，立场其次，新闻事实再次。例如，在报道游行人数时，一些传媒记者不是去采访警方权威人士，而是采访组织者，组织者当然把数字说得越大越有成就感，这正迎合了某些传媒追求大数字的嗜好。2003年元旦，香港有人上街游行。当日警方第一次新闻公告，并没有公布参加游行的人数，只说出动700名警员维持现场秩序，且秩序良好。当游行队伍到达政府总部后，主办机构一位蔡氏先生对传媒称：估计当日有10万人参加游行。负责维持现场秩序及人数统计的香港警方，若此时讲不出参加游行的人数，是很丢面子的事。接着很快发出第二次新闻公告，宣布当日游行的人数为3.75万。警方数字来源，是他们通过空中拍摄，再用一种专门的仪器推算出来的。这个结果，应该是比较科学可靠的。但是，报纸在第二天报道游行的新闻中，纷纷使用10万的数字，几乎没有人引用警方的数字。为什么？因为这些传媒认为，数字越大越过瘾，刺激性也越强。传媒在这里不是求真，而是求煽情、求刺激、求过瘾。再如2004年5月30日《苹果日报》的头版头条是：今日去游行。目的就是要煽动香港市民上街游行。对于在香港举行的事关香港经济发展的"泛珠三角区域合作与发展论坛"，该报却把这样的重大新闻置于6月2日A3版的下半版，完全加以淡化。

香港某些传媒以"煽情的报道、偏激的角度和哗众取宠的标题"扩大发行量的做法受到香港社会的批评。香港各界人士纷纷指出，煽情、偏激的报道已在香港社会形成"新闻污染"，香港传媒不能为了提高销量而降低水准，不顾社会公义。

3. 偏重暴力色情。市场导向下的香港传媒，有关暴力、色情的报道随处可见。血淋淋的图片、美女性感的照片以及展示暴力过程的电脑作图大量充斥着报刊版面，刺激着受众感官。对诲淫诲盗的某些传媒，受众边骂边买。在香港，愈是偏重暴力色情的报刊，其发行量愈大。下面以香港发行量排名第一的《东方日报》与第三的《太阳报》2004年4月11日至17日一周的头版头条为例，加以说明。

2004年4月11日至17日《东方日报》、《太阳报》头版头条统计表

时间	东方日报	太阳报
4月11日	水炮驱群众	高桥压顶　维港破相
4月12日	孖女偕母乱刀死	子女与母惨遭斩死

时间	东方日报	太阳报
4月13日	三尸案恶夫：死就一个走唔甩	淫汉逼姨仔做性奴
4月14日	倾谈两分钟手机爆炸青年险盲	汇丰柜机神偷被捕
4月15日	恶婿恐吓杀外母全家	惊闻三尸母哭断肠
4月16日	乡绅涉受贿出卖东涌河	三岁琳琳遭狠父母弃街头
4月17日	扎根香港LV搞超豪派对	架空电话线引雷劈屋

说明：此表由作者制作。

从上表可以看出，两报在一周的头条中，50%是暴力新闻。其实，翻开报内其它版面，暴力新闻也是随处可见。对于色情的报道，香港大多传媒甚是厚爱，不但有大量的性感图片，而且有详细的过程记录，例如，2004年4月1日《东方日报》的A2版——跨境雏妓案专版，该版的通栏标题是"台买春团东莞专嫖雏妓"，该版的其它标题是：1.过程录影　制黄碟网上出售，2.工厂妹揾钱快做三陪，3.肉金低廉　2小时收200，4.广东川岛成寻芳新热点，5.深"雏妓村"靓妹通街拉客。并且该版配有8幅图片。除了在新闻版重视色情报道外，香港发行量前三名的报纸还开辟了日常专版来报道色情，图文并茂，例如《太阳报》的"夜游神"版、"蒲过界"、"情趣集"版、"私房话"版，《苹果日报》的"夜生活"版、《东方日报》的"男极圈"版、"开心坊"版、"女豪情"版等等，这些版面刊登的文字内容大多是谈性爱的感受，图片均是靓女的三点式照片，并且版面的下部分刊登了联系电话及地址，实际上就是"嫖妓指南"。

报纸媒体如此偏重暴力色情，电子媒体又如何呢？有线电视于1998年7月，在按次收费成人频道播映的其中三部电影，内含一些不准在收费电视频道播出的露骨性爱镜头，其露骨程度甚至超越了香港《电影检查条例》界定的三级电影的尺度。事实上，"卖肉"、"斗波"已是香港电视界的一股歪风。电视台惯以衣着性感的女士作为噱头来宣传节目，以期提高收视率。1999年4月23日，广播事务管理局对亚洲电视播出的《今日睇真D》之《名校教师泰国荒淫实录》在合家欢时间播放成人节目，以及互动电视的《电讯互动影院》播映的《捷克猛男对对碰》露骨的性爱镜头，发出"强烈劝喻"和"严重警告"。[①]

4.嗜揭隐私。 "狗仔队"，原名为意大利语Paparazzi，首次出现于1958年，

---

① 陈世光：《香港大众传播产业概论》，天地图书有限公司出版，2001年版。

正式翻译名应为"追踪摄影队"。至于中文翻译"狗仔队",则是香港人所创。善用镜头捕捉名人隐私的记者,统称为"狗仔队"。

为了与其它传媒展开竞争,迅速抢占报刊市场,黎智英在1995年6月创办《苹果日报》时就开始组织"狗仔队"。之后,《东方日报》、《东周刊》等,也相继成立了自己的狗仔队伍,令"狗仔"成为一种现象。"狗仔队"的出现,虽然促进了香港娱乐新闻业的竞争,但是与此同时,"狗仔队"不择手段的采访手法及报道,破坏了传媒的良好形象,降低了传媒的公信力,并且产生"公众兴趣凌驾于公众利益之上"、"揭秘窥私等于公众知情权"的奇怪现象,一度引起社会的批评。香港演艺界就曾经发起"闭嘴行动",三天内不接受传媒采访,以示抗议。然而,"闭嘴行动"并不能阻止狗仔行动。"陈健康事件"、"成龙章子怡传绯闻"、"王菲窦唯婚变"、"洪宝之恋"等,都是当中的经典。

狗仔队的杀手锏是艺人的私密及感情生活,而不是艺人演艺事业、内心性格。狗仔队的名训是:"其它放两边,绯闻摆中间。"由此可见,在狗仔队的眼里,只有低级庸俗的趣味,没有公众的利益。他们不辞劳累,就是为了满足部分受众的好奇心。令人忧虑的是,狗仔队的"拿手好戏",不幸扩大,连政治新闻甚至经济新闻都被传染。

5.政治主观。香港传媒实行的是总编辑责任制的编辑主导模式,所有的传媒都隶属于某一财团(香港电台除外)。虽然每个传媒都有自己的主张,但一般大老板都不会直接抓采编(《苹果日报》除外),只将大政方针告诉总编辑,由总编辑自主具体操作,而各版面编辑则根据总编辑的部署实施编辑自主权。记者所写稿件交编辑之后,无权过问如何处理,编辑完全按照自己的立场决定稿件取舍。就是公营的香港电台,在"编辑自主"的主导下也常常走火入魔。2001年10月13日,在该台电视部播出的《头条新闻》中,以"阿富汗塔利班政权"来影射特首和特区政府,挑动群众对政府的不满。对同一件事情的不同报道可以看出香港传媒不同的政治取向,如香港14份日报对23条立法(即国家安全条例)的报道处理就体现了不同的政治立场,《大公报》、《文汇报》、《香港商报》等立场鲜明、坚决支持立法,《星岛日报》力求平衡支持与反对的声音,但在社论中谈出不立法的负面影响,隐含支持政府的立场。《太阳报》有正面和反面的意见,其报道语气平淡,但从整体和细节来看是较倾向于赞成立法。《新报》的立场十分模糊,其报道尽量把正反两方面的意见包容在同一新闻内。《东方日报》的立场是反对政府的做法,但并没有利用社论明显地说出来,而是藉选材的方式表达。《信报》在新闻类别的报道中虽取中立、持平态度，然而在标题中透露该报对廿三条持怀疑态度，并在社论中强烈反对立法。《明报》对廿三条立法的态度是中性偏负面，在政府推出咨询文件后转为反对立法的立场。《苹果日报》则是由头到尾持毫无保留的鲜明反对立场。各报对基本法廿三条立法的态度，基本上反映了香港各报的政治倾向，在其它政治事件上大致都按此格调行事。①

二、香港传媒怪象之成因

香港传媒产生的种种怪象，究其原因主要有以下几种。

1. 金钱至上。 特德·施瓦茨（Ted Schwarz）曾说："金钱是其中一种严重威胁传媒报道操守的东西。"由于香港传媒实行的是私营化运作（香港电台除外），完全由市场导向，因此，对多数传媒来说，新闻变成一种纯粹的商品，而"八卦"新闻则成为一种畅销商品。做新闻的目的是替投资者赚得最高回报。新闻机构的管理者清楚了解公司的性质：首先是老板的私器，赚钱的工具。在和这个原则并无抵触的情况下，新闻机构才会扮演社会公器的角色。如果社会责任与商业利益发生冲突，社会责任往往屈从于商业利益。

根据香港政府的统计，印刷媒介 1996 年的产值为 85. 26 亿（香港）元，1997 年为 99. 18 亿元，1999 年为 97. 91 亿元。1993 年，东方报业集团的边际利润为 42. 9％，星岛集团的边际利润为 23. 2％，明报企业的边际利润为 26％。1994 年由于受到国际市场新闻纸价格暴涨的影响，东方报业的边际利润仍然达到 31. 8％。由此可见，报业确实是一个有钱可赚的领域。壹传媒集团老板黎智英办媒体，他只有一个目的，就是赚钱。他的办报实践定位为市场新闻学。他认为：新闻工作者处理新闻如同面包师做面包一样，面包师必须满足消费者的口味才能赢利；而新闻工作者亦一样，必须根据读者的需求"制作产品"，根据市场的变化而变化，才能成功。根据德意志银行 2000 年 11 月在香港发表的报告指出，《壹周刊》和《苹果日报》每年为黎老板盈利约 3 亿港元。

2. 缺乏规管。 香港一直没有明文的新闻法，新闻方面所沿用的是其它的成文法。1997 年香港回归后，香港特区政府没有在此领域增加新的法例。目前，

①耿德：《青少年问题与传播媒介（中）》，地平线，2003 年 5 月号。

香港特区沿用的法律中，与大众传播有关的共有 31 项法例，其中，作为管治传媒的主要法例为 7 项，即：《本地报刊注册条例》、《书籍注册条例》、《电讯条例》、《电视条例》、《电影检查条例》、《淫亵及不雅物品管制条例》、《广播事务管理局条例》。这七项，有的只对一种传媒作法律上的监管，而有的则可对多种传媒作执法依据。31 项中的其余 24 项，是监管传媒的次要法例。其中只有《本地报刊注册条例》和《管制淫亵及不雅物品条例》是直接与报刊有关的。但类似于"陈健康事件"就不在上述法例管辖之列。虽然在香港与传媒有关的法规较多，但是，执行起来却是相当宽松。

香港传媒在法律和行政上很少受到限制。政府基本上只管制受众广泛、影响力大的电视和电台。通过发放牌照严格控制电台与电视台的数量，至今只颁发了两个经营免费电视的牌照及 3 个电台。通过广播事务管理局来处理受众对内容的投诉。如果投诉成立，轻则警告，重则罚款及在更换牌照时把投诉的因素考虑进去。

对于报纸和刊物，政府基本上视为商业行为，只要求经营者向公司注册处登记备案即可。只要经营活动符合公司法例，内容不受干预。印刷品唯一明令受到《淫亵及不雅物品条例》的管制，对于报刊色情和暴力内容，由影视及娱乐事务管理处分级，限制未成年人接触。除了色情与暴力外，政府不审查其余内容，不论是社会、经济还是政治。只有当有人投诉出版物内容"不雅"时，当局才会援引《淫亵及不雅物品条例》，由政府委任知名人士成立的机构作出裁决。通常是谴责、罚款，查封出版物非常罕见。

3. 受众素质不高。据香港每 5 年一次的人口普查统计，香港有 75% 的人未受过大学教育。在香港，低质化的传媒"培植"了低质化的受众或受众低质化的情趣；而低质化的受众和受众的低质化情趣又反过来助长了传媒的低质化。于是，一个低质化的恶性循环得以形成，且难以摆脱。现在香港的中文报纸日销量 150 万份左右，《东方日报》、《苹果日报》和《太阳报》三家日报共占有 100 万份，剩下 50 万份，由明报、信报、经济日报、新报、成报及文汇报、大公报、商报等分割，这些报纸讲财经、国事、教育，较少声色犬马（除新报有风月版外），难与三大报抗衡。在某大报做过老总的老"行尊"说，之前他那份报纸想走优雅路线，但"风月版"（即色情版）一取消，一日内竟有 800 读者将投诉电话打到报馆。见此景，他接任后索性在"风月版"加入指南式报道，竟大受欢迎，他戏称自己是"香港第一个将色情报道资讯化的人"。报纸定位和读者对报纸销量的影响由此可见。

有"风月版"的报纸为何大受欢迎？我们考察香港的人口构成，或许能找到香港媒体的市场基础。根据香港 2001 年的人口普查情况，香港有人口 670 多万，其中华人占 95％，而华人中的大部分是来自广东、上海、福建等地的移民，这些移民受教育程度较低的占多数。根据香港 1991 年、1996 年和 2001 年三次人口普查的数据，香港 15 岁及以上人口中未受教育或只受过幼稚园教育的三年分别是 557297 人、480852 人、469939 人；受过小学、初中、高中、预科教育的三年分别是 3322167 人、3817146 人、4210533 人，占 15 岁及以上人口的比例分别是 75.9％、75.3％、75.1％；受到大专以上教育的 15 岁及以上人口三年分别是 490891 人、768510 人、918500 人，分别占 15 岁及以上人口的 11.3％、15.2％、16.4％，由此可以看出，香港每 5 年一次的人口普查中显示的数据说明，受到过从小学到预科阶段教育的人口一直处于 75％以上，从新闻传播的角度来看，香港的报刊读者主要是由这部分人构成的。从香港的报纸发行情况也可以说明这一点。①

由于 75％以上的受众未上过大学，因此，受众对传媒容易产生过度依赖，乃至成为一种习惯，以至于对传媒低品质内容见怪不怪。另外，一些受众的猎奇心理和庸俗趣味也需要得到传媒的迎合，从而得到某种满足。这些人恐怕不在少数，这也是为什么香港传媒中淫亵内容虽屡遭口诛笔伐，仍然大有市场的根本原因。

4. 新闻官司难打。 在香港，失实报道如果影响到被报道人的诚信，受害者可以依法向法院提出诽谤诉讼。前不久，《太阳报》就历数壹传媒旗下报刊制造新闻的"斑斑劣迹"：《苹果日报》炮制"陈健康事件"，制造所谓独家新闻；《忽然一周》捏造潘迪生患癌、虚构港姐选举黑幕；《壹本便利》记者假扮解放军在尖沙咀向途人乞钱；《壹周刊》诽谤内地"希望工程"的善款流向。《东方日报》也在专栏点名痛斥《壹周刊》杜撰造谣《胡锦涛怒骂董建华》等等。这些说明香港有些传媒根据其市场需要和政治需要，失实和造假已经到了非常恶劣的程度。

但是为什么很少人能将不良传媒最后告到法庭呢？因为在香港打官司不但费时，而且费钱。莫说普通市民，就是机构或有钱人也很难耗得起。因此告的人少，

---

①周建明：《煽情：受到低教育者支撑》，紫荆，2003 年第 12 期。

即使真的告了，往往到最后也是庭外和解。

一场官司从入禀法院到最后结束，短则一两年，长的达五六年。例如中国青少年基金会控告《壹周刊》诽谤案——"希望工程善款失踪"就耗时6年。在香港要上法庭打一场官司，虽然给法院的存档费只有1045港元，但没有一二百万元是不敢真打的。因为，万一输了，不仅要付堂费，还要负责对方的律师费；而传媒机构打起官司来，那一定是请需付较多律师费的名律师。1999年2月，《东方日报》刊登一项报道，指其所属的东方报业集团自1995年以来，有51宗诉讼涉及出版界、广播界、传媒组织和传媒工作者，部分诉讼仍未完结，而集团已为此付出2400万港元的律师费。现在，一些较大的传媒机构，设有专门的基金用来应付官司。在香港，要与传媒打官司，真难。

三、根治香港传媒怪象之对策

在探讨香港传媒存在的怪象及其原因之后，当局是否有办法来杜绝呢？笔者认为可采取以下四个方面的措施来防止传媒怪象的产生。

1. 强化香港电台职责，创办公营报社与电视台。特区政府每年投入6亿港元的香港电台在"新闻自由"、"编辑自主"的旗号下，经常公开与特区政府的方针政策唱反调；对特首和特区政府，进行冷嘲热讽更是家常便饭。香港电台并没有起到应有的作用。按理说，香港电台的功能不仅仅是监督政府，还应该积极配合政府正确施政。它应该积极宣传政府的方针政策，成为政府与市民之间的桥梁。可惜，很多人对其职责认识不清，把香港电台这一官方机构和一般传媒等同看待，以为批评香港电台就是压制舆论，纠正节目偏差就是取消言论自由。他们根本不明白，香港电台除了拥有自己的空气电波外，它的身份与特区政府新闻处并无二样；他们的一切行为应该向政府负责。因此，特区政府有必要强化香港电台的职责。与此同时，特区政府通过创办报纸与电视台，来正确引导舆论，打破私营传媒的垄断地位，尤其是某些传媒集团文化霸权的地位。公营私营并存的传媒体制成功运作之时，就是香港受众意识偏差得以纠正之际。

2. 加强传媒界的职业道德教育。香港传媒怪象的产生，离不开传媒从业者。加强传媒界职业道德教育，是从源头上堵截怪象的有效途径。现时香港四个主要的新闻专业团体——香港记者协会、香港新闻行政人员协会、香港新闻工作者联会、香港摄影记者协会均有责任加强对各自会员的职业道德教育。这四个协会在 2000 年 2 月 27 日发表的香港第一份跨团体的专业守则《新闻从业员专业操守守则》，值得时而习之。据香港青年协会 2000 年 4 月 7 日至 12 日的一项电话调查显示，94.2%的被访青少年表示容易接触到有关色情暴力资讯；66%的家长和 43.8%的青少年认为对避免青少年接触色情暴力资讯负最大责任的是传媒，80.7%的家长认为应该加强对违例出版商的刑罚。因此，加强传媒从业人员的职业道德教育，势在必行。

3. 增加教育投入，加强对公众的传媒教育。不道德的传媒，早已培养了一群窥视别人私瘾成癖的受众。刊有明星裸照的《东周刊》，一出版就被抢购一空，在网上看没有打格的原版裸照还会少吗？这些人中，多少会真心谴责此种行为？多少会一边谴责一边看得津津有味？多少会看得兴高采烈？在香港图书馆，该期《东周刊》成了借阅者最多的刊物，甚至到了排队才能阅读的地步！不得已，该馆做出规定：每个借阅者只能看 10 分钟。一位资深的电视新闻主管就公开表示，市民每天用几块钱去支持某些报章散播毒药，所以应该负上最大的责任。[①]香港青年协会在 2002 年 11 月 4 日至 5 日就"东周刊事件"进行了有关调查，共访问 548 名年龄介乎 15 至 34 岁的青年。结果发现，有 82.8%被访者同意读者对助长传媒歪风有一定责任；另有 78.3%被访者认为，香港社会存在着"边骂边买"的双重道德标准。鉴于香港受众的现状，特区政府应该继续加大对教育的投入，在教育课程的设置上，增设传媒教育课，普及传媒教育，从而提高公众对传媒的鉴别水平和欣赏能力。

4. 健全新闻法规，严格执法。香港至今还没有一条法律界定什么是侵犯隐私，也就是说，公众人物的隐私权并没有得到法律的保护，要告传媒侵犯隐私，法庭无法受理。这样一来，"狗仔队"更加肆无忌惮，真是"踢爆你没商量"。传媒操守水平的持续低下说明法律监管的不足，2000 年 4 月，港府曾全面检讨《淫亵及不雅物品管制条例》后，公布《保护青少年免受淫亵及不雅物品毒害》的咨询文件，遇到反对后无疾而终。法律改革委员会发表《传播媒介的侵犯私隐行为》咨询文件，提出成立官方评议会规范侵犯私隐的行为；发表《缠扰行为研究报告书》，建议立法将缠扰行为列为刑事罪行，这些建议报告经过一番社会争拗后，均束之高阁，无人问津。特区政府面对敏感的传媒问题，处处投鼠忌器，反而使自己陷于两难境地。

① 莫方：《香港一怪：不信传媒，边骂边买》，广角镜，2002 年第 12 期。

在香港，对传媒的监管都是事后监管。只有在传媒产品出来之后，看受众的接受度，市民的投诉次数才去决定是否对该传媒进行警告或处罚。如果没有人投诉，就假定公众接受，无论什么内容，政府都不会插手。由于罚款数目太小，以致某些报刊不断试探受众的底线，争搏出位。屡罚屡违规，对某些报刊来说是一种正常现象。

近年来，负责裁定物品是否淫亵或不雅的淫亵物品审裁处存在的问题也很多。成员人数减少及老化。现在委员数目已减少至 102 名，较 1996 年少了25%；21 至 30 岁年龄组别，目前只占 1%。而委员出席审裁处的次数又参差，有15% 委员完全没有出席，21% 的委员做了 60% 的工作量，导致小组的代表性降低。影视处的巡查通常在下午进行，甚少在早上进行，黄昏或晚间巡查更是罕见，模式过于一成不变。

有鉴于此，香港传媒立法需进一步完善，要把罚款的数目提高到使传媒自律的程度。同时，加强对执法人员的培训、监督，使之严格执法。

以上四种措施综合运用，相信香港传媒怪象能得到有效控制。

本文发表于《现代传播》（《中国传媒大学学报》）2004 年第 5 期。

我所认识的香港记者

香港传媒完全由市场导向，市场决定其生存状况，因此，传媒之间竞争残酷，记者之间竞争激烈。媒体的高度商业化，既带来了许多好处，也带来了许多问题。正如英国《泰晤士报》一位资深人士所说："香港没有世界一流的报纸，却有一流的记者"。的确，香港记者的敬业精神令世人钦佩。由于研究的需要，笔者在香港接触过不少记者，发现他们身上确有许多优点值得内地记者学习；当然也有一些问题，值得我们注意。

一、香港记者现状

据《香港 2004》记载，"截至 2004 年年底，本港传播媒介除有 46 份日报，多份电子报章和 799 份期刊外，还有两家本地免费电视节目服务持牌机构、三家本地收费电视节目服务持牌机构、13 家非本地电视节目服务持牌机构、一个政府电台，以及两个商营电台。"[①] 香港新闻从业人员共有 3 万左右，其中编辑、记者将近 1 万人。香港记者年轻化且流动性大。据统计，51% 的香港记者年龄在 30 岁以下，85% 的记者年龄不到 41 岁，50 岁以上的记者占 7%。

---

① 《香港，2004》，香港特别行政区政府新闻处出版，第 312 页。

在媒体干过5年的记者，大多进入领导、管理层；很多"资深记者"，年龄不过30岁；"老记"也是非常年轻，且一半以上是女性，平均年龄不足30岁。香港记者从事新闻行业的平均年限只有5年零9个月，55%的记者工作不到两年就"跳槽"。真是铁打的营盘流水的兵。①

目前，在香港设有新闻传播院系的院校有四所：中文大学、浸会大学、树仁学院、珠海书院。香港大学公开进修学院设有一项文凭课程，专门供在职训练。从其它地方毕业来港当记者的，主要是来自英国、美国、澳大利亚等国及广州暨南大学与台湾国立政治大学。

二、香港记者的立身之本

香港新闻传媒界的残酷竞争，锻铸了香港记者的优秀品质，下面择其要点叙之。

1. 敬业精神强。香港回归后，经济上遭受了一连串的挫折，首先是国际金融风暴的打击，之后是禽流感爆发，接着是沙士病毒的突袭等等，这些难以抗拒的灾难导致香港经济处于低迷状态，从而影响到香港各行各业人员的薪水，香港记者也不例外。与金融风暴之前相比，香港新闻从业人员的整体收入已经下降了3成。过去大学毕业后做记者月薪在12000元左右，现在只有7000至8000元；高级资深记者过去月入25000元左右，现在只有15000元左右；而部门主管过去都在4万至5万，现在已减至3万左右，包括总编、副总编的收入也都大大减少。另外许多传媒为节省开支还采取了减人手加工作量以及取消加班费、奖金、双粮等措施。②

虽然香港记者的收入低（香港的消费物价相当于内地的5倍），福利差，但是，香港记者的敬业精神丝毫未减。无论在本港采访、内地采访还是在国外采访，香港记者不怕苦、不怕累的精神给人留下了深刻的印象。两次海湾战争、阿富汗战争等危险之处，都能看到香港记者的身影；在大小记者招待会上提问较多的是香港记者。因为年轻，香港记者善于"死缠烂打"，采访中，他们有"等功"、"缠功"、"追功"、"闯功"等看家本领。为了采写一个报道，他们可以守候数

---

① 陈昌凤：《香港传媒：欲说还休》，时代传媒，2002年第11期，www.tec119.com/nw/3/20031229/383.shtml。
② 于彦北：《从业者：编辑出题，记者跑街，名嘴"治港"》，紫荆，2003年第12期。

天，直到收获为止。他们的"问功"甚是了得，直至对方一连串的"无可奉告"然后挟起公文包逃出重围，或者惹得对方满脸愠色，才心满意足就此收工。①

2. 报道迅速。时效是新闻的第二生命。事件发生与新闻报道之间的时间差越短，新闻价值就越高。在激烈的竞争中，香港记者都明白这个道理，并且身体力行。据香港《东方日报》副总编辑林彦森介绍，许多报纸的记者都配备高速机车、无线电设备、数码相机；每天报社有专人监听警方无线电、一旦监听到某区有突发事件，就立即通知事发区的记者，记者立刻奔赴现场，通常比警察早到。这样，就可以拍到未经破坏的现场画面，通常为车祸、凶杀、火警等血淋淋镜头。另外，香港记者有巡街习惯，早上到医院、消防队、警察局等地方转转，目的是想找一些晚上的突发事件。由于香港记者的技术装备先进，加上他们敬业精神强，因此，采写的报道时效性强。在专访中，林副总编还告知，每当有大事发生时，许多报纸都有个第二次版，就是把事先排好版的一部分拿下来，重新换上报道晚上突发事件的版面。例如，香港艺人梅艳芳 2003 年 12 月 30 日凌晨 2 时 50 分去世，第二天香港的报纸大都报道了此事；只有一家日报没有报道，结果主管的副总编被撤职。2004 年台湾的 5.17 声明，晚上 12 点多才出来，《东方日报》、《太阳报》都改版，它有个第二次版加上这条新闻。报道迅速不但体现在记者的采写要快，而且还表现在编辑、出版、发行等环节都要快，唯如此方能赢得时效。据香港亚洲电视新闻总监刘澜昌博士介绍，《东方日报》与《苹果日报》，晚上九、十点截稿，十二点钟第一批报纸就印出来了，过了零点在旺角就有卖了，双方都在抢喝夜茶的客来买报纸，可见竞争甚是激烈。

3. 采访廉洁。在高度商业化的香港，虽然记者收入不高，但是，他们采访廉洁的品质值得新闻从业者学习。有个香港记者曾向笔者讲起他去广东的一次采访，一到目的地，主办单位就给他一个资料袋，袋里装有 600 元红包；采访结束时，他把红包退还给了主办单位，并且说如果接了这个红包，他就是受贿，将会受到处罚。据亚洲电视新闻总监刘澜昌博士介绍，有一次，他们去湖南采访；采访后，对方给他们每人一个红包，他们都不肯接受，并且明确告诉对方，收红包是犯法的；如果收了，廉政公署会追查他们。在笔者接触的香港记者中，他们都表示：采访中不能接受对方的红包、礼品、有价证券；如果接受了对方的钱物，不仅要留案底，连工作都很难找，拿红包等于砸掉自己的饭碗。由此

---

① 于彦北：《从业者：编辑出题，记者跑街，名嘴"治港"》，紫荆，2003 年第 12 期。

可见，香港记者采访廉洁。

4. 敢于承受压力。香港记者的压力大，这是公认的。其一，不同媒体的记者相互之间竞争激烈。香港面积不大，但媒体众多，这些媒体完全靠市场生存。70 年代香港的大报是《工商日报》和《华侨日报》，进入 80 年代，这两份报都相继关门。当初有很多晚报，现在一家也无。以前较有名气的时事杂志有《九十年代》、《百姓》等，但都因为经营困难而倒闭；代之而起的是《壹周刊》和《东周刊》等，这些杂志和以前明显不同的是已经远离了时事杂志的特点。[①] 香港传媒业完全靠市场吃饭。如果所在传媒机构出现严重亏损，记者就要面临失业，因此，在香港，不同媒体的记者相互之间的竞争十分激烈。其二，同一媒体的记者相互之间竞争也是十分激烈。香港记者每天报道的任务繁重，其工作量相当于内地记者的 3 倍。许多报社规定一个记者每天要写几篇报道、多少字数或要拍多少张照片等；布置的任务，记者必须想方设法去完成，否则面临着批评、扣薪。有的报社采取"三个萝卜一个坑"的策略，因为版面有限，要各凭本事竞争，平均三个记者只有一个记者的稿件能上版面。其三，面临着同行失业者与应届大学毕业生的竞争。在香港，除少数几家传媒赚钱外，其余都是亏损。许多媒体不是裁员就是减薪。现在，全港 4 间大专院校每年毕业人数有 600 多人，加上海外与内地的新闻人才计有 800 多人，而香港所有传媒每年只能吸收 400 多人，计有一半人要改行，竞争激烈令人堪忧。[②] 由此可见，香港记者压力真不少。

三、香港记者存在问题

虽然香港记者有许多优点，值得称赞；但是，香港记者也存在着诸多问题，有待解决。

1. 报道公信力下降。近年来，海外传媒对香港新闻的转载率明显下降，反映外界传媒对香港新闻真实性的存疑。香港传媒之间的恶性竞争，导致一些传媒铤而走险，只求刺激销量，罔顾专业操守；为了制造轰动效应，大肆造假。例如 2003 年 4 月《壹周刊》的封面故事"胡锦涛怒骂董建华"，纯系捏造，手法之恶劣令人震惊。2005 年 2 月巩俐丈夫黄和祥控告《忽然 1 周》刊出一篇失

---

① 李伟、戈旋：《八卦拳，狗仔队》，三联生活周刊，2002 年 11 月 15 日。

② 于彦北：《从业者：编辑出题，记者跑街，名嘴"治港"》，紫荆，2003 年第 12 期。

实和诽谤他的报道，令他夫妇二人受辱和深感愤怒，陪审团判黄和祥胜诉及获20万元赔偿[1]。以偏概全、完全捏造、花钱策划等是香港某些记者在报道新闻时为了取得轰动效应的惯常做法。收集香港报纸上有关新闻诉讼的案例，完全假的、张冠李戴的"新闻"，屡见不鲜。香港大学民意网站2005年11月22日公布的香港新闻传媒整体公信力评分，评分结果见下表1。

表1：2000－2005年香港市民对香港新闻传媒整体公信力评分调查结果统计表[2]

调查年份	年结评分	年结标准误差	年结样本人数	年结评分人数	年结认知率
2005	5.96	0.05	4045	3853	95.3%
2004	5.99	0.06	4048	3837	94.8%
2003	5.88	0.05	4184	3947	94.3%
2002	5.75	0.06	4086	3691	90.3%
2001	5.89	0.05	4188	3805	90.9%
2000	5.76	0.06	4235	3953	93.3%

说明：评分幅度1－10分，以上所列"年结评分"是平均值。

从上表可以看出，近6年来，香港市民对香港新闻传媒整体公信力的评分并不高，年结评分都在6分之下，说明香港传媒报道可信度不高。由此可见，香港记者对"真实是新闻的生命"的认识存在着偏差，尚需重新认识新闻的生命。

2. 采写功底不厚。采写功底不厚主要表现在：（一）香港记者在采访中刨根问底的"问功"确实了不起，但提问的水平实在不敢恭维。例如，有位香港电视台记者曾问江泽民主席："江主席，您认为董建华的工作做得好还是朱镕基总理做得好？"；2003年10月9日有位香港记者在菲律宾采访该国总统阿罗约时，问"您是否仍有性生活？"等等，所有这些重大场合的提问，可以看出香港某些记者的提问水平不高。（二）香港记者的文字水平不高。阅读香港报刊或观看香港电视节目，时常见到许多错别字，例如，"挚友"错为"致友"。香港记者对词汇色彩的运用有时候不是很讲究，他们不太珍惜词汇的色彩，因此写出的报道与自己的观点立场有时候不一致。（三）缺乏必要的常识，包括

① 《香港东方日报》，2006年3月2日A10版，《壹传媒旗下刊物涉及的部分诉讼及捏造新闻事件》。
② 《香港大学民意网站》，2005年11月22日，《香港新闻传媒整体公信力评分》。

法律、历史、地理、政治、经济、文化。如果知道特区行政长官与国家总理的职能、职责，就不会把二者相提并论。香港年轻记者占绝大多数，精力充沛，进取精神强；但也需要经常"充电"，不断提高自己的新闻业务水平。

3. 不断冲击受众底线。 市场导向下的香港传媒，有关暴力、色情的报道随处可见。血淋淋的图片、美女性感照片以及展示暴力过程的电脑作图大量充斥着报刊版面，刺激着受众感官。一些传媒为求独家报道，往往把公众兴趣凌驾于公共利益之上。常以知情权侵犯隐私权，造成社会心理紧张状态。不少被追踪的艺人、名人都对"狗仔队"的行径反感，香港演艺界就曾经发起"闭嘴行动"，三天内不接受传媒采访，以示抗议。许多家长在把报纸带回家之前，先要丢掉不适合小孩看的版面，这样才能在家放心看报。

一些记者以"揭露真相"为由，不断冲击受众的底线。香港曾有一名外籍妓女被强盗奸劫时乘机逃脱，赤身裸体跑到街上求救，到场的记者立即拍下她的裸体照，并刊登在头版头条。翻开香港报纸，几乎每天都有跳楼、烧炭自杀与犯罪的报道，在这些报道中，详叙其过程，尤其是对烧炭自杀描写得很浪漫，这样对读者尤其是青少年读者误导颇大。

通过上面分析，可以看出香港记者具有敬业精神强、报道迅速、采访廉洁、敢于承受压力等优秀品质；同时，香港记者也存在着诸多问题：报道公信力下降、采写功底不厚、不断冲击受众底线。本文研究香港记者，目的是为内地记者扬其长、避其短提供参考。

特别感谢：香港《东方日报》副总编辑林彦森、原香港亚洲电视新闻总监刘澜昌博士（现为副总裁）对作者在香港调研时接受专访并提供帮助。

本文发表于《新闻记者》2006 年第 5 期。

试析凤凰卫视"时空连线"之特点

　　"时空连线"是指通过电话和电视信号传输渠道（电话连线与卫星连线），把当地电视台演播室，与外地电视台演播室或报道现场跨越空间地连接起来，让观众在第一时间内获取新闻的报道方式。由于"时空连线"能在第一时间把事件的真实情况告诉观众，因此，它能极大地满足观众的信息需求。在一些重大新闻的报道上，国内外一些实力强大的电视台往往采用"时空连线"方式来报道新闻。2004 年美国总统竞选世人瞩目，为了让全球华人在第一时间知道竞选情况，凤凰卫视派出了五朵金花（五位女记者）：沈玫绮、罗晓莹、庞哲、莫乃倩、隗静分别进驻洛杉矶、波士顿、纽约、华盛顿、德州五座城市作现场报道。在 11 月 2 日至 3 日《凤凰早班车》与《时事直通车》两个新闻栏目中，报道美国大选新闻的主要方式是"时空连线"，其主要特点表现在以下五个方面。

一、双视窗内容多样化

　　凤凰卫视"时空连线"新闻，大多采用双视窗（电视屏幕上同时出现两个画面）形式，并且双视窗里的内容是不断变换的，主要有以下几种表现形式：（1）主播＋记者，

（2）主播＋嘉宾，（3）现场画面＋记者，（4）地图＋记者照片，（5）现场＋记者照片。例如，《卫星连线：纽约投票最新消息》，这条新闻中的双视窗，左边视窗内容开始是主播陈晓南，之后是大选现场，最后又回到主播；右边视窗内容是在纽约出镜报道的记者庞哲，之后右边视窗内容依次替换为经济专家谈总统选举对证券市场的影响及记者在证券交易所前进行现场报道，该条新闻中的双视窗，主要采用（1）、（2）、（3）三种形式。《电话连线：美国大选选民投票踊跃》，该条新闻中的双视窗，左边视窗显示得克萨斯州在美国地图中的位置，右边视窗是记者隗静的照片；接着左边视窗内容换为投票现场情景，右边视窗仍为记者照片。该条新闻中的双视窗，主要采用第（4）、（5）两种形式。由于卫星连线既能传递声音又能传递图像，因此，采用这种"时空连线"方式，其双视窗的处理大多采用前面三种形式；而电话连线，只能传递声音，因此，其双视窗的处理大多采用后面两种形式。

二、画面结构模式化

纵观凤凰卫视采用"时空连线"的新闻，画面结构大多采用模式化形式处理。其画面结构模式是：单视窗 → 双视窗 → 单视窗 → 双视窗 →……→ 单视窗。例如，卫星连线《美国大选现场直击：得州》，其画面结构依次是：单视窗，主播董嘉耀在香港直播室 → 双视窗，左边视窗是董嘉耀，右边视窗是美国得州记者隗静 → 单视窗，隗静在得州现场报道 → 双视窗，主播与记者一问一答 → 单视窗，记者回答选举保安措施 → 双视窗，主播与记者的对话单视窗，主播作结。再如，电话连线《华盛顿里根中心投票最新消息》，其画面结构模式是：单视窗，主播陈晓南在香港直播室 → 双视窗，美国地图显示华盛顿位置（稍后画面替换为布什夫妇登机、克里夫妇下机的场景）＋记者隗静照片 → 单视窗，主播作结。其它新闻《美国大选现场直击：波士顿》、《美国大选现场直击：华盛顿》、《洛杉矶投票最新消息》、《纽约投票最新消息》、《时事点评：2004年美国大选的特点和影响》等等"时空连线"的画面结构无一不是采用上面结构模式。

三、同声传译，主次声控制恰当

"时空连线"的新闻，如果连线中采访的对象是外国人，讲的是外国话，这时，为了取得良好的传播效果，就必须进行"同声传译"，即在外国人讲话的同时，配上译员同步翻译的声音。由于采访对象与译员的声音几乎同时出现，因此就必须处理好两种声音的音量，否则，就会造成两种语言互相干扰，降低传播效果。在"时空连线"的同声传译中，凤凰卫视在处理采访对象的声音与译员声（画外声）之间音量比例关系十分恰当。例如，卫星连线《美国大选现场直击：华盛顿》新闻中，左边视窗是香港直播室主播董嘉耀，右边视窗是华盛顿记者莫乃倩，莫记者介绍有关情况后，旋即采访了清早前来投票的美国选民，这时，屏幕上出现字幕：同声传译　温爽（这说明凤凰卫视准备充足、部署到位），温爽同步翻译了美国选民的讲话："我投的是克里的票。我觉得克里是个风趣的人，他可以给我们创造更多的就业机会，我觉得他是一个更好的领导，他能够领导我们更好地打赢这场反恐战争，能够比布什做得更好，这是我个人的看法。"（这是笔者所作记录）同声传译能够在第一时间把现场信息告知观众，即使译员的翻译不够流畅，也能极大地满足观众的信息需求。在运用同声传译时，要处理好采访对象的讲话声与译员声之间音量比例关系。在处理声音主次关系时要把握好三个原则："（1）在同一时间里，只能有一种声音为主；（2）在两种以上声音出现时，主次声音的音量比例要控制好；（3）在一般情况下最好只控制两种声音，如出现两种以上声音，次要声音不要控制时间太长。"[1]在"时空连线"新闻中，采访对象的声音本该处于主声位置，但由于译员声音加入，采访对象的声音就应置于背景声位置，这样就能获得理想的传播效果。纵观凤凰卫视"时空连线"的新闻，如果连线的是不会讲汉语的外国人，一般都配有同声传译。同声传译，既是对译员翻译水平的考验，更是对电视台传播技术的考验；国内电视台很少用同声传译，其处理方式大多是在后期制作时将采访对象的讲话翻译出来，再叠加屏幕文字，引导观众收看。当然，这种操作不属于"同声传译"之列。

四、演播室转换，信息量倍增

在美国总统大选步步追踪中，凤凰卫视中文台与资讯台紧密联手，为的是让华人在第一时间内了解美国大选情况。11月2日的《时事直通车》栏目中，

① 黄著诚：《实用电视新闻编辑》，中国广播出版社，2000年版，第136页。

通过连线，实现了凤凰中文台与资讯台演播室转换，瞬间扩大了信息容量，给观众以耳目一新的感觉。在中文台演播室，主播董嘉耀通过卫星连线，让华盛顿记者莫乃倩现场报道后，接着又连线到资讯台演播室的主播胡一虎，胡一虎在演播室的两个大屏幕中间介绍资讯台报道美国总统大选的节目安排，右边屏幕显示凤凰卫视派驻在五大洲的全球记者及一些国家的反应，随后画面替换为红、蓝区域显示4年前美国总统选举的得票情况；左边屏幕显示派驻美国五座城市五朵金花的自我介绍，接着双视窗定格于两位主播分处两个演播室的对话情景，画面最后切换到中文台演播室。由于两个演播室的布景不同、两位主播的讲话风格不同、各自播讲的信息不同，因此通过连线，实现演播室转换，使传播节奏发生变化，传播的信息量倍增。

五、连线开始，主播与记者步调不一

在《凤凰早班车》与《时事直通车》新闻栏目中，每条"时空连线"新闻，香港演播室主播与派驻美国的五位记者，在连线开始时，双方对话总是不畅：或者抢话讲，或者都沉默，或者答非所问、或者废话较多等等，这里既有信号传输技术问题，也有双方配合及个人素质问题。主播与远方记者在"时空连线"开始时步调不一，既体现了"时空连线"的局限，更体现了"时空连线"的真实性，这与某些电视台假作"时空连线"有天壤之别。假"时空连线"的新闻，从头至尾可谓一帆风顺，有的甚至连远方记者出镜报道的内容也打上字幕，这样的"时空连线"，可谓用心良苦，只能是欺骗外行，欺骗自己。凤凰卫视在报道美国大选的新闻中常常运用"时空连线"，是该台不断进取勇于创新的表现，不断满足观众信息需求提高竞争力的举措。

以上从五个方面分析了凤凰卫视"时空连线"的特点，从中可以看出，特点中既包括凤凰卫视"时空连线"之优点，也包括了其不足。在"时空连线"的新闻节目中怎样扬长避短，值得每个凤凰人去思考，也值得每个电视从业者去深思。

本文写于2004年11月。

论 KISS 原则在凤凰卫视新闻节目中的运用

信息技术的发展，印证了鲍德里亚的观点——内爆，无处不在的信息，就像垃圾一样侵入人们的生活；然而在海量、复杂的信息堆里，人们已经开始厌倦。信息能否发挥其价值，造福人们，不在于其量的多少；而在于其质的保证。对于电视新闻节目来说，也是如此。

本文中所提的 KISS 原则是指"Keep it simple and sweet（保持简洁和美观）"，即电视节目（尤其是电视新闻类节目）应该追求信息的简洁、朴实，视像的美观、大方。基于此，本文以凤凰卫视资讯台的节目为例，分析其 KISS 原则的运用。

一、凤凰卫视 KISS 原则运用分析

提起凤凰卫视，人们自然而然地会想到她在 9.11 事件中的出色报道。《凤凰早班车》、《时事直通车》、《小莉看世界》等已经成为人们耳熟能详的知名栏目。究其成功原因，关键一点便是 KISS 原则的运用——简洁明快，却不失美观。我国著名电视理论与实务专家黄匡宇教授针对如何做好电视节目曾提出一个著名的论断："内容为王，

形式是金"——"内容为王"是对电视核心内容的强调，"形式是金"是对电视外在传播形态的强调。[①] 因此，笔者从内容和形式方面分析 KISS 原则在凤凰卫视节目中的运用。

1."内容为王"："Simple" is best。 在电视频道激烈竞争的今天，凤凰台能始终保持其理性与睿智，这源于她一贯的 Simple 风格，给观众真正需要的信息。以下笔者以"两会"开幕式报道为例，通过 3 月 5 日的《时事直通车》分析 KISS 原则在新闻内容中的运用。

表 1：《时事直通车》3 月 5 日两会开幕报道分析一览表

分析角度	分析内容
新闻标题	1.大陆积极表态，愿与台湾签 ECFA 2.港学者：温家宝报告措施缓解香港压力 3.经济专家称一揽子刺激计划有助经济保八
新闻类型	新闻评论、综合新闻、人物专访
主持人	主播 + 评论员
声画形式	解说 + 同期声、双视窗切换、滚动新闻、屏幕文字、现场画面
新闻主题	"两会"对台、港方针政策与经济措施解读
话语权分配	主播、时事评论员、学者、记者、市民

说明：此表由作者制作而成，以下表格也均由作者制作。

从表 1 中，我们可以看出《时事直通车》对"两会"重要议题进行了解读，内容涉及到"两会"对台方针政策以及扶持香港经济的多项措施；并且通过同期声、旁白、现场画面以及演播室等多种形式的有机融合，使得信息简洁、直观、朴实。这即是其 KISS 原则运用的表现之一 —— simple：简洁、明快、朴实。其具体运用分析如下。

（一）有效信息的供给。在海量信息泛滥的时代，各种各样的报道充斥着媒体，使得受众在所谓的"富媒体时代"沦落为信息的奴隶。而凤凰卫视通过对信息的挖掘、筛选、判断、加工，满足了观众的信息需求。例如"两会"开幕当天，《时事直通车》并没有将整个大会内容塞给观众，而是通过对个别议题（如政府报告对港方针、两岸政策等）的深入解读，给观众提供了有效信息。

---

① 黄匡宇：《当代电视摄影制作教程》，复旦大学出版社，2006 年版，第 351 页。

（二）话语权的有效分配。从传播学角度来看，信息处理方式可以分为"一面说"和"两面说"。"一面说"指的是只提供己方观点和对自己有利的陈述，以便对己方观点做集中阐述，但是却容易使观众产生抵触情绪。"两面说"则陈述双方的观点，话语权的分配比较平均，这样做既凸显出客观公正的报道态度，又满足观众的知情权。《时事直通车》中多采用的就是"两面说"的方式，不但有官员的阐述，而且也给市民、学者、电视从业人员适当的话语权，这种"两面说"给观众一种客观、公正的感觉，也是对观众的尊重。

（三）明快简洁的报道风格。《时事直通车》当天的新闻站在观众的角度来提炼信息，解读了"两会"报告中与港台有关的方针、政策。主播与评论员的画面切换，主播以及解说的较快语速，增强了节目的节奏感，使得报道风格显得轻松活泼，现场感十足。

2."形式是金"："Sweet" is perfect。 电视节目要做得好看，必须重视形式的创新。凤凰电视节目在形式方面注重了以下几个方面。

（一）明星主播产生视觉美感。好的电视节目首先应该给观众视觉上的美感与冲击力，凤凰卫视在选择主持人时有这么一条规定：人要长得漂亮，这既是对观众的负责，也满足了观众的审美需求。[①] 吴小莉、陈晓楠、陈鲁豫、许戈辉、谢亚芳等如今已经成为家喻户晓的明星主持人。

（二）"说新闻"方式让人耳目一新。凤凰卫视著名主持人陈鲁豫在《凤凰早班车》中首创了"说新闻"的风格，改变了以往播报新闻时候正襟危坐的风格，极大地拉近了电视与观众的距离。主持人通过自己的理解把新闻以通俗易懂的方式讲给观众听，这既降低了观众的收视门槛，使得新闻更加好看，也增强了新闻的生动性，从而吸引了观众的注意力。

（三）视听元素的充分利用。第一，屏幕的有效分割。对屏幕充分且有效的利用可谓是凤凰卫视的一绝，随着视觉传播时代的到来，影像符号已经是当代媒介赖以生存的核心符号。这样不仅可以增强新闻的现场感，同时也降低了观众的智力门槛，给观众以轻松、愉悦的视觉享受。笔者分别以《凤凰早班车》、《时事直通车》、《午间特快》、《凤凰全球连线》为例截取了几种不同类型的视窗样式（见表2），通过不同视窗的使用与切换，有效地传递了信息，改变了节目的传播节奏。

---

① 钟大年、于文华：《凤凰考，构建一个新媒体》，北京师范大学出版社，2004年版，第154页。

表 2：屏幕视窗样式

栏目名称	样式	典型镜头
《时事直通车》	并列双视窗	 （图 1）主播界面：评论员界面 =1：1
《凤凰早班车》	梦幻三级画框	 （图 2）左主播：中图片：右记者 =2：2：1
《凤凰全球连线》	并列三视窗	 （图 3）左评论员：中主播：右评论员 =1：1：1

栏目名称	样式	典型镜头
《凤凰全球连线》	并列三视窗	  （图4）左主播：右上评论员：右下评论员 =2：1：1

第二，屏幕文字增加节目信息量。凤凰卫视非常重视对屏幕的有效利用，以向观众传递更多、更快的信息。以图 5 为例，凤凰卫视对屏幕文字的使用主要有以下几种方式（见表 3）。屏幕文字可以增强观众的信息记忆深度、增加了节目的信息含量与直观生动性，同时可以对画面中的人物、时间、地点起着交代作用，美化电视版面。

图 5：《时事直通车》2 月 24 日截图

表 3：凤凰卫视屏幕文字使用分析表

使用样式	功能分析
整屏文字式	图5中，漫画头像增强了新闻的生动性、可视性，右侧不同字号的屏幕文字，使新闻简约而明确。两者结合使新闻"视听读"三位一体，加强了观众的记忆深度和接受信息的易受性。
底部横排式	图中屏幕下方的内容提要、标题字幕以及记者姓名等字幕，既精炼了新闻主题，又起到复述和补充作用。同时由于文字位于屏幕底部，不会影响画面构图。
滚动字幕式	图中屏幕最底层有一排黄色背景的文字，自右向左滚动信息，保证了信息的及时性与有效性，扩大了信息量。
固定式	屏幕右下角的小方块，上半部显示股票行情，下半部显示当前时间，满足了不同受众的需求。

二、KISS 原则运用中的不足之处

凤凰卫视在 KISS 原则的运用方面取得了较好的传播效果，但有些地方仍需要完善，主要表现在以下几个方面。

1. 演播室背景的干扰。凤凰卫视的许多节目中采用虚拟背景，达到了较好的传播效果；但在《时事直通车》栏目中，则是实物背景。该栏目以制作人员的工作场景为背景，加上主播背后电视屏幕上播放内容的变化，极大地分散了观众的注意力，影响了新闻的传播效果，如下表 4 分析。

表 4：演播室分析

画面	视觉元素分析
 （图6）	演播室的布光可以突出主播，但主播背后屏幕的闪亮及动态画面易给观众造成视觉干扰。

2.破坏性线条。破坏性线条是指在镜头运动时画面背景线条与主体叠加所产生的对视觉美感干扰的线条，诸如电线杆、树木从主体人物的头顶伸出来，纵横交错的木杠铁杠贴在主体人物背上等等。[①] 以《午间特快》为例，原本坐落于两位主播背后的液晶电视，在另一组画面中俨然一根电线杆立于主播身后，如图 7 女主播身后的液晶电视边框便是破坏性线条。

图 7：破坏性线条截图

3.屏幕文字使用不当。上文已经提到屏幕文字的主要功能，但是如果使用不当，屏幕文字也会影响画面构图，阻碍信息的有效传播。见图 8：

图 8：《午间特快》3 月 9 日截图

若不是屏幕下方新闻标题，观众恐怕不知道在讲话的是何人？在此画面中，屏幕文字自始自终遮盖了演讲人物的面孔，不但影响整幅画面的构图美感，而且也阻碍了信息的有效传播。

① 黄匡宇：《当代电视摄影制作教程》，复旦大学出版社，2006 年版，第 129 页。

三、simple + sweet ＝整合

Simple 代表着凤凰卫视节目内容特征：简洁、朴素、真实；Sweet 则代表着凤凰卫视节目外在形式：美观、大方。Simple + Sweet 意味着电视节目外在形式与核心内容的整合。电视节目就好比是人，内容是血肉，形式是骨架，只有当血肉与骨架融合一体时，人才称之为"人"。一个电视节目也只有将内容与形式有机整合起来，才真正算上是完整、好看的节目。在电视节目激烈竞争的时代，电视只有提供给观众真实有用的信息，才能独占鳌头。尽管凤凰卫视已经取得不小的成绩，但在一些电视细节元素的把握上仍需进一步雕琢。

本文系与 2008 级研究生李娜合作完成，发表于《视听界》2009 年第 5 期。

论《南方周末》标题特色

　　"读报先读题"是读者的共识。为了吸引读者，提高报纸的有效力，作为文章的眼睛——标题，是记者、编辑们精雕细刻的重要内容之一。美国汤姆森基金会所编《新闻写作基础》一书中指出："你可以把马牵到水边，但你却无法强迫他饮水。当你把你的报纸送到读者手中。你也可以遭到类似的问题：无法强迫他阅读。不过，有一个办法可以诱使他阅读你的报道，那就是运用精彩的标题。"作为《南方周末》的读者，常常被报中精彩的标题所吸引，不读为之不快，有鉴于此，笔者在拙文中探讨其标题的特色。

一、从读者效益角度看，《南方周末》的标题具有易受性

　　标题的易受性指读者读标题时的费力程度最小。传播学家施拉姆称："费力程度"为受众接受信息时付出的代价（时间支出精力消耗）的大小。该报标题的易受性主要表现在：

　　1. 简洁通俗。据笔者统计 2001 年 1-9 月的标题数，10 字以内的占了 82%，以单行题或双行题为主，很少用多行式标题，也就是说引题、主题、副题齐全的结构方式很少。据有关专家考察，读报时人们的视野有 45 度，最佳视野只

有 20 多度。而这最佳视野以 10 字内为宜，标题过长，读者不可能在一瞥之间，尽收眼底，而要靠移动视线才能读完标题，这样，眼睛容易产生疲劳。标题短，一览而尽，所耗精力小。同时，该报标题语言大多明白如话，用常见词、常见短语、简短句式；不用偏僻词、歧义短语、复杂句式；标题通俗易懂。简洁通俗的标题能很好地引导读者在较短的时间内轻松地获取较多的信息，从而节省了读者的时间和精力。总之，该报编辑制作标题时总是站在读者的角度，以读者的效益为上，从而深受欢迎。下面采撷点滴以验之。

①活在假设中（1 月 4 日）

②"讨债公司"的生生死死（3 月 22 日）

③被拐六年（5 月 1 日）

④朱刚走了，问题留下（1 月 11 日）

2. 创新灵活。编辑在制作标题时大胆创新，创造了同时兼有引题和按语作用的按语式引题，兼有副题与提要作用的提要式副题。

⑤按语式引题：在"特殊"的游戏规则下，在"特殊"的交易对象前，一个商人尽管拥有良好的声誉和上百万的资产，还是显得那么脆弱

主题："吴百万"破产记（7 月 26 日）

⑥主题：三元牛奶收购北京卡夫

提要式副题：国外巨头在中国奶制品市场上日子并不好过。鲜为人知的是，前不久法国达能参股上海光明同样属于"退出动作"（1 月 4 日）

标题⑤中主题之前标题部分，既交代了背景——"特殊"的游戏规则，"特殊"的交易对象，一个商人拥有良好声誉和百万资产；又加以了评论——显得那么脆弱，这样的引题，可称之为按语式引题。标题⑥主题之后的部分，既概括了要点——国外巨头在中国奶制品市场上日子并不好过；又补充了事实——法国达能参股上海光明同样属于"退出动作"，这样的副题，可称之为提要式副题。这两种富有创新的题式，有助于读者在较短的时间内把握报道内容的要点。

此外，标题在版面上的布局颇有见地、灵活多样。例如编者按、提要题除了安排在常见位置——主题之上或之下，有时还安排在正文中间或左边。尤其值得一提的是 1 月 11 日头版标题"博士后之死"，文章转之第三版时，标题编排成围绕博士后一家三口照片的四周，这种灵活的编排方式既突出了主题，又给读者留下了极其深刻的印象。

3.比例恰当。该报标题中文字与空白的比例、标题字号的搭配比例恰到好处。

有人说大标题及空白占据了大量的版面空间，这是一种版面资源的浪费。其实，空白和字号也是重要的发言手段，是开发新闻资源不可缺少的一环。若一份报纸版面全是密密麻麻大小一样的文字，虽然内容丰富，但是又有几个读者愿意看呢？因此，恰当的比例，能让读者轻松愉快地阅读，不用劳神费力。

⑦引题：北京再度申奥

主题：悬念莫斯科（7月12日头版）

该标题中引题与主题字号的比例及空白的运用给读者产生了强大的冲击。引题用较大的字号叙事，读者之心显得平静；主题用特大字号，突出了主要内容，把读者"悬念之心"吊起，诱使读者读下文。空白的运用给读者以想象的空间：北京申奥的结果会怎么样呢？而不至于给读者一种压抑感。

二、从心理学角度看，《南方周末》的标题具有新奇性

心理告诉我们，注意是指人的心理活动对一定对象的指向和集中。它分为无意注意、有意注意和有意后注意三种。读者阅读报纸大多是处于无意注意状态，为了使其转化为有意注意，编辑在制作标题时要把文章中新颖的内容或奇异的形式嵌入标题中，使其在读者中产生心理效应。《南方周末》标题的新奇性具体表现在：

1. **倾情于标点之中。** 古人云："感人心者，莫先乎情"。标题中一个问号、一个感叹号或一个引号，都表明了一种鲜明的态度、一种强烈的感情，阅后感情随之而生。

⑧产业围绕着谁转？政府？资本！（3月8日第9版）

⑨"国有资产不流失，我怎么赚钱？"—— 一个暴富者的"经营之道"（3月22日第14版）

⑩保密局长说，带"密"的东西太多（4月5日第13版）

⑪"义诊"臭了，"咨询"登场（9月20日第7版）

⑫断骨增高术——危险的"时尚"（8月30日第14版）

⑬孩子！孩子！孩子！——江西省广电幼儿园火灾直击（6月7日第6版）

标题⑧通过"？"和"！"形成一问一答，语言精彩，形式奇异，表明了"产业围着资本转而非政府转"的观点。标题⑨引语中把暴富者荒唐的"理由"摆出来，对暴富者所谓经营之道给予了强烈的批评；作者的感情全靠引号体现，

耐人寻味。⑩、⑪、⑫标题通过引号，讽刺之情跃然纸上。⑬标题连用三个"！"，救救孩子的呼声急骤而起。一睹这些标题，读者不得不为新奇的标点所吸引。

2. 数字的运用别具一格。 例如：

⑭副题　胡鞍钢：腐败损失有多大

　　主题　每年一万亿（3月22日第2版）

⑮养老保险空账1990亿（6月14日第10版）

⑯想结婚，先交一万元保证金（1月11日第16版）

⑰3000元看歌剧王（1月4日第23版）

⑱一半是诗歌，一半是金钱（1月11日第21版）

⑲折磨人们的不单纯是那个0.45（6月28日第7版）

标题⑭、⑮中的数字可谓是天文数字，而这些数字所揭示的问题——腐败损失、养老保险空账正是读者迫切关心的。标题⑯、⑰中的数字与生活中的正常值相差特大，在读者看来似乎是些荒唐的数字，但现实生活中确实存在。标题⑱、⑲嵌入小数更是新鲜引人：诗歌和金钱合二为一吗？ 0.45能折磨人吗？（0.45是用来描述收入分配差距的指标，即基尼系数）

3. 悬念的设置形式多样。 一般来说，读者都有一种打破砂锅——纹（问）到底的好奇心。该报编辑制作标题时，就抓住了读者的这种好奇心，通过形式多样的悬念设置诱使读者化无意注意为有意注意。该报标题设置悬念的主要形式有三种：

（一）标题以疑问句形式来设置悬念

⑳南斯拉夫会投靠西方吗？（3月1日第3版）

㉑谁隐瞒南丹矿难？（8月9日第1版）

标题⑳通过设置悬念吸引读者了解当时的国际形势：南斯拉夫去向如何？标题㉑聚焦轰动全国的特大安全事故，问到了读者的心坎上。

（二）标题以陈述句或陈述句加疑问号的形式来设置悬念

㉒四大工程面临四大悬念（3月1日第2版）

㉓世界第一高楼将落户北京？（5月24日第2版）

标题㉒使读者产生哪四个工程哪四大悬念的疑问，扣着读者的心弦诱使他往下读，方知是指：A、进藏铁路：环境能保护吗？ B、西气东输：安全有保证吗？C、西电东送：能打破地域壁垒吗？ D、南水北调：北京能解渴吗？标题㉓吸引读者急切寻找第一高楼到底有多高、北京真的会建第一高楼吗等问题的答案。

（三）标题以"★★★的背后"或"★★★以后"的形式来设置悬念

㉔ 24万元"精神抚慰金"的背后（1月18日第5版）

㉕反腐记者讲了真话以后（1月11日第5版）

标题㉔中"背后"到底藏了多少个故事呢？标题㉕记者讲了真话以后会怎么样呢？这些问题深深地吸引着读者往下读。

三、从美学角度看，《南方周末》的标题具有形象性，给读者以思辨美的享受

美学知识告诉我们，美具有形象性，美感的愉悦性，是客观的审美对象与审美主体之间相互作用的产物。在读题时，审美对象是标题，审美主体是读者。该报编辑在制作标题时通过巧用修辞、准确使用动词、灵活套用句式，使审美对象——标题更具形象性。生动形象的标题，使审美主体——读者产生联想和想象，进而产生美感愉悦，给读者以思辨美的享受。具体表现在：

1. 巧用修辞，生动形象

㉖追问洛阳大火（1月4日第1版）

㉗输了官司，赢了民心（1月4日第5版）

㉘"狼"来了之前的演习（1月18日第7版）

㉙水！水！水！焦渴的豫北（6月21日第8版）

㉚无钱孤老？扔，快扔出去！

局长他爹？迎，快迎回来！（8月21日第8版）

标题㉖采用拟人手法追踪报道洛阳特大火灾事故的情况。㉗通过输赢对比，突出了舆论监督与权力的较量。㉘采用借喻的手法，形象地指出了合肥市怎样迎接WTO的挑战。㉙通过重复，突出了豫北地区的严重干旱。㉚通过设问和对比，批评了四川省隆昌县人民医院、中医院有损医德的行为。

2. 准确使用动词，让标题动起来

㉛"五芳斋"改制遭遇埋伏（3月22日第10版）

㉜ 4000疑犯卷走50亿，追！（4月26日第2版）

㉝印巴峰会：相逢一笑，恩仇难泯（7月19日第3版）

㉞地震震出的腐败（9月20日第6版）

标题㉛"遭遇埋伏"道出了"五芳斋"改制所受的重重阻力。㉜中"追"，

给人一种以迅雷不及掩耳之势去追捕疑犯。标题㉝"一笑"显露了印度与巴基斯坦关系开始好转，"难泯"又道出了两国潜在的矛盾难以化解。㉞地震给人们带来了灾难，却也"震出"了腐败。以上四个标题中的动词用得十分准确，颇富动感，阅后，读者的美感愉悦随之而生。

3. 灵活套用动词或句式，让读者展开想象，在想象中给读者以思辨美的享受

㉟欲速则"钱"达（1月11日第15版）

㊱宽带争夺，磨刀霍霍（3月1日第8版）

㊲浪潮北伐（4月5日第12版）

㊳沙临城下（8月23日第5版）

㊴默多克临阵换将（9月27日第11版）

标题㉟套用成语"欲速则不达"，将"不"字改为"钱"字，形象地道出了在市场经济中某些地方垄断行业的乱收费行为，比如：办理身份证、准生证，欲速达则多交钱。㊱活用《花木兰》诗中"磨刀霍霍向猪羊"，标题中的"磨刀霍霍"指出了当前宽带争夺的激烈。㊲活用了"北伐"一词，这里指的不是1926年的北伐战争，而是指浪潮公司业务的向北拓展。㊳套用"兵临城下"，指出了风沙的严重性。㊴把"临阵换枪"改为"临阵换将"，指明了新闻国际公司的老板默多克在关键时刻更换人选。以上标题有所含蓄，但决非晦涩难懂，读之后有一段信息差距，需略加思考，展开联想和想象，这样给读者以思辨美的享受。

总观以上分析，《南方周末》的标题具有易受性、新奇性、形象性，给读者以思辨美的享受。该报标题颇具特色，真正发扬了其固有品质——"让无力者有力，让悲观者前行"，脱离读者倾向的标题终被抛弃。随着信息社会的快速发展，带给读者的将是"读题时代"的到来，在这方面，《南方周末》给我们以借鉴和启示。

本文发表于《新闻通讯》（后更名为《传媒观察》）2002年第6期。

形式上求活，内容上求深

——2009 年度广州市广播电视节目奖电视新闻 1 组评选综述

一、评奖概况

电视新闻 1 组主要负责电视消息、电视新闻评论、电视新闻专题、电视系列和连续报道、电视新闻访谈节目、现场直播、对外新闻及电视新闻栏目等电视新闻类别的评奖。本组共有电视新闻作品 62 件，经过看片、评议、投票程序，共评出获奖作品 44 件，获奖率 70%。具体情况是：电视消息（含短消息）30 条，评出一等奖 3 名，二等奖 6 名，三等奖 12 名；其它类电视新闻（电视消息除外）或栏目共32 件，评出一等奖 3 名，二等奖 7 名，三等奖 13 名。

二、获奖作品特点

综观本次获奖新闻作品，主要有以下四个特点。

1. 及时报道广州大事，导向正确。武广高铁的开通、番禺垃圾处理问题、房价、住户拆迁、甲流、禁止酒后驾车、环保等与大众生活密切相关的大事，在获奖作品中均有体现。广州电视台的消息《极速体验——G4 探高铁》与现场直播《天堑变通途——武广客运专线开通特别节目》及时对武广高铁的开通作了详细的报道，尤其是专线的开通对中南、华南地区在经济、文化方面产生的深远意义作了较深入的分析。番禺广播电视台的消息《番禺区委书记：垃圾处理方式由群众讨论决定》通过大量现场同期声，让新闻事实说话，既体现了番禺区政府在处理"会江垃圾焚烧发电厂事件"上吸取经验，努力完善民主决策机制的决心；也让广大居民看到了自己合理合法的权益诉求得到政府重视，并最终得以落实的结果。花都区广播电视台的《花都170位农民广州最早领取养老金》及时报道失地农民领取养老金的做法，为广州市加快解决被征地农民养老保险问题提供了借鉴。从化广播电视台的《"五清五帮"农民受惠》，用事实说话，体现在学习贯彻科学发展观中从化市党员、干部的独特做法深受农民欢迎。增城广播电视台的《中新镇：以人为本，和谐拆迁》通过及时报道中新镇拆迁经验的特点，向公众传达了"拆迁也可以双赢"的讯息，对推动全市拆迁工作起到了积极的推动作用。所有获奖报道，紧扣广州发展中的大事，市民关心的热点问题，及时报道，理性引导，为构筑一个和谐的舆论氛围环境，发挥了媒体独有的作用。

2. 题材广泛，选材典型。从本次获奖新闻作品来看，题材广泛，政治、经济、文化领域的题材均有涉及。既有广州市民关心的热点问题，例如《广州首例甲流二代病例摸黑出院》（广州台）；也有政府着手解决的难点问题，例如新闻评论《今日强拆，难解纠纷》（广州台）。既有引起社会大讨论的民生新闻《男子霸坐海珠桥五小时，阿伯怒出"推手"》（广州台）；也有及时报道自然奇观的科教新闻《天象奇观：月光直射北回归线标志塔》（从化台）。既有报道残疾人志愿者服务社会的《志愿者家庭》与残疾人成功者的《独臂英雄丁晓兵当选感动中国人物》（花都台）；也有反映改善水上居民生活环境的《"疍家佬"：增江河上的水上人家》（增城台）等等。从具体新闻作品来看，绝大多数获奖作品主题突出，选材典型。新闻专题《明天的房子在哪里》（广州台），该专题通过选取廉租房住户、经适房中签者、钉子户、回迁户、限价房中签者等五个不同典型，反映了无房者为追寻"明天的房子"所遇到的种种经历，真实而感人。电视系列报道《从化"乡村特色游"农民增收致富好路子》（从化台），选取了从化市发展乡村旅游建设中不同类型但又极具代表性的三个农家乐点进行报道：溪头村重在展示"自然美"，田心社重在表现"都市人的菜园"，宣星村重在展示"运动谷"。电视消息《南沙企业危中求机走绿色环保之路》（南沙区新闻中心）围绕绿色环保来取材，有点有面，尤其是选取了纺织印染、热电、钢铁等 3 家传统的高污染、高耗能企业在金融危机中的表现，特别是坚持更严格的环保措施令人印象深刻。

3. 记者敬业精神强，舆论监督效果好。从获奖新闻作品中，可以看出，许多电视记者爱岗敬业，不畏艰险，有着强烈的社会责任感。《地下赌场藏身从化闹市》（广州台）采用暗访手段，深入隐蔽于从化游戏机室内的赌场，拍下了许多令人触目惊心的画面：赌博场所生意兴隆，赌徒正在赌博机上下赌、工作人员收取赌资、警察到场后的不作为等等，新闻播出后，引起广州公安局的高度重视，最终把这一赌博场所予以清除。白云区文化广电新闻出版局的专题片《水厂水源严重污染该谁来管？》记者通过明察暗访，把江村水厂水源被污染问题予以曝光，揭示了有关主管部门相互推卸责任、疏于管理是导致问题长期悬而未决的主要原因。该片播出后，引起区领导的高度重视，作为整顿机关作风的反面教材。《我的隐私能被偷窥吗？》（花都台）记者通过精心策划，运用体验式采访，层层设置悬念，一步步揭开所谓手机卡复制技术的秘密，从技术操作、法律角度进行了深入剖析，提醒市民不要上当受骗。以上新闻，充分显示了舆论监督的重要作用。

4. 综合运用电视语言符号，体现电视传播特点。与报纸新闻、广播新闻相比，电视新闻传播的语言符号更加生动、更加形象。电视画面就像一个大容器，什么符号均可往里面装，关键是如何合理搭配达到最佳传播效果。广州台的现场直播《天堑变通途——武广客运专线开通特别节目》通过综合运用多种电视语言符号，充分展示了电视直播的魅力。从内容上来看，该节目主要通过大量同期声来传播，同时在直播过程中，根据需要有针对性地插入相关短片，例如《铁道部"四纵四横"开启铁路革命》、《郴州西站：交通大枢纽，郴州新地标》、《长沙南站："山水洲城"展长沙新貌》、《武广高铁助岳阳腾飞》、《武汉：天兴洲大桥的四项世界第一》等，这些短片内容主要靠旁白来表达。直播过程中同期声与旁白交替运用，使传播的声音节奏有了变化，使传播的内容更加丰富。从形式上来看，该节目通过卫星连线，运用多视窗画面，增强节目的可视性与信息量；从整个节目的拍摄来看，画面清晰，构图到位，体现从业者的专业水准。整个直播构思巧妙，过程流畅，现场感强，充分体现了电视传播特点。电视评论《生命的代价》（广州台）以广州发生的几起严重醉驾事故为切入点，进入拘留所，独家采访当事人。节目选材精当，用事实说话，说服力强；尤其是片中屏幕文字的运用不但增加了节目信息量，而且突出了该片的主题。

三、存在问题

在所有参选新闻作品中，也有一些问题值得指出，主要有以下四个方面：

1.电视新闻标题制作粗糙。在本次评奖中，可以看出电视新闻标题制作没有得到应有的重视，有的标题表达不准确，例如《天堑变通途——武广客运专线开通特别节目》，"天堑"一词用在这里就不准确，按照《现代汉语词典》的解释，"天堑"是指天然形成的隔断交通的大沟，多指长江，形容它的险要。广州至武汉交通早已通畅，不存在交通隔断，这次武广客运专线开通只不过是速度提高了。有的标题容易产生歧义，例如《太和镇出资24万元帮患重病单亲母亲蓝玉香重获新生》，从语法角度分析，这个标题可以有两种理解：一是蓝玉香重获新生，一是太和镇重获新生。有的标题与节目内容不完全相符，例如《我的隐私能被偷窥吗？》，该节目一步步揭开所谓手机卡复制技术的秘密，从节目内容来看，应该是偷听而不偷窥。在此，笔者提醒电视从业者不要因为电视新闻顺时传播的制约性和内容保存的不便性而怠慢标题制作。电视新闻标题要做到四要四忌：要简短忌冗长，要具体忌抽象，要一致忌矛盾，要明确忌歧义。

2.题材平淡。分析参评的新闻作品，笔者发现许多新闻题材平淡，没有新意。例如报道当天婚姻登记人多的《三九喜牵手，新人祈长久》；《花都法院在全省率先实行"快速执行新模式"》，其"新模式"并不"新"，更何况快速执行是法院应该做的份内之事；《南沙林场120多户职工喝上自来水》，喝上自来水是生活中极普通之事，这不算是新闻。新闻选题要有全局意识，注重新闻价值的挖掘，精选角度，力求有新意。

3.对外新闻主题不突出。这次参选的对外新闻作品，可以说没有一件是真正的对外新闻。《做好东道主，广州UCLG服务细致获好评》，这篇报道志愿者如何细致接待服务好参加"2009年UCLG世界理事会会议"的外国嘉宾，题材平淡，主题不突出。接待服务好与会嘉宾是应该做的，不能做为对外新闻来参评。《五一特别报道：今天我劳动》（第三集），让洋人来体验广州环卫工人的艰辛，怎能作为对外新闻来传播。《洋眼看广州》角度虽好，但选材不典型。看来，对外新闻传播的理念与方式还有待电视从业者进一步理解与把握。

4.电视新闻评论没有体现电视媒体特性。从选送的电视新闻评论来看，有一些评论实质上是报纸评论，其制作时根本没有考虑到电视的传播特点，例如《招贤纳士，促科学发展》、《彭加木缘何感动中国》等，这些评论，没有顾及画面语言，可视性差，屏幕文字的使用也不合理。

四、努力方向

总体来讲，这次参评作品，形式上不够活，内容上不够深，为此，笔者提出以下两点努力方向，希望明年送选的作品涌现出更好更多的佳作。

1. 形式上求活。新闻事实是客观的，但形式可以是主观的，因此，在把新闻真实性的基础上，力求在形式上做活，以达到最佳传播效果，提高收视率。

2. 内容上求深。除短消息外，长消息、新闻专题、新闻评论等体裁都应该在内容上深入开掘，力求满足观众深入了解的信息欲求。

"形式上求活，内容上求深"二者辩证统一，电视从业者应该朝着这个方向努力，不断提高自身综合素质，为制作更多的电视新闻佳作而努力。

本文收入《2009 年度广州市广播电视节目奖获奖作品精选点评》一书，广州市广播电视学会编 2010 年 5 月出版。

突出广播特点，增强传播效果

——2010 年度广州市广播电视节目奖新闻类广播组评选综述

2010 年度广州市广播电视节目奖新闻类广播组共有参评作品 57 件，评选项目有广播短消息、长消息、新闻评论、新闻专题、系列报道和连续报道、新闻节目编排、新闻访谈节目、现场直播、对外新闻、新闻栏目、广播对象性节目、公众性节目、知识性节目、特别节目、少儿节目、社教节目、新形态节目等共 17 项，经过评委们认真细致地审听节目与阅读文本，严格按照评奖标准，经过评议与投票，共评出一等奖 6 篇，二等奖 11 篇，三等奖 23 篇，淘汰 17 篇，获奖率 70%。总体来说，参评作品紧扣时代主旋律，坚持正确的舆论导向，对广州 2010 年发生的大事均有报道，报道形式多样。下面从三个方面对本组评奖进行综述。

一、肯定之处：精心选题，用心制作，导向正确

评选出来的 40 篇获奖作品，有许多地方可圈可点，值得肯定之处主要有以下四个方面。

1. 围绕社会热点选题，唱响主旋律。回顾过去的一年，亚运、房价、低碳、医保、农保等都是社会热点话题，获

奖作品中对这些话题均有报道。广州电台选送的《激情亚细亚——亚运开幕日倒数 12 小时直播节目》与《广州 2010 年亚运开幕式特别新闻报道》在不同奖项评选中获得评委的一致肯定，均获一等奖。两篇报道各有其特点，《激情亚细亚——亚运开幕日倒数 12 小时直播节目》，主题突出，现场感强；节目以"回顾－期待－欢庆"为主线，分七个篇章展开，内容丰富。《广州 2010 年亚运开幕式特别新闻报道》在开幕式结束半个小时内通过回放开幕式精彩片断，迅速"解密"听众最想知道的幕后故事，进一步激发听众的亚运兴奋之情。两篇报道为亚运的成功举办营造了良好的舆论氛围，体现了广州电台采编播人员的策划能力、快速反应能力与团结协作能力很强。此外，广州台的《并非一个人的比赛》、《海心扬帆》、《解密海心奇迹——访第 16 届亚运会开幕式现场活动总指挥何继青》、《微笑的背后》，花都台的《亚运有你更精彩》，从化台的《国外赛马安全离境，中国大陆实现历史突破》等报道从不同角度不同方面立体式报道亚运，极大地满足了听众的信息需求。

花都台的《花都农民看小病 1 元搞定》获得消息类一等奖，该节目以具体生动的例子破解农村医改难题，花都的医改开创了广东省农民看小病免费的先例。记者在全区推广免费治小病的当天，走访了村卫生站，采访不同村民的切身感受，真实可信。整个节目语言朴实，现场感强。从化台的《我市 13 万多农村居民踊跃参加新农保》该作品通过对多位参保村民与省市镇相关职能部门领导的采访，让人们感受到了新农保政策在农村的勃勃生机。增城台的《增城绿色串起处处美景，农家乐带动农户赢得良好收益》从不同的角度以具体数据证实了增城绿道建设带来了良好的社会效益与经济效益，以生动的事例对"低碳"经济作了最好的诠释。纵观获奖作品，围绕社会热点与政府当前重点建设来选题，以正确的舆论导向唱响主旋律。

2. 报道角度新颖，结构严谨，逻辑性强。关注儿童健康成长是全社会的责任，媒体也不例外。报道儿童题材的作品很多，但给人留下深刻印象的并不多。这次参评作品中花都台选送的广播评论《"灰色儿歌"流行的反思》与对象性节目《会说慌的作文》以其报道角度新颖令人难忘。《"灰色儿歌"流行的反思》对当前流行的"变质"的灰色儿歌深入解读。作品从具体的灰色儿歌入手，通过采访学生、家长、老师与教育研究者，多方面了解不同人对灰色儿歌的看法，由此深挖产生灰色儿歌的原因，从儿童心理学、教育与社会环境、审美文化等方面进行了剖析，体现广播评论的深度。该节目在"六一"播出，效果很好。《会说慌的作文》针对当前学生写作文时普遍说慌现象进行了深入分析。节目中邀请了六位刚参加高考的学生来直播室现场，围绕"说慌的作文"，结合各自的经历，真实地反映了说慌作文的普遍现象。节目分三大部分：说慌作文现象——说慌作文原因——怎样引导学生写作文说真话，层层递进，逻辑性。从化台的《寻找历史的尘烟——殷家庄麒麟舞》以亚运会闭幕式上有麒麟舞表演为切入点，迅速报道从化城郊街殷家庄麒麟舞。报道中注重了旁白、现场同期声与音响的有机结合，思路清晰，结构严谨。

3. 准备充分，背景材料丰富，报道有深度。 广州台的《激情亚细亚——亚运开幕日倒数12小时直播节目》，该节目是广州广播界有史以来时间最长的一次主题直播节目。直播成功的取得离不开精心策划与充分的准备工作，尤其是直播中大量运用具有丰富背景材料的预制件，让听众在短时间内了解了申亚成功6年来的历程、广州的巨大变化。每个小时内节目中都连线亚洲各国友人进行电话采访，与亚洲人民一起分享欢乐；同时不断连线前方各路记者直击报道各场馆情况、开幕式现场准备情况和市民企盼的心情。该节目既有广度又有深度。增城台的《好人周志纯》节目中报道的并非一般的好人好事，而是报道农村基层干部周志纯带领村民把西境村建设成为一个适合创业致富、和谐安居的社会主义新农村。节目中通过运用大量背景材料让人们了解到周志纯是如何带领村民走上致富之路。"冬瓜的故事"、"示范的村子"、"生气的妻子"等部分通过恰当运用背景材料，使节目的主题更加突出，事迹更加感人。番禺台的《同样的感动》报道双目失明的郝贺在困难挫折面前如何学习、工作与生活。节目中通过人物访谈把郝贺成长过程充分展示出来，在亚残运会举办前夕播出更具社会意义。

4. 采录声音精当，剪辑流畅。 广州台的《广州两会询问会，八代表联名炮轰大学城高价卖地》获得消息类一等奖，获奖理由除了选题好、主旨鲜明外，还有一点理由就是采录声音精准恰当，剪辑流畅，整个节目一气呵成，无懈可击。如何采录并选择好现场人物声音、如何让记者或主播旁白与现场人物声有机结合是广播从业者必须深思的问题。《广州两会询问会，八代表联名炮轰大学城高价卖地》是个极好的范例。该节目中采选了现场人物精彩的观点，加上现场音响的运用，代表们理直气壮的质询与政府职能部门领导"理穷"的回答形成鲜明对比，大学城高价卖地的现状引发听众思考。四次现场录音与旁白衔接流畅。广州台的《8分钟赢得9次掌声，朱振中狠批形式主义歪风引发强烈共鸣》，该节目采录并精选朱振中在全国政协痛批一些地方、党政机关和领导干部大搞形式主义不正之风的精彩发言，记者旁白、朱振中的讲话与现场音响在节目中组接自然流畅。加上会后第一时间采访朱振中本人和在场的政协委员，使这篇消息颇显饱满。

二、不足之处：现场直播、现场报道与舆论监督报道偏少

这次参评作品共有 57 件，纵观全部作品，存在不足之处主要有以下几点。

1. 现场直播少，时效性不强。现场直播是指在新闻现场随着事件的发生、发展进程同时制作和播出广播（电视）节目的播出方式。它因具有同步性、现场感强与事件结果的不可预见性等特点而赢得受众欢迎。广播作为大众媒体的"轻骑兵"，现场直播应该是其常规武器。遗憾的是在选送的 57 件广播作品中，现场直播的只有 2 篇，即广州台的《激情亚细亚——亚运开幕日倒数 12 小时直播节目》与《亚运直播室——直击亚运第一块龙舟金牌的诞生》。而后一篇广播现场直播，因套用电视现场直播模式，节目开头就是漫长的解说（电视由于画面的介入而具可视性）而没有直奔现场，2 分钟的比赛，节目却花了 30 分钟来直播，令听众收听时心理时间放大，传播效果大为减弱。由此导致该篇报道在评委第一轮评议中就直接被淘汰。此外，在选送的作品中，有数篇广播消息没有时效性，例如番禺台的《重逢，让亚运会见证亚洲情谊》与《东涌社区矫正对象获得矫正重投社会》。《重逢，让亚运会见证亚洲情谊》这篇报道，题材好，但作者没有报道好。该篇报道平铺直叙，把时间掩没在报道之中，开头没有突出时效性，报道中也没有突出重逢的精彩瞬间，难以感人。《东涌社区矫正对象获得矫正重投社会》没有时效性，放在任何时间报道都可以。新闻姓"新"，没有时效性何以叫新闻？

2. 现场报道少，节目元素较单一。广播现场报道是广播记者在事发现场一边口述、一边采录现场实况音响的一种报道方式。严格地说，它也是录音报道的一种。它与其他录音报道形式的主要区别体现在现场采制方式上，即是从事件现场发来的报道。一篇好的现场报道，记者通过形象的语言，丰富的音响，可使听众产生并非在收听而是在事发现场的参与感，从而产生情感共鸣。在参评作品中，现场报道偏少，大多数是录音报道。从仅有的现场报道来看，广州台与增城台的现场报道制作较好，增城台的《我市惊现广州考古面积最大的先

秦古墓群》，记者在现场的描述与介绍，以及在现场对考古队领队的采访，把先秦古墓群挖掘的现状及其意义充分展示出来。现场报道记者一开始就要向听众说明是在什么地方做什么报道，这样容易引起听众的兴趣，使节目真实可感。从参评的现场报道来看，节目元素比较单一，现场音响不丰富；有的甚至没有现场音响，仅是记者在现场的解说。要取得好的传播效果，现场报道的节目元素要丰富。具体来说，记者口述要生动，提问要具体，现场音响要真实、典型、清晰。

3. 舆论监督报道少，监督效果不理想。在送选的 57 篇作品中，舆论监督的报道只有 5 篇，整体来说，数量偏少。舆论监督报道要注重社会效果，着眼于解决实际问题，跟踪报道处理结果，以满足听众知情权的需要。广州台的《工程师举报广州地铁三号线存在安全隐患》报道及时，社会影响大。这篇报道除了关心广州地铁三号线北延段究竟是否安全外，还提出了对这种重大的安全隐患，政府该如何监管并杜绝类似事故发生的问题。遗憾的是报道之后，没有继续跟进，只是在"推荐表"中写道"在事件发生之后，地铁公司也还欠市民一个圆满答案。"花都台的《别把医保卡当银行卡》，这篇报道记者通过暗访一些药店，揭露了当前普遍存在用医保卡购买食品、日用品等现象，监督及时，真实可信。报道之后，相关职能部门是否采取行动，对这些违规经营的药店如何处理，记者没有跟踪报道。只报问题不报如何解决问题，这样的报道显得不够完美；从另一个角度说明舆论监督的效果不太好，听众也不满意。广播节目中要把舆论监督、信息反馈、参与互动结合起来，以求监督效果最大化。

三、努力方向：突出广播特点，增强传播效果

从参评广播作品整体来看，笔者感到广播特点有待突出，传播效果有待增强。为此，要从下面两个方面努力。

1. 强化现场直播与现场报道，增强广播意识。现场直播与现场报道以其更强的时效性、真实性和现场感成为最能体现广播特色和优势的两种报道方式，是广播媒体参与大众传媒竞争的常规武器，是提高收听率的重要法宝。因此，掌握好并运用好这两种报道方式对于广播发展来说至关重要。经常运用这两种报道方式是广播意识强的具体表现。遗憾的是这两种报道方式在这次送选的作品中所占比例极少，这说明在新闻报道中，广播的特点与优势没有充分发挥出来，

同时也说明了从业者的广播意识有待增强。重要会议、隆重庆典、通车仪式、突发事件等题材都可进行现场报道，特别重要的事件还可进行现场直播，搞好现场报道与现场直播是广播媒体由弱势到强势的重要举措。

2. 创新表现形式，增强可听性。虽然大家知道做节目要创新，但是如何创新却是难题。对于广播节目的创新，笔者认为更应是形式上的创新。在内容既定的情况下，形式大于内容。因此，我们在重视内容选择的基础上，更应重视形式方面的创新。这次送选的广播新形态节目中，只有广州台的《亚运微播》资讯栏目。该栏目创造性地以"1分40秒的声音微记录"来实现广播节目"短平快"的传播与互动，在节目形态方面进行的探索值得肯定。节目的创新不仅是为了评奖，而且应该成为我们日常节目制作中的自觉行为。认真对待每次节目，努力探索新的表现形式，哪怕是一点点创新也是难能可贵的，例如结构的创新、音响的创新、节奏的创新、反馈形式的创新、现场互动的创新等等。通过创新表现形式把广播的特点与优势发挥到极致，唯如此，方能增强广播节目的可听性，提高传媒效果。

本文收入《2010年度广州市广播电视节目奖获奖作品精选点评》一书，广州市广播电视学会编，2011年8月出版。

广东电视台珠江频道定位研究报告

一、珠江频道现状分析

珠江频道是一个创办具有 45 年历史的粤语综合频道，通过全省的电视覆盖网，使占全省人口 95% 以上的地区，都可以收看到珠江频道。除广东全省外，海南、广西、湖南、江西、福建等临近 5 省（自治区）也可接收。2005 年 5 月，珠江频道在香港有线电视网及澳门有线电视网正式落地。据统计，珠江频道信号覆盖人口超过一亿。

2005 年 3 月 21 日，珠江频道推出了全新版面，突出了新闻信息及娱乐影视，定位于"岭南文化名片、信息传媒先锋、大众娱乐特色、居家收视首选"。自改版以来，频道的收视率与市场占有份额不断上升，如表一所示：

除了收视率与市场占有份额不断上升外，在境内频道

表一　改版前后广东地区全天段与黄金时段收视率与市场份额比较表

时段 改版前后	全天时段		黄金时段	
	收视率	市场份额	收视率	市场份额
改版前	0.6%-0.9%	6.0%-7.9%	2.2%-2.9%	7.6%-9.8%
改版后	1%-1.1%	8.2%-9.2%	3.0%-3.5%	10.4%-12.3%

说明：数字取样以改版前 6 个月与改版后 6 个月 CSM 公布的数字为准，据此制成此表。

节目的排名中，广东地区电视频道（不含境外）节目收视排名的前10名，基本上被珠江频道囊括了，以今年10月前两周为例，收视排名前10名中，珠江频道节目占有8名；广州地区电视频道（不含境外）节目收视排名的前10名中，珠江频道占有4名。由此可见，这次改版是比较成功的。

不过，以上对改版成功的评价没有把境外频道和广州地区收视情况包括在内，珠江频道还不能盲目乐观。

在广东地区可以收看到的电视频道近80个（包括机顶盒接收），其中有8个境外频道，他们是以新闻立台的凤凰卫视、以娱乐立台的华娱与星空卫视、以音乐立台的MTV、综合性的香港无线台的翡翠台与明珠台以及亚视的本港台与国际台。广东电视界的竞争激烈程度不言而喻，在广东省级频道中，虽然珠江频道在收视率、市场占有率、覆盖范围及经营创收方面堪称广东第一，但是在与境外频道、广州电视台的竞争中还存在着一定的差距。例如，在2005年9月至10月收视排行中，广东地区电视剧收视排前10名中，香港无线台的翡翠频道总是占上风；在广州地区新闻节目的排行中，广州电视台的《广州电视新闻》与香港翡翠频道的《新闻提要》总是高于珠江频道的《630新闻》与《今日关注》。

南方广播影视传媒集团确定珠江频道2006年的经营任务是2.8亿元，比2005年增长16%，比卫视频道多出0.5亿元的创收任务，面对如此大的经营任务，珠江频道必须通过提高收视率与市场占有份额来赢得更多更大的广告客户，因此，珠江频道要正视自身存在的问题，勇于开拓，不断创新，唯如此，珠江频道才会在激烈的电视市场竞争中立于不败之地。

二、珠江频道存在问题

1. **频道特色不鲜明**。本课题组对广东观众的调查结果显示，珠江频道特色不鲜明。如表二所示：

表二　对珠江频道节目的印象

	Column %	Count
特色鲜明	10.09%	23
特色一般	57.46%	131

	Column %	Count
无特色	20.18%	46
没有看过，不清楚	12.28%	28
Total	100.00%	228

2. 品牌节目少。要让观众记住珠江频道，该频道就必须有几档品牌栏目或品牌节目。从 CSM 公布的收视数据来看，不论是广东地区还是广州地区，唯有电视短剧《外来媳妇本地郎》进入了前 10 名，可以与境内外节目正面竞争，其余在珠江频道看来不错的节目《粤韵风华》、《630 新闻》，大多是排在 20 名之后，偶尔进入前 10 名，收视不稳定，说明栏目尚未形成品牌。

3. 新闻栏目还有提升空间。珠江频道一天中有三档新闻栏目，即：《正午报道》15 分钟，《630 新闻》30 分钟，《今日关注》45 分钟，每天理论播出时长共有 90 分钟，实际播出新闻时长 70 至 80 分钟，早间没有首播新闻，每天播出的新闻量不大，收视表现还有提升空间。下面就珠江频道、翡翠台、广州台综合频道的新闻节目连续四周的收视率作一比较，如表三、表四所示：

表三　2005 年 9 月 18 日至 10 月 15 日广东地区收视率比较

频道	新闻栏目	收视率			
		9/18-9/24	9/25-10/1	10/2-10/8	10/9-10/15
珠江频道	630 新闻	5.28	5.45	5.33	5.58
	今日关注	4.36	4.79	4.36	4.89
	合计	9.64	10.24	9.69	10.47
翡翠台	新闻提要	7.23	6.11	5.29	5.73
	六点半新闻报道	3.34	3.32	3.45	3.56
	合计	10.57	9.43	8.74	9.29

表四　2005 年 9 月 18 日至 10 月 15 日广州地区收视率比较

频道	新闻栏目	收视率			
		9/18-9/24	9/25-10/1	10/2-10/8	10/9-10/15
珠江频道	630 新闻	6.07	5.65	5.58	6.33
	今日关注	5.49	6.59	5.18	5.95
	合计	11.56	12.24	10.76	12.28

收视率 频道	收视率				
	新闻栏目	9/18–9/24	9/25–10/1	10/2–10/8	10/9–10/15
翡翠台	新闻提要	6.73	--	15.39	4.90
	六点半新闻报道	3.76	4.68	4.81	4.28
	合计	10.49		20.20	9.18
广州台 综合频道 新闻频道	广州电视新闻	11.21	9.76	10.91	12.03
	新闻日日睇	3.79	4.05	3.89	3.80
	合计	15.00	13.81	14.80	15.83

说明：以上两表数据来源于 CSM，每个频道中取收视率排名前两位的新闻栏目。

从以上两表可以看出，在广东地区，珠江频道与翡翠台的新闻节目收视率不相上下，但就单个新闻栏目而言，珠江频道的《630 新闻》竞争不过翡翠台的《新闻提要》；从广州地区的新闻节目收视率来看，珠江频道的两个新闻栏目远不如《广州电视新闻》。

4. 主要娱乐节目定位过窄。珠江频道的娱乐栏目主要有《厨神争霸》（星期六晚间播出）、《粤韵风华》（星期日晚间播出）。这两档娱乐节目，一个是面对食友，一个是面对粤剧友，感觉观众定位面过窄，缺少大众化的娱乐节目，从而影响整个频道收视表现。本课题组问卷调查显示观众经常收看的粤语娱乐节目频道的情况如下：

表五　观众经常收看粤语娱乐节目的频道

		Column %	Count
经常收看 娱乐节目 的频道	翡翠台	63.16%	144
	广东台珠江频道	11.40%	26
	南方台综艺频道	19.74%	45
	广州台综合频道	4.83%	11
	没有填写	11.84%	27
	Total	100.00%	228

5. 电视剧收视率不高。珠江频道的"珠江剧场"除双休日播放《外来媳妇本地郎》收视率较高外，其它时间播放的电视剧效果并不理想；上午播放的电视剧收看的观众很少。对珠江频道电视剧场的专门调查显示：

表六 观众经常收看的电视剧时段

	Column %
8:30—11:30 上午剧场	4.58%
12:30—2:30 正午剧场	6.11%
19:00—21:00 珠江剧场	40.46%
22:00—23:30 王牌剧场	16.79%
没有填写	32.06%
Total	100.00%

从表六可以看出，32.06%的观众没有填写，说明这部分观众不是经常收看珠江频道的电视剧。CSM收视调查显示，2005年9月至10月电视剧收视排名前10名中，无论是广东地区还是广州地区翡翠台所播的电视剧基本都占前5名（令人欣慰的是珠江频道"王牌剧场"播的《义不容情》、"珠江剧场"《新九品芝麻官》已经进入了电视剧收视排名的前10名），可见，"王牌剧场"、"珠江剧场"还有潜力可挖。本课题组调查还显示，经常收看的粤语频道（多项选择），翡翠占67.18%，珠江频道占31.3%。显然，珠江频道与翡翠频道相比，差距明显。

通过以上分析，可以看出，珠江频道特色不鲜明，新闻节目量少质不高，娱乐节目定位过窄，电视剧仅靠《外来媳妇本地郎》支撑。因此，珠江频道需要继续努力。

三、对珠江频道的建议

为了提高珠江频道的竞争力，根据对观众的调查及研究，我们认为珠江频道实际操作可从以下几个方面体现。

1. 具体定位。

（一）内容定位：新闻＋娱乐＋电视剧。珠江频道是粤语综合频道，还是要继续打新闻、娱乐、影视三张牌。本课题组对此所专门进行的观众调查结果如表七所示：

表七 对珠江频道定位的看法

	Column %	Count
新闻＋娱乐＋电视剧	58.77%	134
新闻＋娱乐	11.40%	26
新闻＋电视剧	10.53%	24
娱乐＋电视剧	5.26%	12
其它	2.63%	6
不知道	8.33%	19
没有填写	3.07%	7
Total	100.00%	228

（二）区域定位：面向广东及周边省份，兼顾港澳。因为珠江频道是省级粤语频道而非上星的普通话频道，覆盖范围亦为广东全省及周边省份，所以要面向广东而非仅是珠江三角洲地区。另外，因粤港澳相邻，加之今年 5 月珠江频道通过香港有线电视网及澳门有线电视网正式落地，所以亦应兼顾港澳。

（三）观众定位：立足粤语人群，兼顾非粤语人群；立足广东人群，兼顾外地来粤人群。因此观众定位应立足粤语者，立足广东人。广东是改革开放的前沿阵地，外来人口多达三千万，尽管珠江频道是粤语频道，但应兼顾非粤语人群及外地来粤人群。

2.栏目设置。要让观众记住并时常收看珠江频道，必须从新闻、娱乐、影视三个方面精心打造几档品牌栏目，通过品牌栏目的确立从而打造品牌频道。由于珠江频道的具体定位包括以上三个方面，因此，该频道的栏目设置也应从这三个方面来考虑。

（一）改造栏目

第一，重点改造四档栏目。

A《今日关注》

改造原因：

a.当前国际国内成功的新闻节目主要是板块式的新闻杂志：新闻＋专题＋评论；

b.围绕"三贴近"，突出政治、经济、社会方面的新闻；

c.根据观众喜好，如表八所示；

d. 子栏目《一网连通》或QQ留言版，信息量太少，仅是摆设，如表九所示。

表八　观众喜欢的新闻节目形式

新闻节目形式	Column %	Count
大信息量的新闻播报形式	25.44%	58
主持人以聊天的口气说新闻的形式	31.58%	72
新闻专题节目的形式	13.16%	30
新闻述评结合的形式	25.88%	59
没有填写	3.95%	9
Total	100.00%	228

表九　观众对《一网连通》与QQ留言版信息量多少的看法

信息量	Column %	Count
太少	16.67%	38
太多	3.95%	9
不多也不少	26.75%	61
不知道这个节目	48.68%	111
没有填写	3.95%	9
Total	100.00%	228

改造建议：

a. 办成60分钟的新闻杂志：新闻＋专题＋评论＋天气预报

b. 子栏目《文娱大广场》撤出，并入《娱乐一线》；

c. 开设8分钟左右的新闻述评子栏目《珠江视点》；《珠江视点》就当天关注的大事件进行述评；

d. 主打民生新闻，应向全省取材；主动出击，每天重点播出几条独家新闻、新闻猛料，引起大家关注；

e. 增加本频道记者采访的港澳新闻；

f. 子栏目《一网连通》可借鉴凤凰卫视的《网络天下》或南方台的《马后炮》。该节目编排还需要调整，如观众短信、观众来信、QQ网友留言可以就某一话题集中编排。

g.《今日关注》在新闻内容的选取上应重点关注珠江三角洲及广东全省，

如表十所示：

表十 《630 新闻》及《今日关注》在新闻内容的选取上应重点关注

	Column %	Count
广州地区	10.53%	24
珠江三角洲地区	46.49%	106
广东全省	41.67%	95
没有填写	1.32%	3
Total	100.00%	228

B《630 新闻》

改造原因：

a. 据 9 月连续两周统计，《630 新闻》中报道广州及国际新闻较多，报道广州外全省的地方新闻较少；

b. 实际播出新闻时长只有 23 分钟，不能形成观众流。

改造建议：

a. 如表十所示，增加广东其它地方新闻；

b. 增加栏目时长，加大信息量；

c. 如表八与表十显示，所播新闻在取材、播报形式等方面还要进一步考虑观众的需求。

C《厨神争霸》

改造原因：第三环节"挑战自我，展现技能"环节与栏目定位不符。

改造建议：第三环节"挑战自我，展现技能"环节撤出，这一环节并入新增栏目《有招您就来》（见下文）中。

D《摇钱树》

改造原因：

a. 观众的需要，表十一所示；

b. 每周只有周一、二播出，影响力不够；

c. 广东有 5000 万农民，是该频道唯一关注农民的节目，必须做好；

d. 节目内容与形式平淡，镜头对着领导太多，摆拍太多。

表十一 关注农村的节目是否增加

	Column %	Count
增加	47.37%	108
减少	2.63%	6
无所谓	48.68%	111
没有填写	1.32%	3
Total	100.00%	228

改造建议：

a.时长20分钟不变，由周一、二播出，改为一、三、五首播，二、四、六重播；

b.每期播出农村中2至3个致富成功人士的故事来吸引农村观众；

c.镜头要多对着农民，少对着领导，多贴近生活，尽量减少摆拍；可参照CCTV-7《致富经》来改造。

第二，对其它六档栏目改造的建议。

A《正午报道》时长延至20分钟。以广东新闻为主，兼顾国内外新闻。信息量要大。

B《娱乐一线》《今日关注》中的"文娱大广场"并入此栏目，时长增至20分钟，分为娱乐趣事、娱乐资讯等子栏目，重点报道国内外娱乐界的趣事及新闻。

C 《羊城警讯》时长25分钟，20分钟解剖重大案件的侦破，5分钟的警务之窗。由周播一期改为周播二期，重播二期。重点关注案件的侦破过程，以过程来赢得观众，提高收视率。可以考虑与广东省地市公安局合办这个栏目，若能合作，栏目题目还要修改。

D《任讲唔嬲》 每天增至5至10分钟，话题趣味性不够，背景不宜动态，以免分散观众注意力。由一人讲可改为两人轮流讲或两人对讲，播出时间最好放在《正午报道》之后。

E《创意厨房》 重在厨房的创意，不要做成谈话性节目。

F《相聚珠江》该栏目定位与所播内容不太一致，还需进一步调整。

（二）增加栏目

根据目前珠江频道新闻信息量小、主要娱乐节目定位过窄等问题，建议增加以下2个栏目。

第一，早间新闻栏目：《新闻早知道》。

增加理由：

a. 与《正午报道》、《630 新闻》、《今日关注》形成一个系统，从而改变早晨没有首播新闻栏目的状况，与频道定位相符；

b. 广东人有喝早茶的习惯，能够满足这部分人对新闻信息的需要；

c. 珠江频道作为广东省的第一大频道已经有实力开办这一栏目。

操作建议：

a. 栏目时长：30 分钟。由 25 分钟新闻加 5 分钟天气预报组成，有可能时滚动播出。

b. 播出时间：早上 7：00—7：30；7：30—9：00 每半小时重播（或滚动）一次；

c. 前 15 分钟以图像新闻为主，播讲广东省及国内外新闻；后 10 分钟开设子栏目《跨媒体播报》，传播报纸、网络、手机、广播等媒体上的新闻（含港澳新闻）；

d. 整个栏目新闻信息量要大，用说新闻方式来播讲。

第二，晚间大众化娱乐节目《有招您就来》。

增加理由：

a. 珠江频道没有大众化娱乐节目，其现有的娱乐节目定位过窄。

b.《厨神争霸》第三环节"挑战自我，展现技能"环节与该栏目定位不符，建议撤出并入此栏目中。

c、展示民间奇人绝招，满足观众的好奇心。

操作建议：

a. 栏目时长：60 分钟。

b. 播出时间：星期五或星期六晚上 8：00—9：00。

c. 每周一期，每期让 4 位身怀绝技的人作为嘉宾，现场表演，娱乐观众。可参照湖南卫视的《谁是英雄》。

（三）撤销栏目

第一，《动物世界》观众调查显示，92% 的观众不看这个栏目，这个栏目可放在公共频道中。

第二，《体坛三棱镜》观众调查显示，观众收看体育节目主要是通过广东台的体育频道与中央台的体育频道。因此，这个栏目建议撤销。

第三，上午剧场（8：30—10：30）观众调查显示，95% 的观众不看这个时段的电视剧。

3. 节目编排。

节目编排要在突出频道定位、提高收视率、加强频道竞争力等方面下功夫，建议珠江频道周一至周五节目作如下编排：

（一）早间与上午段：

7：00-7：30 《新闻早知道》

7：30-9：00 每半小时重播（或滚动）《新闻早知道》

9：00-11：00 重播收视率高的节目

11：00-11：50 重播电视短剧《外来媳妇本地郎》

11：50-12：00 TV 搜索

（二）午间段：

12：00-12：20 正午报道

12：20-12：25 任讲唔嬲

12：30-14：20 午间剧场（两集电视剧）

14：20-14：40 摇钱树（一、三、五首播，二、四、六重播）

（三）下午段：

15：00-17：00 重播收视率高的节目

17：00-17：15 时尚放送

17：30-18：55 羊城警讯

（四）晚间段：

18：00-18：20 娱乐一线

18：20-18：30 服务"三农"

18：30-19：00 630 新闻

19：00-20：00 珠江剧场 播放两集短剧

《外来媳妇本地郎》、《大话黄飞鸿》或其它短剧

20：00-21：00 娱乐节目（自制＋购买）

21：00-22：00 今日关注（新闻杂志）

22：00-24：00 王牌剧场（两集电视剧）

说明：

1. 双休日节目另行编排。

2. 收视率高的节目可安排在上午或下午重播时段重播。

4. 其它建议

（一）所有节目要配字幕。珠江频道所播节目很少配字幕。对此，我们的调查结果如表十二、十三所示：

表十二　珠江频道播出的节目是否该配文字

	Column %	Count
应该配字幕	62.28%	142
不应配字幕	3.95%	9
无所谓	32.46%	74
没有填写	1.32%	3
Total	100.00%	228

表十三　观众是否会说粤语

	Column %	Count
会	86.84%	198
不会	6.14%	14
不会说但能听懂	6.58%	15
没有填写	0.44%	1
Total	100.00%	228

由表十二、十三可知，会粤语的观众也认为播出节目应配字幕，更何况不会粤语的观众，认为不应配字幕的观众只占 3.95%。珠江频道面向粤语人群，同时也应面向数千万的非粤语人群，播出的节目都应该配上屏幕文字。电视传播研究表明，配加文字与不配加文字的传播效果是不同的，配有屏幕文字的节目能加深观众的记忆；电视传播过程在于观众看图像、听声音、读文字三位一体同时感知同一内容，必然明显地加深"记忆痕迹"。

（二）加强重大活动的策划。珠江频道应重视以活动制造亮点，以活动来造势，以活动来制作节目。应充分利用占有活动资源从不同角度运用不同电视体裁来制作节目，讲究投入产出比，提高经济效益。

（三）在香港、澳门建立记者站，增加港澳的新闻节目。珠江频道已正式落地港澳，粤港澳相邻，三地观众都想知道三地的一些资讯，因此，希望珠江频道有自己的声音。

（四）打造一档面向精英、白领阶层的节目，吸引大的广告客户。

（五）加强珠江频道节目的宣传，制作精致的宣传片。

（六）间隔音乐或过渡音乐的选择要选取节奏明快、能唤起观众注意力的片段，可学习凤凰卫视与翡翠台的做法。

（七）新闻标题与同期声人物介绍的字幕停留时间要合理。

说明：2005 年李幸院长主持广东电视台重大课题《广东电视台所属频道市场竞争对策研究》，本人负责广东电视台珠江频道的定位研究，撰写了此项研究报告。

南方电视台如何崛起

——南方电视台台长区念中访谈录

访谈时间：2005 年 8 月 4 日

访谈地点：南方电视台

2000 年以后，国家广电总局陆续批准了 8 个境外电视频道在广东地区正式落地，目前在广东可以收看到的境内外电视频道达到 80 个，广东电视传媒业竞争十分激烈。成立于 2001 年 12 月的南方电视台是我国最年轻的省级电视台，南方电视台成立 4 年多来，收视市场占有率从当初的6.5%到 2005 年初的 19%，经营创收每年递增 1 个亿，能取得这样的好成绩主要靠什么？ 400 人如何办 6 个频道？在经营管理、机制创新方面有哪些新的尝试？带着这些问题，笔者专访了南方电视台台长区念中先生。

境外电视落地对广东电视传媒构成全新挑战

周建青：据了解，您主持的 2004 年广东省广播电视重点研究课题《境外电视落地后对广东电视传媒生态环境的影响与对策》已经结题，请您介绍一下境外电视落地广东，对广东传媒生态有哪些影响？从中给我们带来怎样的启示？

区念中：进入本世纪以来，国家广电总局陆续批准了

▲右边是区念中，左边是作者

8个境外电视频道在广东部分地区正式落地，使广东成为全国唯一有境外电视公开在模拟电视网络落地播出的省份。境外电视落地后，对广东的电视传媒生态环境，包括舆论环境、节目市场、广告市场、产业发展、行业规管等方面都产生了较大的冲击和影响，使广东电视传媒面临全新挑战。

广东天空的开放，改变了电视传媒的传统格局，使境内外电视媒体之间的竞争空前激烈，经过这几年的实践，我们主要的体会有三点：1. 发展是硬道理，深化改革，将广电事业（产业）做强做大，是在竞争中取得主动权的根本。2. 坚持"本土化"，贴近群众、贴近实际、贴近生活，是区域电视节目竞争力提高的重要法宝。3. 完善境外电视落地后的规管政策和法规，并建立、落实相关执行机构和渠道，是境内外电视开展公平和有序竞争的基础。

南方电视台的新班子有很强的执行力

周建青： 2001年您到南方电视台担任副台长，在电视方面，您说您是一个新人，据说创办南方电视台的主要领导也没有电视从业的经历，由没沾过电视边的人来创办南方电视台，您当时是怎样想的，对创办的困难有怎样的估计？在创办的过程中主要遇到了哪些问题，你们是怎样解决这些问题的？

区念中： 南方电视台的领导班子，有3个是从广东电台调过来的，台长曾广星，原来是广东电台的台长；我原来是副台长，经过竞争上岗，调到南方台任副台长，主要管宣传和节目；管经营的副台长，原来是电台交通台的台长，的确，这3个人都是没有搞过电视的。但南方电视台是由广东有线广播电视台与广东经济电视台两家合并重组的，班子里也有原来搞电视的领导，他们有非常丰富的电视工作经验。

广东广播在上世纪八九十年代的改革中，在全国产生过很大的影响，比如所开创的"珠江模式"，被称为中国广播改革的里程碑，积累了很多改革经验。从大的方面来讲，广播、电视的运营有不少共同点，比如说频道定位、节目设置、内部管理等等，特别是从战略或者管理层面上，有很多共同特点。但电视也有自己的规律，生产方式和运作方式有许多与广播不同。从这个意义上说，我们南方台新的班子，来自广播电视业的各个方面，有很强的互补性，各有优点，各有长处，善于接受新事物，有很强的执行力。我觉得这是南方台所以发展比较快的一个重要因素。

中国电视产业的环境是在不断变化的，尤其是在市场经济条件下，电视产业运作、电视台经营管理，对新老电视人都是新的考验，我们需要学习和研究新问题。经验是重要的，但经验也有两重性，弄不好，历史和经验就会变成包袱。举个例子说，要办一个省级电视台，走传统的路子，大部分节目要自己制作的话，恐怕我们三四百人的南方台做不了6个频道，怎么也得要一二千人，这人力成本就太大了，以我们当时的财力，别说办节目，光养人都养不起。

我们碰到的第一个问题是资金问题。局里面当时给我们8千万元，但原来两个单位的债务我们承担了，所以8千万中至少有五六千万用来还债。再就是整个内部关系的理顺，两台的人集中一起，怎样建立合理的秩序，把干部放到位，这又是一个困难。还有一个困难就是办台思路怎么确定。一句话，竞争激烈，强手如林，但资源有限，如何在广东的电视市场上立足，只有在改革中谋发展之路。

记得当时频道总监们到位后，拿出一张预算单，每个频道都要几千万元的开办费，但管财务的副台长说，钱从哪里来？没有钱，频道还是要办，你就必须改革，采取新的办法，比如说能不能调整自制节目与购进节目的比例，降低节目成本？当时局里面给我们提了一个思路，叫做"开门办电视，联合办节目，合作搞经营"，意思说不能关起门来像传统电视那样办，要争取社会合作，扩大节目来源；自己要办，就办重点节目，比如说新闻节目。这就是说，我们要探索新的投资策略和营运策略。营运策略的基础是观念，观念不改变，你根本无法继续进行。我们南方台的决策班子，思想都不保守，改革意识比较强，所以一开始我们很快就重组和稳定了队伍，明确和统一了发展思路，第一年就基本上走上正路了。

南方台是 2001 年 12 月开播的，那年广告收入是 4 千万元，到 2002 年底，南方台的收入达到了 1.4 亿元。

当时还有很多困难，包括我们没有办公场所，设备条件又不好，你看这幢楼原来是广东电视台的录制楼，我们只有这一层，根本没有地方办公，台长也没有地方办公，我开玩笑说，我们是"皮包公司"，开始的时候只能拿着皮包打游击。其他那些细节我就不说了。虽然困难重重，但我觉得南方台开局走得还是不错。

最重要的是打造南方品牌

周建青：南方电视台成立 3 年多来，收视市场占有率从 2001 年的 6.5％到 2005 年初的 19％，经营创收每年递增一个亿，能取得这样的好成绩主要靠什么？

区念中：南方电视为什么发展这么快，主要靠什么，前面讲的统一认识、更新观念、稳定队伍是基础。接下来，我们就要研究自己的发展策略了。自身资源有限，但市场竞争激烈，广东地面上有五六十个频道，其中境外的强势电视频道就有八个。我们面临的挑战是，如何运筹有限的资源，在已经被分割完的市场中打开一个口子，找到自己生存发展空间？

广东电视台有 40 多年的历史，你南方台才几天？我们的同事上班打的，司机也不知道南方电视台在哪里，说从来没听说过。那就从让观众知道，听说，增加知名度开始吧。说文一点，就是"树立品牌"，我当时的比喻比较极端，就是没有雄壮的乐曲，就是几声"怪叫"也好，总得引起人们的注意呀。品牌经营非常重要，比如说可口可乐，它的产品世界各地都有，但可口可乐总部一滴饮料都不生产，它重点经营它的品牌。对于我们来说，能不能迅速让大家从市场的众多产品中把你认出来至关重要，所以南方电视高度重视品牌经营，目的是要观众迅速地在众多的电视品牌里面，发现南方电视。我们开始对南方电视 6 个频道的视觉标识进行统一，做了一套完整的规划，从屏幕到平面，到所有的市场推广；目的是 6 个频道全部集中力量把我们的"南方"品牌推向社会。

包括我们出版南方电视丛书，主要也是为了通过平面媒体来扩大品牌。能不能让观众迅速地在众多频道中把你南方电视的6个频道认出来，这是我们起步时重点考虑的问题。

第二个就是迅速拓展市场空间，寻找属于自己的市场。现在广东观众可以看到50多个频道，南方电视台要有影响还必须得有自己特色的产品。在战略管理上，我们走的是差异化策略，你强的，我避开，我们要营造局部的强势。我们分析了广东的电视市场，发现影视频道在广东电视市场里面是一个空档。因为在广州地区，粤语电视是主体。我们又分析了历年的收视数据，知道影视剧是观众消费电视的主要产品，一般老百姓所说的看电视，其实更多是看电视剧。因此，南方电视发展策略的第一步，就是把主要资源重点放在影视剧方面，其他频道我们投资暂时少一点，集中资源建设主要频道。南方电视台的六个频道，如果我们没有一个频道首先进入全省收视的"第一梯队"，那么就无法带起整个台，没法树立"南方"品牌，所以必须先集中力量和资源，把全国最好的电视剧买来，先打造好一个频道，这样我们就把重点资源放在影视频道。这个策略见效非常快，当年影视频道就进入了全省收视排名的"第一梯队"，和香港的无线、亚视，广东的珠江频道和广州的34频道，并列在这个梯队里。这时候，观众的感觉就不一样了，他们说，南方电视的剧最新、最好看。

第三，我们采取制播分离的思路，创新了运作机制。由于资金少，因此，我们就不能拉大队伍、投大资金去制作节目，就不能走以自办节目为主的路子了，我们走的是精办自办节目，以合办节目、购进节目为主体。其实对于观众来讲，他们根本就不会问所看节目是台里制作的还是外面购买的，有很多人说你们这个主持人不错啊，其实这个主持人是外面制片公司的，我们委托他们制作节目，完了就在我们这儿播出。我们购进很多比较好的节目，如《娱乐现场》、《超级访问》等。自制节目和购买节目，成本相差较大，购买的成本大约一分钟20到50元；自制成本，一分钟约是150到200元。对于人少资金不足的南方电视台来讲，开始阶段只能在制作和购买之间做出适度的安排和选择，否则无法维持6个频道。我们现在自制节目占总播时间的20%左右，购进的与合作办的节目占80%左右。有人说，你们自制节目这么少，没有哪个省级电视台像你们这样办的。在我看来，节目生产方式不重要，重要的是给观众提供的是不是他们喜闻乐见的节目，他们接受不接受，南方台收视率在广东的众多电视台里提高最快，说明观众接受呀，这就行。

周建青：南方电视台在技术方面有哪些特色？

区念中：技术方面，我觉得南方电视台也是有策略的。由于南方电视台是后起的，就得让技术部门在一个比较新的层面上去规划南方电视的技术系统，所以南方台的技术系统在全国是比较先进的，以数字技术为主体。我们的总工程师很年轻，技术队伍也很年轻，对电视新技术很敏感。比如我们最近引进了苹果制作系统，因为苹果系统是跟国际接轨的，据说国际上基本上是用苹果系统，现在我们正派人到香港、到苹果去学习。我们技术的一个很大特点就是跟节目结合得很紧。通常节目部门跟技术部门是有矛盾的，经常是节目部门说我想这样做，技术部门说我无法这样做，争论不休。但南方台没有这种情况，技术部坚决配合节目部的工作，一切服从节目，技术系统在观念上从来不跟节目系统作对，只有想办法跟节目系统形成良性循环，我觉得这个团队非常好。

周建青：南方电视台大力打造自我品牌的同时，积极与其他电视台、电台、报业集团、网站合作，形成媒体合力，共铸"南方"事业。请问南方台与其它媒体的合作主要有哪些方式？取得了怎样的成效？

区念中：南方电视跟其他媒体的合作，从大的范围讲，宣传合作、节目合作、广告经营合作等这几个方面是主要的。400多人办6个频道，不能完全靠自己，一定要充分利用社会的力量，要"开门办电视，联合做节目，合作搞经营。"事实上，南方台的发展，与其他兄弟媒体的支持分不开，比如他们经常在报纸杂志的版面上宣传推介我们的节目和活动。我们也经常和他们一起组织社会活动，比如举办"论坛"等等，通过平面媒体的宣传可以影响更多受众。今后，我们可能也会联合起来，组织一些经营性活动，像"南方新丝路模特大赛"、"世界小姐大赛"等，达到推广双方品牌的目的。广告经营方面，我们互换广告，所谓互换广告就是我们给他们广告时间，他们给我们提供广告版面，这种对等交换，也是一种合作。

我们实行的是全面的企业化管理

周建青：南方电视台为了更好地服务于民众，办好节目，多出精品，多方面进行了系列的改革、创新，使全新的南方电视台充满了生机。请问在经营管理有哪些新的尝试与突破。

区念中：在经营方面，第一，我们采取广告"分利代理制"。我们的广告部不直接拉广告，所有广告经营都委托给社会上有实力的广告代理公司，由他们来代理我们的广告。南方电视台是一个新成立的电视台，广告队伍组建以及与广告客户关系的建立需要相当长的时间，由于我们当年就要产生成效，要维持正常的运作，所以我们就采取了一个比较巧妙的方法，全部广告由广告代理公司来代理，我们的广告部只做服务工作，做好广告版面的编排等等。在广东电视媒体里面，客户反映南方电视台的服务工作做得特别好。代理公司有客户资源，有业务员，这就等于迅速延伸了南方电视的手。对广告公司而言，它不是需要一个媒体、一个平台吗？南方电视就是这样一个好的平台，我们和他们是合作伙伴。我们坚持诚信为本，每年跟广告客户见面时，我说我对你们挣钱不挣钱比我们南方电视台挣钱不挣钱还要关心。为什么呢？因为只有你们挣钱才有南方电视台挣钱，如果你们不挣钱那么南方电视台就不可能挣钱，所以哪怕南方电视台遇到困难也得让广告公司发展好。在总局发出17号令时，什么剧不能播，什么广告不能播，这些我们都向他们解释。政策带来的困难，我们一齐来克服，商量解决的办法。我觉得当时管经营的副台长提出的"分利代理制"，是个很不错的思路，台里也非常认可。

第二，节目与经营有机结合。广告额提高得这么快，节目收视率的提高，是一个重要基础。我刚进台的时候是管宣传、管节目，我比较强调节目跟经营的结合。从电视产业的商业模型看，做好节目就是为了吸引观众收看，然后将观众消费的时间，交给广告客户，电视台从广告主处回收资金，再来制作或购买更好的节目。当然我们做节目还有舆论导向的要求，所以宣传跟经营的配合非常重要。广告部门与节目部门经常有矛盾，广告部门需要创收，广告放得越多越好，但节目总监不答应，他说你放广告多了，影响我的收视率。

周建青：南方电视台在机制创新方面有哪些新的尝试？

区念中：我们的运作是频道制，内部实行"总监目标管理责任制"。我们不是在与境外频道竞争吗？必须把我们的收视市场占有率提高，才能把对方压下去，所以我们每年就把整个台年度的收视市场占有率、广告经营目标分解成为每个频道的目标，每年总监和台里签订必须完成收视市场占有率、创收、成本控制等三个指标，也就是收视率、广告承载量、成本控制。所谓广告承载量就是他们不直接经营广告，由广告代理公司、广告部来安排广告，但是它的前提是你这个频道的节目必须办得好；你收视率越高，广告主投放广告的积极性就越高。我们这种机制，使总监把频道的收视率提高作为一个长远的目标。关于成本控制，主要是指不能无限制地消耗成本，该做的事情要省，不该做的事情不做，有成本投入产出的关系。如果讲得更具体一点就涉及人事管理、分配管理方面，我们有一套内部的人事分配的策略，总的来讲，我们是以绩效为核心。在分配方面，不管你原来学历是博士、硕士还是其他什么，我们以你在频道里实际所起的作用作为绩效分配的基本依据，也就是你为这个频道做的贡献越大，你的收入就越高，当然也考虑到你原来的学历和职称，但是占的比例不高。要论职称，我是高级编辑，全台最高的，但是在这个分配体系上不起作用，或者只起象征性的一点作用，南方电视台从上而下已经形成了一套绩效分配制度。虽然我们是事业单位，但是我们实行的是全面的企业化管理。

目前最需要做的工作是提高频道竞争力

周建青：南方电视台的经营创收主要来源有哪些渠道？广告收入占全台收入的比例是多少？

区念中：我们广告收入占90%左右，其他收入占10%左右，其他收入是什么呢，比如说通过组织社会活动，包括一些商业性的活动来获得收入。还有节目销售，我们买进来的首播剧或者二轮剧，会卖给部分市一级的电视台，这也是个收入。另外我们也有少量投资项目，但是收入主体还是靠广告。

周建青：南方电视台的发展目标是什么？目前急需要做的工作是什么？

区念中：南方电视台是在境外电视落地广东的背景中诞生的，全国只有广东有两个省级电视台，为什么？因为广东的电视市场实行对外开放，在全国范围内8个境外频道首先在广东落地，电视市场竞争非常激烈，所以国家广电总局特批在广东电视台之后，再成立一个省级的南方电视台。我们的使命，就是提高收视市场占有份额来跟境外的电视媒体竞争，这个目的已经初步达到了。我们看两个数字，1999年境内、外电视的收视市场占有率之比为27.5∶72.5，内弱外强，到2005年，掰平了，一半对一半了。

在南方台成立的时候，省委领导省广电局党组领导对广电"南方"品牌寄予很大的期望，部署是先办好南方电视台，再打造"南方"航空母舰和组建全省性的联合舰队。目前最需要做的工作我觉得还是提高频道的竞争力。南方传媒集团正在推行频道制改革，目的就是通过改革，增强频道活力，提高频道实力，增强频道竞争力。根据我们对香港电视竞争力构成的分析，未来我们广东电视全面超越境外电视的目的一定是可以实现的，南方电视愿为此而努力。

本文访谈发表于《南方媒体领袖》一书，发表时题目有所改动，南方日报出版社，2005年版。

广州电视台为什么要举办
"广州国际纪录片大会"
——广州电视台台长李锦源访谈录

访谈时间：2005 年 7 月 13 日

访谈地点：广州电视台

在全国的省会城市电视台中，广州电视台是成立较晚的一个，仅仅早于银川市电视台。经过 17 年的发展，广州电视台已经成为国内著名的城市电视台。去年广告收入突破 5 亿元，经营总收入超过 7 亿元，已经成功举办了 3 届国际性大会——"广州国际纪录片大会"。近几年，该台制作的节目在全国及省级电视节目评奖中屡获大奖；在台内初步形成了电视节目制作、存储、检索、浏览、下载、共享、传输、播出的完整的数字化网络；在全国率先建成了有线电视网络的业务运营支撑系统（boss），也就是网络公司的客户服务系统，全国广电系统多次在这里召开现场会议。广州电视台为什么能在如此短的时间内迅速发展，其发展有何秘诀？作为一个城市电视台为什么要举办大型的国际纪录片大会？在今天的广播电视改革中其有何新的举措与进展？带着这些问题，笔者对广州电视台台长李锦源先生作了一次专访。

▲右为李锦源，左是作者。

十六字方针：广州电视台发展的一面旗帜

周建青：据了解，广州电视台是 1988 年 1 月 10 日正式开播的，在全国的省会城市电视台中，广州电视台是成立较晚的一个，仅仅早于银川市电视台，但是经过 17 年的发展，目前广州电视台已经成为了广州地区最具影响力的电视主流媒体之一，请您介绍一下广州电视台的发展情况。

李锦源：广州电视台这些年的发展是比较快的，从频道数量、覆盖范围以及人员、资产等各方面来看，都堪称国内较有规模的中心城市电视台。目前我们的自办节目共有 8 套，其中无线发射节目一套，是综合频道，也是广州电视台的主频道，覆盖范围遍及全广州及珠江三角洲地区，覆盖人口超过 3 千万，其收视份额在所有本地电视频道中居于首位。我们还自办有线电视节目 7 套，包括新闻频道、影视频道、经济频道、生活频道、少儿频道、竞赛频道、购物频道。去年我台广告收入首次突破 5 亿元大关，经营总收入超过 7 亿元，在全国城市电视台中位居前列。目前全台固定资产总值已达 9.8 亿元，拥有了一批比较先进的技术装备和一支比较有经验的人才队伍。这些都为我台下一步的发展打下了很好的基础。

周建青：您自 2001 年任台长以来，在许多方面进行了大刀阔斧的改革，提出了"政治建台、节目立台、依法治台、人才兴台"的十六字方针，怎么样理解这"十六字方针"对于广州电视台事业发展的指导意义呢？

李锦源：十六字方针是在我台特定历史背景下提出的，当时刚刚经历了"3.5"政治事故的波折，从中暴露出在台内管理制度上、在队伍思想作风上存在不少问题。在这种情况下，怎么样来推动我台的发展呢，我想，首先要竖起一面旗帜，让大家认清前进的方向，统一思想、振奋精神。因此，经过台党委会的研究，十六字方针就正式提出了。在这十六个字当中，"政治建台"是我们办台的方向和基础，电视媒体首先是党的喉舌，坚持正确的舆论导向是要始终放在第一位的；"节目立台"是我们办台的核心，媒体以内容为王，办好节目是实现导向的要求、是满足观众的要求、也是媒体自身经营的要求，因此节目是所有工作的中心环节；"依法治台"是我们办台的手段和途径，要实现"政治建台"和"节目立台"的目标，都必须靠制度来保障；"人才兴台"是我们办台的关键因素，人力资源是现代企业的核心竞争力，要提高节目质量、要壮大我们的事业，一切都必须靠人才来完成。这几年来，十六字方针所提出的理念在广州电视台已经深入人心，我们始终坚持以这些方针为指导，不断推进台的各项改革和发展。

本土化：广州电视台竞争的主要策略

周建青：您刚才指出，节目是立台之本。我知道，近几年广州电视台制作的节目在全国及省级电视节目评奖中屡获大奖。您认为取得这些成绩的主要原因是什么呢？

李锦源：节目获奖有多方面的原因。从客观方面看：广州作为改革开放前沿，现代化建设走在全国的前面，新闻资源、文化资源都非常丰富，因此，更易于产生对全国有影响力的电视新闻作品和电视文艺作品。从主观方面看：首先，最重要的原因是我们有一支基础很好、训练有素、有一定专业水平的采编制作队伍。这几年我们在人才队伍建设方面下了不少功夫，从招聘录用到培训教育，从考核奖惩到提拔任用，我们都建立了一系列新的制度和做法，为人才的成长进步和脱颖而出创造了比较好的环境和条件。第二，初步形成了一套推动创新和鼓励精品的节目生产机制。这几年我们先后制订并实行了节目评议制度、末位节目淘汰制度、获奖节目奖励制度和综艺节目制片人制度，每年用于奖励获奖节目的资金就高达十多万元，去年我们还首次面向全国（包括港澳地区）征集节目创意，这些做法对提高节目质量起到了积极的作用。第三，积累了较强的物质基础和经济实力。2002年我们对全台的管理体制进行调整，实行了全台统一管理、集中经营，逐步实现了从分散经营向规模经营的转变，经营效益提高比较快，从2002年到2004年，全台经营总额3年翻了一番。这就为节目的创新和提高提供了物质条件。特别是我台大型节目的制作水平，这几年提高比较明显。《魅力广州》元旦晚会、《中国心、亚运情》申亚庆典晚会、《八一晚会》三部曲等等作品都在全国获奖，其中包括一系列越洋跨境的大型电视直播行动，这些没有经济实力的支撑都是办不到的。当然，面对日趋激励的媒体竞争，我们深感在提高节目质量方面，还有很多工作要做。

周建青：谈到竞争，有人说广州是全国电视频道落地最为密集、竞争最为激烈的地区，在广州可以收看的电视频道有80个左右（含机顶盒里的），其中境外频道就有8个之多。处在这样特殊的市场环境之中，广州电视台主要采取怎样的策略来参与竞争呢？

李锦源：说广州及珠江三角洲是境内外电视竞争最激烈的地区，我看毫不为过，由于国家政策的特殊性，允许8个境外电视频道在这里合法落地，包括香港亚视台和无线台的4个频道以及华娱、星空、凤凰、MTV。这些境外媒体发展起步比我们早、经验积累比我们丰富、资金实力也比我们强，而且由于穗港两地在地理人文等方面的密切联系，老百姓看香港电视已经形成收视习惯。根据权威调查公司提供的数据，1999年，境外电视频道占有本地70%多的收视市场份额，境内所有频道只占20%多。经过本地电视媒体近几年的努力，到去年年底，境内频道所占份额已上升到49.4%，境外频道下降到50.6%，但仍然占据半壁江山。面对这种形势，我们作为城市电视台采取的主要竞争策略是本土化。立足为本地观众服务、传播本地信息、反映本地文化、做本地观众爱看的电视节目。经过多年的努力，成效是明显的。首先我们的新闻节目已经大大超过了香港电视，目前我台每晚6：30播出的《广州电视新闻》收视率达到10~14点之间，而同时段播出的香港本港台与无线台的新闻节目，在广州地区的收视率只有3至6点，这表明本地主流媒体要成为本地观众获取新闻信息首选渠道的目的，已经达到了。去年我们还在新闻频道开办了一档本地民生新闻栏目——《新闻日日睇》，从节目的内容、形式到语言风格，都更加突出本地的人文特点，开播后收视一路攀升，现在已经跃居我台新闻类节目收视榜的第二位。在综艺节目方面，近年我们推出了《开心廿四味》、《山水"友"相逢》等"广味"十足的系列短剧，弘扬粤剧文化的《南国红豆》，荟萃岭南文化精英的访谈节目《岭南星空下》等等，下一步我们还准备把在广州家喻户晓的漫画人物"乐叔和虾仔"搬上荧屏。但是到目前为止，境外电视在娱乐类节目和电视剧方面仍然具有较大的收视优势，竞争形势依然严峻。另外，我们在采取本土化策略的同时，也要注意扩大我们媒体在珠三角、在全国甚至是在国际上的影响力和辐射力，以迎接更高层次的国际化的竞争。

广州国际纪录片大会：国内第一个纪录片国际交易平台

周建青：广州电视台从 2003 年开始举办国际性的纪录片交流活动——"广州国际纪录片大会"，目前大会已成为国内唯一获得国家广电总局批准的国际纪录片交易平台。作为一个城市电视台，怎么想到要组织这样一个国际性的交流活动呢？

李锦源：最早策划"广州国际纪录片大会"的时间是 2002 年下半年，当时澳大利亚在广州办一个中国文化周，我们承办了一个制作专题片的项目，在文化周上展播。在跟国外驻广州总领使馆官员的沟通中我得到一个信息：在国际市场上，纪录片是具有很高交流价值的高端电视产品，国际同行对中国的纪录片很感兴趣。当时澳大利亚驻广州总领事的夫人主动提出来："不如你们来办一个纪录片大会，我愿意为你们做沟通工作，与国际纪录片行内人士进行交流。"后来广州市委宣传部部长对这位领事夫人是这样评价："她不仅是一位友好使者，而且是一位文化交流使者"。那时国内纪录片市场非常低迷，火的是电视剧。我们最初的想法很简单：就是希望通过举办国际交流活动，吸引国内外的优秀纪录片来我们这里展播，互相观摩学习，既有利于推动国内纪录片创作的繁荣，也有利于提高我台自身的节目创作水平。所以 2003 年举办的第一届活动叫"广州国际纪录片研讨会"。到第二届时，我们开始意识到，应该利用这一活动，作为打造文化广州的一个品牌，这也符合省委书记张德江同志提出的广东建设文化大省的要求。到后来我们又考虑，要通过搭建这个平台，为我国的电视事业做点贡献，成为一个国家级的国际纪录片交流、交易的平台。就这样想法一步步深入，大会的规格与规模也一步步提升。

第一届是由我台、市新广局和市外事办共同主办的。国家广电总局只派了外事司办公室主任来观察。他回去后说我们很务实，办得很有成效。所以第二届，总局外事司主动发文提出他们要做主办单位，并且要求广东省广播电影电视局也做主办单位，于是大会的主办单位增加到了5个，名称改为"广州国际纪录片大会"，并被总局批准为国内第一个纪录片国际交易平台。今年12月我们准备举办第三届大会，目前我们正在争取由国家广电总局和省人民政府做2005年大会的主办单位。国家广电总局已经口头答应，这样大会的规格就又上了一个台阶。

周建青： 大会3年上了3个台阶，确实很不容易，你们是怎样做到的呢？

李锦源： 我们的一种方式是充分依靠和调动国际义务组织者的作用，通过驻广州各领事馆的文化官员出面，发动各个国家的有关机构和人员来参与我们的活动。我们还选了两位总领事的夫人，作为我们的国际顾问。通过他们的帮助，我们还争取到了联合国教科文组织的支持。由于我们评选的纪录片主题与教科文组织当年的宣传主题相吻合，第一届大会教科文组织驻中国的一个官员亲自飞到广州致开幕词，表示祝贺。去年，联合国妇女儿童基金会和国务院妇女儿童基金会都派人参加了大会。今年我们会继续邀请他们参加，而且联合国妇女儿童基金会已经答应在大会上设立一个奖项，奖金由他们出。我们还直接利用国际资源，与国际上一些知名的纪录片节建立了合作关系，去年我们就到过7个国家和地区，包括日本、澳大利亚、美国、法国、德国、波兰、香港，参加在那里举办的国际电影节，主动走出去宣传自己。

从第二届开始我们明确了大会的四项既定任务：一是评奖，围绕一个主题评选优秀纪录片；二是交易，搭建一个国际纪录片的交易平台；三是交流，举办关于纪录片制作和发行的交流讲座；四是展播，展播国内外的优秀纪录片。从评奖来看，我们的特点是每年都会有不同的主题，2003年主题是关于历史与文化，2004年主题是关于少年儿童的故事，2005年主题是关于今日女性，明年可能就是关于自然与环境。这样定主题，好像作品面会窄一点，但是作品的可比性更强。而我们的纪录片交易是不受主题内容限制的。去年我们首次设立交易平台，就吸引了17家国外买家，有4部片子成交。今年场面会更大，将有30家国际主流媒体作为买家出席，我们还专门邀请了一位加拿大的专业人士为我们主持交易活动。

回顾这3年的历程，我们一直本着务实的态度，开始没做到，不要戴大帽子；你做出来了，必然会得到社会的认可。现在，我的知名度在国外远比在国内高，在国内远比在广州高。

争创四个"一流"：广州电视台发展的目标

周建青：据了解，广州电视台这几年在电视技术建设方面敢为人先，许多技术项目水平已居全国前列，请问您在电视技术建设方面具体做了哪些开创性的工作？

李锦源：开创性的工作不敢说，但是面对现在媒体发展的客观形势，必须树立用现代科技装备电视媒体的意识。近年来，我们在应用新技术，加强设备改造，保证节目生产和播出方面花了比较多的力气。2003 年我们提出了"建设数字化广州电视"的目标，三年来，我们投资近 2 个亿进行技术改造，重点建设了以媒体资产管理网、新闻制作网、节目制作网、硬盘播出网、卫星收录网、广告制播网、综合信息网等七大项目为主体的网络互联互通工程，实现了"七网合一"，在台内初步形成了电视节目制作、存储、检索、浏览、下载、共享、传输、播出的完整的数字化网络。这系统在全面应用之后，将实现无带化节目生产流程和无纸化办公流程，从根本上提高我台电视节目制作、传输和播出的科技含量、管理水平和传播质量。这项技术在国内处于领先水平，包括中央电视台都还没有。今年 4 月我台与北京中科院大洋公司联合举办了第六届大洋DDMN 会议，来自广电总局、中央台、各省台及行业内的专家学者共 300 多人专门就此项技术进行观摩研讨，并给予了高度评价。

我们还在全国率先建成了有线电视网络的业务运营支撑系统（boss），也就是网络公司的客户服务系统，今年 6 月 2 日，在这里也开了一个全国的现场会，得到了国内同行的高度评价。另外，我台安全播出监控系统的技术水平也是全国领先的，它具有非正常干扰信号的 0.1 秒自动切换功能，能够有效地防范法轮功分子对卫星电视信号的攻击。到目前为止，我台的数字化技术改造已经基本上达到了总局关于省会城市电视台数字化设备率占 80% 以上的比例要求。

周建青：在发展电视产业方面，这些年广州电视台作了哪些有益的探索？

李锦源：这些年来在强化事业的基础上，我们也多方探索、积极尝试多元化的产业发展道路，并取得了一些初步的效果。一是开办少儿频道，探索频道公司化运营新模式。在牢牢把握频道资源，坚持台对频道的所有权不变、节目终审权不变、播出权不变的前提下，我台全额投资 3000 万元成立"广州飞羊影视传播有限公司"，全面负责少儿频道的运营和管理，按照"制播分离"原则，明确了"频道公司制"的运营思路。飞羊公司本身不从事节目的生产，而主要着力于自制节目的策划、播出节目的置换与购买、大型地面活动的组织、频道品牌化建设以及外延经营项目的拓展等工作。二是"美在花城"开始在商业化运作中寻求以品牌带动上下游产业链发展的道路。"美在花城"这块品牌历经十多年打磨锻造，积累了大量的人才资源和品牌资源，目前，该活动已走向商业化运营，本地和香港的娱乐公司都愿意参与开发"美在花城"的人才与品牌资源，为历届美在花城的优秀选手提供后续培训和深度开发，整合各种资源和商机，使"美在花城"进一步延伸品牌效益。三是电视剧制作中心开始着手吸引社会资本参与电视剧的整体项目制作。按照总局规定，我台电视剧制作中心准备吸引社会资本参与，共同进行电视剧的制作和经营，涉及合作的相关业务已开始进入前期调研和初步接洽阶段。四是联合社会力量，跨媒体经营《南方声屏报》。隶属我台的《南方声屏报》已经开始改制，吸引社会资本参与经营，由专业公司提供信息来源，由《广州日报》社负责印刷和发行，我台承担终审职责，在确保导向正确的前提下，实现联合社会力量，跨媒体经营。

周建青：广州电视台的收入主要来源于哪些方面？广告收入占全台收入多少百分比？要把广州电视台做大做强，您认为还要从哪些方面进一步努力？

李锦源：我们台收入主要有几个方面：广告、节目销售、频道资源经营、网络服务经营和少量的物业经营。从总量来讲，广告经营收入占了全台收入的80%~85%。说到做大做强，在事业方面，首先是要进一步提高节目的质量水平，巩固本地主流媒体的地位，我们会按照中心城市电视台的规模和地位，把播出平台做高，把覆盖面做广，把节目门类做得更加齐全；在产业化方面，经营的渠道和手段要更加多样，移动电视、数字电视、网上数据业务的开发、付费频道的发展，都在我们考虑的范围之内；在内部管理方面，要进一步深化改革，建立健全更加适应市场经济要求的现代媒体管理体制和运作机制，目前我们正在探索，一些新的举措会陆续出台。

周建青：您认为现代电视媒体管理体制与机制应该主要体现在哪些方面？

李锦源：以节目制作机制为例，节目制作其实包括了"研发——生产——营销"整个流程，过去过多重视"节目生产"环节，对"市场调查"和"产品营销"环节的关注远远不够。节目生产确实要花力气抓；但是，要生产出高质量、高收视的节目，要充分实现节目的市场价值，前后的两个环节恰恰是关键。只有充分研究受众市场、广告市场、信息市场，完善原创机制，才能在市场的攻守战略中把握主动权，打好"进攻"的主动仗。同时还要培养员工的营销意识，建设一支懂市场、懂节目的专业营销队伍。"营"与"销"两方面都要抓："营"，就是要培养成本核算意识和规范，培养市场价值观和忧患意识，遏止电视节目制作上盲目投入的惯性和陋习；"销"，既是产品的销售，更是"品牌"的销售，应该充分利用市场，抓紧进行二次开发，实现品牌的长远效益。

周建青： 最后，请您用简单的一句话对广州电视台的发展前景加以概括。

李锦源： 用最简单的话说，就是打造一流队伍，配置一流设备，播出一流节目，建设一个全国一流水平的传播社会主义先进文化的城市电视台。

本文访谈发表于《南方电视学刊》2005 年第 6 期。

当代传播教育策略研究

论我国影视行业与影视教育现状、问题及发展策略

我国第一部文化产业专项规划——《文化产业振兴规划》（以下简称《规划》）的发布，标志着文化产业已上升为国家战略产业。该《规划》把影视制作、数字内容和动漫等产业作为重点发展的产业，支持发展移动多媒体广播电视、网络广播影视、手机广播电视等新兴文化业态，推动文化产业升级。《规划》的出台必将对我国影视业的发展、数字视频的制作与高校影视教学的改革产生深远的影响。为此，本文拟对我国影视行业与影视教育现状、问题及发展策略作些探讨。

一、我国影视业发展与影视教育现状

进入 21 世纪以来，影视制作业与影视教育业在我国得到了迅速发展，其现状表现可以概括为以下两个方面。

1. 我国是影视生产大国而非影视产业强国。电影、电视在我国诞生的时间分别有 106 年、53 年，经过这么多年的发展，我国影视业呈现出一片繁荣的景象。以电视为例，其表现为两个方面：（一）播出平台多：我国有电视台 277 座，广播电视台 2609 座，电视频道有 3000 多个；（二）生产

影视剧多： 每年生产电视剧过万集，2007 年达 14670 集，2008 年 14498 集，2009 年 12910 集，2010 年 14800 集。[①] 以电影为例，据电影局公布的统计数据显示，2010 年全年故事影片产量达到 526 部，较 2009 年 456 部增幅达 15%；同时生产动画影片 16 部，纪录影片 16 部，科教影片 54 部，特种影片 9 部，电影频道出品数字电影 100 部。全国城市影院总票房达到 101.72 亿元，较 2009 年 62.06 亿元增长 63.9%。[②]

影视业"量"的繁荣并没有带来"质"的突破，主要表现三个方面：（一）缺乏原创性。近年来，能在国内外获得大奖的影视节目很少；"2008 中国电视剧上海排行榜"上，最具含金量的"品质大奖"空缺。凭借《闯关东》、《北风那个吹》等热剧备受关注的编剧高满堂在"第二届中国影视编剧塘栖雅集"上的发言直指国内电视剧缺乏原创性，"模仿致死，娱乐致死"的情况太严重。（二）影响力小。我国生产的影视节目在国外（尤其是发达国家）影响力非常微弱。电视剧输出局限在亚洲地区及其他国家的华侨聚居区。即使在国外播出，也是在有限的华人社区播出，根本没有进入国外主流社区。（三）利润少。对于国产剧市场遭遇 "量多质不佳"的尴尬，著名编剧石康指出时下电视剧存在市场激励不足的弊端，每年 14000 集的产量却只有一半播出，进入黄金档的更是只有区区 3000 集，资源浪费严重，也让创作者丧失激情。[③] 东方传奇国际传媒有限公司董事长铁佛曾向笔者透露：虽然近年来每年生产的电视剧过万集，但是只有 1 / 3 的公司赚钱，其余则是 1/3 的公司保本，1/3 的公司亏本。

2. 我国是影视教育大国而非影视教育强国。 随着影视技术的不断更新，影视制作政策的不断开放，进入新世纪以来，影视教育发展迅速，主要表现在以下三个方面：（一）开设与影视相关专业的高校多：与影视相关的专业主要包括影视导演、动画、电视编导、教育技术、数字媒体艺术、新闻学、传播学、广告学等。据了解，全国已有近千所高校开设了与影视相关的专业。（二）影视专业学科体系日益完善。影视专业是上世纪 90 年代后半期发展起来的新兴专业。经过十余年的发展，目前许多高校招生影视及其相关专业的硕士生，且有

---

① 王磊：《2010 年电视剧产量创 5 年来新高达 14800 集》，来源：文汇报，http://media.nfdaily.cn/content/2011-02/22/content_22024021.htm。

② 魏伶：《全国城市影院 2010 年总票房增 63.9%》，来源：一财网，2011 年 1 月 7 日，http://www.yicai.com/news/2011/01/647568.html。

③ 轩召强：《2008 年电视剧产量冲顶回落，国产剧市场现"拐点"？》，来源：新闻晚报，http://news.xinhuanet.com/zgjx/2009-02/20/content_10853890.htm。

北京师范大学、中国传媒大学、北京电影学院等高校招收影视方面的博士生。影视专业已经形成了从专科、本科、硕士、博士等阶段完善的学科体系。（三）培养与影视专业有关的毕业生多。以每校每年有一个与影视相关专业的班级毕业，则全国近千所高校每年培养的与影视专业相关的毕业生达数十万人。

虽然有近千所高校开设了与影视相关的专业，但是培养出来的学生绝大多数与社会需求脱节。学电视编导专业、新闻学专业的毕业生不会操作摄像机已不是个别现象，培养出来的影视高材生"眼高手低"普遍存在，更别说培养出在国际上有名的导演与制作人。如此看来，我国与影视教育强国还有较远距离。

二、我国影视业发展与影视教育存在问题

随着广电政策不断开放，影视教育队伍不断壮大，虽然在影视发展与影视教育方面取得了不少成绩，但是存在问题也不少，分述如下。

1. 影视行业发展存在问题。 一是节目重播率高。由于生产内容少，导致电视台重播率高。有的节目或栏目在同一频道重播三四次，同时又在不同频道轮播。一旦有好的影视剧推出，许多台纷纷抢购播出，首轮播、二轮播、三轮播等等，真是"你方唱罢我登场"，好一片热闹。全国各地开发的移动电视，其播出内容基本上是传统电视内容的重播；数字电视所播节目基本上都是传统电视节目，只不过清晰度提高罢了。可看的频道多了，但内容大同小异。二是国产影视精品少。虽然我国每年生产的电视剧过万集，电影数百部；但是真正能经得起市场考验"叫好又叫座"的很少，能取得社会效益与经济效益双丰收的影视作品屈指可数。近年来，电视剧制作翻拍成风，题材重复，穿越剧、谍战剧此起彼伏，远离现实生活。从 2006 年至 2010 年，无一部中国影片在每年一次的戛纳电影节上获奖。2011 年第 64 届戛纳电影节上，我国又无一部影片入围竞赛单元，仍然无缘国际电影节。三是影视复合型人才少。目前，我国培养的影视人才大多是技术型或者理论型人才，这种单一型人才，与市场需求严重脱节。培养的人才懂制作但不懂怎样去开拓市场，因此，在激烈的影视市场竞争中，往往显得被动。根据笔者对全国十多家有影响的影视制作公司的考察，影视复合型人才应该包括以下几个方面素养：（一）善于策划并制作节目（包括采、摄、写、编、导等）；（二）善于开拓国内外市场并具有市场经济知识；（三）善于传媒管理与营销；（四）熟悉国家传媒政策，洞悉国外影视发展趋势；（五）掌握好

一门外语。正如国家广电总局社管司任谦副司长曾对笔者所说，传媒行业需要懂制作、懂宣传、会管理、善经营的人才。[①]

2. 影视教育存在问题。 一是师资力量不够。据了解，高校中很多从事影视教学的教师根本没有从事过影视节目的制作，许多教师是从中文、美学、美术、电教技术等专业调过来的，影视科班出身的教师不多。二是设备投入不足。影视专业是人文学科中的工科专业。据了解，很多高校对影视实验室建设没有投入或投入不够，这种把影视教学当作廉价式教学的做法培养出来的人才很难满足行业需求。三是理论与技术、理论与实践严重脱节。在高校影视专业及相关专业中，许多高校要么重视理论，要么重视技术，导致理论与实践严重脱节。既懂节目制作技术又懂理论的教师少之又少，因此，常常出现了一门课由两位教师来承担，即讲影视理论时由理论型教师在教室里上；讲节目制作时，由技术型教师在实验室里上，这种理论与技术的生硬结合培养出来的学生能力可想而知。四是教学方法陈旧。有些高校对影视专业的教学采用的是封闭式教学，即只重视课室内的"满堂灌"——影视理论教学；忽视了课外动手能力——影视制作能力的培养，由此导致学生制作节目时无从下手，就业时缺乏竞争力。

三、解决影视发展问题，深化影视教学改革

解决影视发展中存在问题的策略措施很多，但关键一点就是培养高质量的影视人才；高质量的人才培养离不开高校影视教学的深化改革。笔者认为，高校影视教学改革可从以下五个方面进行。

1. 适应影视业竞争需要，注重培养影视复合型人才。 随着时代的发展，社会对人才所应具备的知识和能力也发生了根本性变化。在计划经济阶段，影视制作业完全由国家垄断，国营电影厂与电视台生产经营，影视业不存在竞争，因此，对影视人才要求并不高。自从实行市场经济以来，尤其是我国加入 WTO 以来，国家对影视制作行业逐渐放开：由不允许到默许，由默许到试点，由试点到鼓励。现在影视制作业出现了由国有资本、社会资本、民营资本、海外资本等多种资本组合而成的各种所有制。近年来，80% 的电视剧是由社会影视制作公司制作的，90% 的娱乐类电视节目是由民营制作公司制作的，社会影视制

---

① 2005 年 8 月，国家广电总局社管司任谦副司长接受作者专访时所说。

作公司在激烈的传媒市场竞争中呼唤着既会创意策划又懂技术操作，既懂影视管理与营销又懂影视经济且精通外语等具有深厚文化底蕴且实践能力很强的复合型人才。因此，高校影视教学中如果还不与时俱进地转变人才培养目标，那么我们培养的人才就会被时代所抛弃。

2.教师带头创作视频作品，紧跟影视制作先进技术。 传统的影视实验教学往往是教师指导学生上机，教会学生操作设备或应用软件就算完成任务；其实，这种技术型的实验课，学生很容易学会。至于如何创作高质量的作品来，学生还是一头雾水，不知如何下手。因此，实验课的改革应该提倡教师带头创作视频作品。只有通过这个过程，才知道如何提高学生的节目制作能力，从而提高教学效果。此外，影视专业教师还要及时掌握最新的影视数字技术，唯如此，方能保证自己与所教的学生不会落伍。以后期制作为例，面对众多的非编软件，如何选购性价比高且与前期设备相配套的非编软件呢？也许有人认为从网上下载免费的绘声绘影、Premier就行了。对于初学视频制作者还可行，因为免费加上操作简单，所以众多视频制作者入门时大都用过这些软件。不过，这类非编软件特技少，上唱词很不方便。因此，对影视专业的师生来讲，应该熟悉广播级的前期设备与后期非编软件。常用的广播级非编软件有大洋、苹果、AVID、索贝等。影视数字技术升级很快，从模拟到数字、从对编到非编、从标清到高清、从真实到虚拟、从磁带到硬盘与P2卡等，影视技术不断更新，从事影视教学的教师应该与时俱进掌握最新的影视数字技术。

3.运用"四结合"教学方法及改革课程设置，强化视频节目创新能力的培养。 "四结合"教学法是指教师在影视教学过程中运用"讲理论、赏节目、制节目、评节目"相结合方法，旨在培养学生的视频节目创新能力。在目前高校影视教学中，往往注重影视理论教学，忽视学生动手能力培养，因此，培养出的学生"眼高手低"，到了工作单位还要从基本技术学起。如此毕业的学生难以适应当今社会影视制作公司的需要，因为，制作公司在招聘人才时大多是招来即用。如果还要公司培训的话，就会增加公司成本。现在影视制作公司都是精打细算，量化成本指标，追求经济效益的最大化。因此，在影视教学中要不断改革教学方法，突出学生节目创新能力的培养。除在课堂上讲深讲透制作理论外，更要注重把所学理论用于实践，把所学知识转化为能力，因此，教学方法要多样化。譬如在教学中可以把影视界优秀人才请进课堂，让其讲解优秀影视片的制作过程，解答学生制作中的一些问题；再如教学中可以就同一影视素材（最好是教师事先拍摄身边社会生活中的素材而不是从网上下载来的素材）来制作节目，每个学生可有不同的构思，制作出来的节目形态、结构、节奏等往往不一样；然后逐一评析。只要教师开动脑筋，不辞辛劳，就会不断创造出新的教学方法。

此外，影视课程设置要与影视业发展需求紧密结合。目前影视教学中，很多高校在课程设置方面往往片面强调一个方面，要么注重影视理论，要么突出实用技术，这样培养出的人才还是单一型的，难以满足影视行业发展之需要。因此，在课程设置方面，我们要通过市场调研，经过科学论证来设置有关课程，除了开设必要的影视理论与技术方面的课程外，应该还要结合影视业发展需要增设有关课程，如"影视策划与创意"、"影视管理与营销"、"国外影视发展前沿"等课程。只有根据社会需要合理设置影视课程，培养影视复合型人才才有基础。

4. 不断加大影视制作设备投入，积极参加社会各类影视大赛。 影视专业是一门实际应用很强的专业，因此没有足够的投入很难培养符合社会需要的影视人才。据了解，我国大多数开设影视专业的高校 DV 设备配备与使用情况并非令人满意，主要表现在四个方面：一是学校对该专业实验室所需设备投入不足，有些高校只是象征性地购买一些设备，以应付上级的检查；二是部分高校由于经费紧张，要求该专业的学生自备 DV 机或借机一天收费 50 元，从而加重了学生的经济负担；三是设备使用基本上处在满负荷状态，由于设备少，学生多，导致设备使用难以满足正常教学需要。四是设备借还制度不合理，许多高校规定只有上专业课时才可借出设备，这是极不尊重影视创作规律的表现。因此，增加设备投入与修订设备借还制度迫在眉睫。

在影视教学中要强调实践，拓展学生视野，每学期根据所开设的课程，对学生布置适当的实践作业，例如制作短纪录片、专题片、风光片、生活片、搞笑片等。目前，许多电视台开设有 DV 栏目、拍客栏目，如能从学生作品中选送好的短片给电视台播放，这样既能极大地提高学生动手的积极性与学校的知名度，也能为学生赚取制作费。此外，每年参加或举办社会上大型的 DV 创作大赛、短片大赛、动漫大赛等活动，以此来推动影视教学不断迈向新的台阶，例如中国纪录片 DV 类作品大赛、四川电视节"金熊猫"奖国际大学生影视作品大赛、科讯杯全国高校学生 DV 作品大赛、西安国际民间影像节等等。

5. 效果评价，要把校内学生影视制作能力评价与校外影视作品获奖社会评价结合起来。 对于影视教学效果的评价，各高校都有一套评价标准，这套标准往往侧重于师生双方互动、教学过程、教学方法、理论传授等方面的考察，而没有把学生作品在社会大赛中获奖或学生走向用人单位后的实际表现结合起来，因此，目前教学效果评价标准有一定的片面性。影视专业教学效果评价的正确标准应该把校内学生影视制作能力的评价与校外影视作品获奖的社会评价两方面有机结合起来。只有这样，才能促使该专业教学培养的人才满足社会的需求，而不是关起门来搞教学。一所高校影视专业及相关专业培养的人才如果深受用人单位欢迎或其作品能在全国性大赛中获奖，那么这所学校的影视教学是成功的。

随着我国影视业政策的不断开放，影视产业发展十分迅猛。为了把我国影视产业不断做大做强，人才培养必须跟上，因此，高校影视教学中我们可以从上面五个方面进行教学改革。只有这样，才能培养出影视复合型人才，才能不断满足影视制作业发展对人才的需求。

本文系华南理工大学第七届教学成果奖培育项目成果之一，项目编号：Y1100010，发表于《徐州工程学院学报》（社会科学版）2011年第5期。

实验，影视教学通向成功的桥梁
——2007 年中国高校影视教育实验教学学术研讨会综述

自从进入 21 世纪以来，我国高校影视专业与新闻传播类专业蓬勃发展，形成了专科、本科、硕士、博士完整的人才培养体系。但是在这一体系中由于种种原因，大多忽视了通向培养合格人才的桥梁——实验教学。理论与实践的严重脱节，使培养出来的人才往往"眼高手低"，难以适应社会需求。针对我国高校影视教育实验教学的实际情况，华南理工大学新闻与传播学院院长李幸教授、黄匡宇教授于去年 12 月在广州召开的中国高校影视年会上，向与会代表提出召开影视实验学术研讨会会议的动议。今年 6 月 11 日至 14 日，"2007 年中国高校影视教育实验教学学术研讨会"在广州大学城华南理工大学新闻与传播学院举行，本次研讨会由华南理工大学新闻与传播学院、美国品尼高公司北京代表处、广州力富视频科技有限公司联合承办。

经过论文与视频作品遴选，会议邀请了来自全国高校从事影视实验管理与教学的 50 多名专业教师、实验师参加。会议代表围绕"实验，影视教学通向成功的桥梁"这一主题，就当前影视教学中共同关心的问题展开了热烈的讨论。

一、实验教学：非廉价式教学，也非封闭式教学

随着高校扩招，我国高校影视专业与新闻传播类专业正以前所未有的规模向前发展。截至 2005 年，在教育部备案的影视专业点达 200 多个，新闻传播类专业点达 661 个。影视专业与新闻传播类专业作为人文学科里的工科，实验室建设非常重要；但是据对开设这些专业高校的调查，很多高校对实验室建设没有投入或投入不够，这种把影视专业与新闻传播类专业的教学当作廉价式教学的做法培养出来的人才常常与社会需求脱节。目前，实验教学远没有达到影视传播类教育的要求，影视实验教学存在诸多问题。

中国青年政治学院罗自文认为当前影视实验教学中存在的问题主要有三个方面：一是实验室设备缺乏，二是实验设计落后，三是实验教学管理滞后；针对这些问题提出了三个对策：一是运用数字化技术与科学的时间分配克服实验设备障碍，二是运用"微格法"、"纠错法"和"心得法"改进实验设计，三是借鉴美国经验改革实验教学管理。中国传媒大学黄学建博士认为影视实验教学有"获得知识、激发兴趣、思辨训练、培育品格"等教育功能，但是严重滞后的实验教学"已经成为制约影视教育、培养合格人才的瓶颈"。他从影视教学的观念、师资、设备三个方面分析影视教学的现状，认为要从影视教改理念、对象、目标等方面推进实验教学改革，打造影视教育利器。海南大学晏凌分析了海南大学影视实验在课程设置不合理、实验师资力量缺乏、实验设备投入不足等问题上，提出了改革实验教学的新模式。华南农业大学丁玲华、简效良就该校 DV 剧《南方的天空》摄制过程中所遇到的主要问题，阐述了影视综合实验室的构成及其在实验教学中的作用，并且从验证性实验、操作性实训、综合性实践三个阶段介绍如何完善影视实验教学体系。

有些高校虽然实验室建设有一定的投入，但是在实验室开放方面却有许多条条框框，甚至规定只能在上专业课时间开放，完全限制学生操作设备的时间，以至实验设备成了聋子的耳朵——摆设。这种封闭式的实验教学与管理，不利于培养学生的动手能力。

华中科技大学何志武、张华鸣、骆昊等认为传统实验教学中存在"重共性训练，轻个性培养；重模仿，轻创新"等问题，针对这些问题，他们提出影视实验教学必须实现"从验证性实验到创新性实验"的转变，而"创新性实验必然是开放性实验"，由此，他们认为开放性实验室必须保证空间和时间上的充

分开放，要让学生成为实验的主导，要让学生与时俱进地掌握影视新技术。浙江财经学院张立勤认为当前影视实验教学在教学内容上实践课沦为"翻版"理论课，在教学形式上一直沿袭封闭式教学模式，在教学队伍上存在师资不足且知识结构不合理问题；对此，提出三个对策：教学内容体现"说"与"做"的统一，教学形式凸现学生的主体角色，打造"双师型"实验教学队伍。广西职业技术学院邓洪燕就当前高职新闻教育实验教学存在的问题提出了"化整为零"的教学构想，她认为"化整为零"实验教学的核心是打破新闻教育"大锅饭"的常规教育方式,将一系列新闻理论的教育化分到各个实验教学的环节中去；"化整为零"的目的"在于让学生在不断实践（做）的过程主动地去认识（学）"。

二、实验教学：教学方法要不断创新，培养人才要与时俱进

在影视实验教学中，用哪些教学方法来培养什么样的人才，成为这次研讨会的主要话题之一。

华南理工大学周建青认为影视制作业是个"朝阳产业"，社会影视制作公司呼唤着大量的影视复合型人才。高校影视教学如何培养这种人才，他认为可从五个方面进行：一是人才培养目标要与时俱进；二是课程设置要与市场需求紧密结合；三是强化能力，教学方法要不断创新；四是强调实践，实验室建设要加大投入；五是加强评价，要把校内影视教学评价与校外社会评价结合起来。大连理工大学柴玥认为媒介素养教育的开展，为影视实验教学方法的改革提供了新的教学思路和借鉴；影视实验教学方法改革要将实验课与影视理论课相结合，要与专业实习相结合，要与课外活动相结合，同时要加强影视实验课自身教学模式的改革。浙江传媒学院李灵革就广电新闻专业实验教学内容的设置与安排介绍了该校的做法：增加实践教学时间，合理安排实践教学进程，确保学生熟练地掌握从事广电媒介的基本技能；合理安排实验教学内容与作业，增强学生实践操作能力。中国科学技术大学黄雯以本校校园 DV 为例，阐述了理工类高校 DV 的发展现状及趋势。苏州大学周建军认为当代大学生影视创作素养的培养，要注重四个方面素养的培养：较高的政治素养、较为全面的知识素养、相对完善的伦理道德素养和精深的业务素养；影视专业的知识素养主要集中在基础知识、传播学知识、媒介管理知识三个方面；业务素养主要包括观察能力、表达能力、操作技能三个方面的内容。暨南大学韩丙祥在探究影视数字编辑实

践课程教学的新方式方面有新的做法，具体表现在：运用二维教学法，主线纵向讲解，辅线横向补充；运用案例教学法，将学生引入专业制作领域；运用任务驱动教学法，任务驱动作业，走进媒体业界；提升层次，培养学生艺术创作能力。广东工业大学黄迅对艺术设计专业应用多媒体教学从作用、问题与对策三个方面进行了阐述。

三、实验教学：研究节目是基础，做好节目是目的

要做好节目，离不开对影视节目的研究。在这次研讨会上，众多专家就影视节目中声音运用、蒙太奇技巧、影视结构、影视语言、影视营销等方面展开了研讨。

中国传媒大学张国涛博士在研讨会上重点分析了影视声音剪辑的逻辑依据。他认为在影视剪辑中，声音可以使画面的组接更自由，更富有变化和内在的联系，这种内在的联系表现为声音的各组成部分都有着自己不同的逻辑依据，也就是用语言、音乐完备的思维方式和音响自身独特的结构手段作为串联起画面的线索，分别表现为语言的语意逻辑、音乐的情感与形式逻辑和音响的事件逻辑。对影视剧声音叙事的运用，东莞理工学院严前海认为影视剧应该在声音、视觉和叙事上达到高度的统一；影视剧的音乐是融化在影视总体结构的构思当中，它与影视的题材、主题、镜语、叙事风格、叙事节奏等相互激荡，造就了影视剧的感人力量。中山大学鞠英辉重点阐述了在电视教材中如何运用蒙太奇技巧来增强屏幕形象的表现力与增加教学信息量等问题，针对不同的教学目的与教学内容，应用不同的蒙太奇技巧来表现。天津师范大学陈爱华在分析了电视艺术片审美特征之后，认为电视艺术片审美意蕴是通过色彩、光线、画面构图等语言的电视造型艺术来传达给观众的。华南农业大学蔡晓辉以广东卫视新闻节目《粤港澳零距离》（黄匡宇主播版）的营销策略为例，指出媒介需要从满足顾客需求的角度出发，通过品牌营销、整合营销、体验式营销等方式，创新电视营销理念和营销行为。

"电视真人秀"与"电视购物"节目及新媒体"播客"的发展也成为探讨的内容。武汉大学张卓就近年来蓬勃发展的真实电视的节目类型特征作了深入的分析：从形式方面来看，真实电视是跨类型的"合成品"；从内容方面来看，真实电视是多元化的真实表演。广东外语外贸大学何钢就电视购物节目发展的

新趋势进行了分析，他认为新型的电视购物节目综合了生活服务节目、娱乐节目、电视广告的特点，成为了一种独立的电视节目新形态。近年来，"播客"的兴起对传统广电媒介的传播功能提出了挑战，江西省宜春学院孙立群在介绍我国播客发展现状与播客主要功能后，认为播客作为新媒体的代表并不能完全取代传统媒体的地位，正确认识播客与传统媒体、提高播客的内容和质量、打造高口味播客节目是当前播客传媒人的任务。

此外，华南理工大学新闻与传播学院的研究生们对电视新闻节目的研究成果令人欣喜，姚瑶通过运用大量图表与实例对电视新闻中屏幕文字的表现形式、应用情况、视觉原理及其作用作了深入的分析；黄晓慧通过对台湾中视、民视、TVBS、年代新闻等电视台报道"马王春酒"新闻的分析，解析台湾电视新闻在制作过程中是如何精耕细作的——台湾电视新闻节目创新使用的各种传播符号，无论是抽象的、具象的、主观的、客观的、声音的、图画的，一切皆为说明新闻的价值所用；朱浩通过大量实例，深入分析了同期声在电视新闻中的"立体化效应"；魏军从传播效果角度具体分析了电视新闻中同期声的作用；卢艳锋通过对台湾四家媒体对同一新闻的报道具体阐述了画面在电视新闻中的作用以及"内容为王，形式是金"的节目理念。

四、实验教学：教师要经常下水，技术要不断更新

对于影视实验教学，虽然完善的设备投入十分重要，但是合格师资的备配同样不可忽视。实验教学中，合格的专业教师除了具备深厚的节目制作理论外，还要具有较强的节目制作能力，策划、编导、摄像、撰稿、后期制作等各个环节教师都应熟悉。教学中，教师要不断下水，深入一线制作影视节目。只有备配合格教师，实验教学才能取得理想效果。令人欣喜的是我国部分高校一些专业教师不辞辛苦，深入实践制作影视节目，这次研讨会上提交的影视作品就是明证。

在华南理工大学新闻与传播学院影视技术培训中心观摩的视频作品，都是从与会人员在实验教学中主创的电视作品里精选出来的，其中有中山大学传播与设计学院鞠英辉主创的《新闻调查：社会热点问题纪实》，有南京师范大学新闻与传播学院那长春主创的纪录片《走进三江源》，有上海交通大学媒体与设计学院钱荣昌主创的《踏海逐浪，寻宝觅珠》，有上海师范大学天华学院艺

术系朱花主创的《同济大学力学实验中心》，有河海大学公共管理学院传播系高新春主创的《三峡移民浙江安置情况采访手记》，有广西职业技术学院文化与传播系马忠强主创的《未来——系在瑶山下》，有华南理工大学新闻与传播学院周建青主创的宣传片《前进中的华工南校区》等等。所有播放的作品，都得到了电视传播理论与实务著名学者、华南理工大学南方传媒研究所所长黄匡宇教授的中肯点评；会上，主创人员就制作过程中的体会进行了交流。

随着高科技发展日新月异，影视技术升级换代速度迅猛：从模拟到数字，从对编到非编，从标清到高清，从真实到虚拟，从磁带到硬盘等等。影视技术不断更新，实验教师也应与时俱进掌握新技术。在这次研讨会上，广州力富视频科技有限公司工程师、非线性编辑培训师尹先锋经理对影视后期制作技术的最新发展做了介绍，并解答有关非线性编辑中遇到的技术问题。

此次会议开启了我国高校影视实验教学学术研讨与实务交流的新格局，对推动高校影视教学走向理论与实践更紧密结合的科学发展之路，具有重要的现实意义。

本文发表于《现代传播》2007年第4期。

传播学专业人才培养模式探析

截至 2005 年 4 月底，在教育部备案的新闻学类专业点已达 661 个，其中新闻学专业 209 个，广播电视新闻学专业 146 个，广告学专业 232 个，编辑出版学专业 50 个，传播学专业 24 个。面对新闻传播学教育发展现状，中国新闻教育学会会长何梓华教授撰文指出，我国新闻传播教育存在四大问题：超常规发展、供过于求、与市场需求存在偏差、研究生教学内容没有拉开档次。[①] 作为近几年兴起的传播学专业，如何培养出符合社会发展需要的人才，是值得每个从事传播学专业教育者深思的问题。为此，本文就传播学专业人才培养模式作些探索。

所谓"人才培养模式"，其基本内涵应当包括培养什么人（培养目标）、教什么（培养内容）、用什么方法（培养环节与培养方式）等三个方面[②]。对传播学专业而言，培养什么样的传播人才、设置哪些专业课程、如何进行教学设计、采取怎样培养途径等这些问题，是传播学专业人才培养模式要考虑的主要内容。

[①] 何梓华：《新闻教育四大问题及对策》，采.写.编，2005 年第 5 期，第 9~10 页。
[②] 雷跃捷、金梦玉：《传媒高等教育论》，河南大学出版社，2003 年版。

一、国内外传播学专业人才培养模式介绍

自从 2001 年调整普通高等院校本科专业目录时增设传播学专业以来，教育部已经陆续批准了 20 多所高校在本科阶段开设传播学专业。既有综合性大学开设这个专业，也有理工科大学、行业性大学设置这个专业。由于传播学专业在我国高教中是个新兴专业，没有现成的经验和培养模式可以借鉴，因此，其人才培养模式还处在探索阶段。下面首先对国内外传播学专业人才培养模式进行简单介绍。

1. **国内传播学专业人才培养模式。**国内传播学专业人才培养模式怎样，其有哪些特点，下面选取四所代表性大学进行介绍，具体情况见表一：

表一：国内四所大学传播学专业人才培养模式介绍

大学名称	专业名称	培养目标	主干课程	培养途径与特色	备注
中国科技大学	传播学	培养能从事网络传播与电子出版、新闻采写与图书编辑、国际版权贸易、科技政策与决策咨询以及相关教学与科研工作的新型高级专门人才；又能在工商企业、文化教育诸部门从事传播策划、企业形象传播与品牌管理等工作。	传播学、新闻学、编辑出版学、传播学经典文选（英语）、数据库技术、多媒体技术、网络编程技术、摄影与摄像技术、传播伦理与法规、科学普及、现代信息技术前沿、传播产业与媒介管理、新媒介研究专题、网络电视专题	理论与实践并重、科技特色鲜明，高年级学生直接参与导师的科研项目，有着广泛的实践机会	掌握科技传播与电子出版理论与实际技能为重点。
华中科技大学	传播学	培养掌握网络传播技能以及综合传播实务能力的复合型人才；能在新闻出版、网站、电子商务、网络公司、政府信息部门以及企事业单位，从事传播策划设计、内容采编、技术制作、营运管理、信息分析研究、网络营销与电子商务的工作。	传播学、新闻学、信息学科、新媒体传播实务、媒介技术、媒介管理与控制数字网络传媒、科技与传播、传播学的理论和方法等	强化网络信息传播和数字新媒体的学习，加强数理科学的训练，体现文理大跨度交叉的办学特色。	以网站营运、数字化信息化建设与应用、科技传播为学习重点。

大学名称	专业名称	培养目标	主干课程	培养途径与特色	备注
北京交通大学	传播学	旨在把学生培养可在宣传部门和企事业单位从事国际文化交流、涉外公关、广告策划、媒体拓展以及从事相关的教学和科研工作	英语精读、视听、会话、西方文化、英美文学史、跨文化传播、媒介经营与管理、媒体采访与写作、西方文化与西方传媒、网络传播实务、广告学概论	以过硬的英语技能为利器，以良好的传播学素养为提升的新型办学思路，具有阶段定位明确、服务目标前瞻等特点	传播学（国际传播方向）
复旦大学	传播学	培养能够从事现代传播媒体与社会组织机构的业务操作及组织管理、网络媒体新闻采编与运行管理、媒介市场分析与媒介经营管理等工作的高素质新闻与传播人才。	新闻学概论、传播学概论、新闻业务通论、传播法规与伦理、媒介与社会、大众传播与大众文化、跨文化传播、新媒体传播与发展、网络新闻传播原理与应用、世界传播事业概况、媒介经济理论、媒介经营与管理、网络基础技术与应用	接受新闻采编业务、传播学研究方法、网络媒体技术以及媒介经营管理的基本训练，熟练掌握一门外语。	设网络传播和媒介经营管理两个专业方向

说明：此表由作者制作。

从表一可以看出，无论是综合性大学还是理工类大学，虽然传播人才培养模式各具特色，但是，其还是脱离不了新闻学人才培养模式；这些高校开设的传播学专业，实际上就是大众传播学专业。

2. 美国、新加坡及中国台湾地区传播学专业人才培养模式。 在美国，"传播学教育已经基本摆脱了与新闻学教育的胶着关系，建立了以社会学为依托，在加强社会科学理论素质培养的同时，又注重实际业务技能培养的教育模式。"[①] 美国、新加坡等国大学在传播学专业课程设置方面，分为基础理论课、专业技

---

① 阮志孝：《传播学的发展趋势、学科教育与就业问题》，来源：《西南民族大学学报》，http://www.ddcbxj.com/Article/showArticle.asp?ArticleID=1085，2006年1月13日。

能课与传播素质课三类；我国台湾地区的世新大学传播学院从人际传播与资讯传播角度，分为口语传播学系、资讯传播学系。这些院校传播学专业课程设置如表二所示。

表二：美国、新加坡、台湾地区部分院校传播学专业课程设置统计表[①]

学校	专业	课程分类	代表课程
美国南加州大学传播学院	传播学	基础理论课	传播性质与影响、作为社会科学的传播、作为人文的传播、传播实证研究、传播技术概论、人类传播原理与实践
		专业技能课	商业与专业传播、组织传播调查、受众分析、网络出版设计与图形、传播系统与技术、电信传播策略分析
		传播素质课	媒介与社会、虚拟群体传播、辩论与推理、跨文化传播、人类传播伦理、非语言传播、传播和全球组织等
新加坡南洋理工大学传播学院	传播学	基础理论课	传播理论、大众传播、功能与过程、传播基础研究、受众研究方法、高级传播研究方法
		专业技能课	基础媒介写作、计算机在媒介的应用、营销传播、视觉传播、媒介计划策略、编辑与辅助编辑、公众和营销传播等
		传播素质课	人际传播原理、媒介与社会、媒介系统管理、统计与数据分析、跨文化传播、媒介法与伦理、传播心理学等
台湾世新大学传播学院	口语传播学系		语言与领导艺术、辩论学、语言与逻辑、沟通与社会变迁、人际沟通、文化传播、健康传播、访谈原理与实务、语言表达艺术等
	资讯传播学系		资讯传播学概论、资讯组织学、资料库存系统专题、传播科技概论、网络资源检索与应用、资讯产业研究等

说明：此表来源于陈国利、张卫斌、张巧英写的《传播素质教育——传播教育本土化发展新思路》一文，发表于 2004 年《传媒》第 7 期第 59~61 页

从表二可以看出，美国、新加坡及中国台湾地区的部分院校的传播学专业

① 陈国利、张卫斌、张巧英：《传播素质教育——传播教育本土化发展新思路》，传媒，2004 年第 7 期，第 59~61 页。

基本上摆脱了传统新闻学的教育模式，侧重于从人际传播、组织传播、资讯传播、传播技术、传播语言、传播效果、传播与社会等方面来设置课程，着重培养学生的实际传播能力。

二、对当前传播学专业人才培养模式的思考

传播学是 20 世纪出现的一门新兴社会科学，它的产生有深厚社会背景与学术背景，它与 20 世纪的政治、战争、大众文化、充分的市场经济等有直接关系，与自然科学、技术科学的成果有直接关系，与社会学、政治学、心理学等人文、社会科学的成果有直接关系。[①] 因此，传播学专业在人才培养模式方面要科学定位，积极借鉴其它学科成果，合理设置课程，加强传播技能训练。具体来说，要考虑以下几点：

1. 构建传播学专业人才培养模式要有战略眼光，根据社会发展需要来确立。 随着我国社会经济的转型及加入 WTO，媒体间竞争越来越激烈，传统的新闻学培养人才模式难以适应社会发展的需要，这为新兴的传播学专业提供了广阔的发展空间，因此，我们在构建其人才培养模式时要有战略眼光，站在社会发展与世界潮流的角度，科学地构建传播学专业人才培养模式。

2. 构建传播学专业人才培养模式要有市场意识。 英国新闻教育学会会长罗德·艾伦曾明确强调："我们必须要有超前意识。今年进校的学生要几年后才进入市场接受检验，我们应当考虑到他们毕业时市场需要什么。我们一方面要倾听传媒业界的意见，同时要自己做判断，根据业界对现状的分析，预测他们在未来几年的具体需求。……超前主要是指观念而非技术。"[②] 培养新闻学人才是如此，培养传播学人才也是如此。无论是侧重于人际传播与组织传播人才的培养，还是侧重于大众传播人才的培养，必须要有清淅的人才定位，根据市场发展需要，培养适应性强且具特色化的传播人才。

3. 传播学专业人才培养模式课程体系要与时俱进。 在美、英、日等国的传播专业教育领域中，课程系列分为技术型、理论型和管理型三类。技术型课程集中在掌握对媒介工具的使用；理论型课程重点探讨传播的功能和效果等；管

[①] 段京肃：《传播学教学的"热"与"难"》，国际新闻界，2006 年第 5 期，第 18 页。

[②] 钟新：《新闻学与传播学严格分界——专访英国新闻教育学会会长罗德．艾伦》，国际新闻界，2002 年第 4 期，第 37~40 页。

理类型的培养目标是使受教育者掌握媒介经营策略、媒介组织的领导与决策等方面的知识和技能。[①] 对于国外的传播专业课程体系，我们可以借鉴；但是必须强调的一点是在课程设置方面，我们要通过市场调研，经过科学论证来设置有关课程，除了理论与技术方面的课程外，还要结合行业发展需要及时调整或增加有关课程。只有课程体系与时俱进，培养传播学复合型人才才有基础。

4.传播学专业人才培养途径与方法要结合高校自身特色与优势，扬长避短。传播学专业的设置不能像前几年新闻学专业那样，一窝蜂上。高校设立传播学专业之前，要反复论证，认清自己的特色与优势在哪里，培养的途径与方法有哪些，传播实验室建设的专款有多少，学生毕业后到哪里去……只有全面考虑这些问题，传播学专业人才培养才会有的放矢。

三、对我校传播学专业人才培养模式的探析

我国高校本科传播学专业兴起才6年时间，从20多所大学开设传播学专业来看，都是处在"摸着石头过河"阶段。虽然时间不长，但是各高校传播学专业人才培养模式还是各有特色。下面对我校传播学专业人才培养模式进行探析。

1.结合社会发展与人才培养需要，确立影视传播方向，培养适合市场需要的影视复合型人才。经过一年多的论证，我院秉承"厚基础、强能力、高素质、宽适应"的办学理念，确立了"以文化传播立基础、以新闻传播拓市场、以品牌传播树特色"的办学思路。在传播学专业人才培养模式中确立了影视传播方向，这主要是根据社会发展与市场需要来确立的。随着我国文化产业改革的进一步到位，电视台逐步实行"制播分离"，非新闻类节目制作逐步推向市场，由社会影视制作公司制作。现在影视制作业出现了由国有资本、社会资本、民营资本、海外资本等多种资本组合而成的各种所有制。近年来，80%的电视剧是由社会影视制作公司制作的，90%的娱乐类电视节目是由民营制作公司制作的。随着数字电视、网络电视、移动电视、楼宇电视、手机电视等新媒体的发展，需要大量的节目内容来填充，因此，影视制作业是个"朝阳产业"。社会影视制作公司呼唤着既懂技术操作又会创意策划，既懂影视管理与营销又懂影视经济，既精通一门外语又具有深厚文化底蕴且实践能力很强的复合型人才。目前，

---

① 高红玲：《传播学专业教育的特殊性和教学方法创新之探讨》，国际关系学院学报，2006年第5期，第2页。

我院传播学人才培养目标正朝着培养社会急需的复合型人才而努力。

2.结合学校地域特点,科学进行教学设计,构建合理、实用、高效的课程体系。 在传播学课程体系设置方面,我院打破传统新闻类培养模式,加强非新闻类课程的教学,为培养复合型、创新型人才提供智力支持。首先确定传播学(影视传播方向)、广告学(品牌传播方向)、编辑出版学(电子出版与网络编辑方向)三个专业的学科基础课全部打通;其次表现在压缩新闻类课程的教学时间,把新闻学中的一些必修课合并,开设"摄影与摄像"、"采访与写作"、"中外新闻传播史"等课程,这样可以节省时间来开设《传播信息技术》、《高等数学》等理工课程及增开传播学专业特色课。第三,对部分专业必修课实行双语教学,以此提高学生英语交流及运用专业英语能力。第四,大三第二学期开始大实习(平时寒暑假组织学生小实习),这样有利于学生实习时发现自己的不足,再回到学校弥补,从而不断完善自己。第五,开设不同层次的专题讲座:一是请学院聘请的来自广东省各大媒体的兼职教授(都是南方传媒领袖人物,包括驻广州的国家级媒体的领导、省市各大媒体的主要领导)讲传媒的现状与未来,二是请获得全国或世界大奖的优秀制片人、导演、记者讲实务操作,三是请国外著名的学者讲国际传媒的发展。所有这些,都是在尝试构建一个合理、实用、高效的传播学课程体系。

3.结合学校工科优势,强化影视传播技能训练,为学生"上手快"提供良好的学习环境。 影视传播学是文科里的工科,动手能力的培养十分重要,因此,要加大实验室建设投入。目前,我校对传播学专业建设投入了600万元,购买了索尼与松下数码摄像机53台、数码相机40台、非线性编辑机40台,建设好了影视节目制作室与演播室,所有这些为提高学生的影视制作技能提供了了良好的实践环境。在实验室开放时间方面,我院安排了专职的实验管理员与数名学生助管员轮流值班(双休日也不休息),学生借还设备十分便利。此外,通过学院一年一届持续一个月的赫尔墨斯文化节中新闻摄影大赛、平面广告设计大赛、校园MV大赛、影视节目二次包装大赛与DV作品创作大赛等一系列极具学院特色的文化活动,极大地提高了学生影视节目制作能力。

4.结合学院人文特色,加强人文素质教育与创造性思维培养,为学生"后劲足"打下坚实的基础。 在职业技术学院及一些新闻院校里与影视传播相关的专业(例如教育技术学、广播电视新闻学),大多注重对学生操作能力的培养,忽视了对学生人文素质教育与创造性思维的培养,这种单一的应用型人才,虽然上手很快，但是后劲不足。在我国综合性大学里，往往把文学院、新闻与传播学院分设为两个独立的学院，新闻与传播学院开设的课程往往重视新闻课程的设置，忽略人文课程的安排；而我校新闻与传播学院承担了全校人文素质课的教学任务，因此，汇聚了文学、哲学、美学等专业的资深教师（说明：我校没设文学院），这些为传播学专业开设人文基础课提供了很好的师资保障，人文课的开设为学生走向社会"后劲足"打下了坚实的基础。

5. 积极举办或参加国内外与校内外各种影视传播活动，提高学生影视研究与制作能力，扩大学院传播学专业知名度。 近年来，通过举办"中国高校影视学会第十一届年会、第四届中国影视高层论坛"以及每年一届的"南方传媒高峰论坛"与"南方品牌高峰论坛"，极大地提高了学院在全国的知名度，为传播学专业学生实习与就业作了很好的铺垫。2003级与2004级学生全部安排在广东各大媒体与大型企业实习，实习单位对本学院学生的实习表现非常满意，今年即将毕业的2003级学生已经全部落实了工作单位。此外，通过与美国品尼高视频公司联合举办"2007年中国高校影视教育实验教学学术研讨班"，进一步推动着我院影视教育实验的改革；通过组织学生参加校内外各项DV大赛、网上播客及节目交流活动，切实提高学生的影视策划与制作能力。

总之，传播学专业人才培养模式在传播学发源地美国日益成熟，在我国还处在探索阶段，如何结合本土特色借鉴国外经验，探索一条中国式传播学人才培养模式，值得每个传播学教育者深思。笔者撰写拙文，在于引起更多学者对传播学人才培养模式的探讨。

本文为作者主持的华南理工大学教学研究课题《传播学专业（影视方向）人才培养创新研究》系列成果之一，项目代码为G07－Y1060460，发表于《华南高等工程教育研究》2007年第2期。

后记

　　《当代影像传播与媒体发展研究》是我从 2002 年至 2012 年 10 年间发表的论文中筛选出来的论文集，是对自己学术生涯的一个阶段性总结。书名来自于我攻读硕士学位与博士学位的两个研究方向。2001 年我考上了暨南大学新闻学专业硕士研究生，师从黄匡宇教授研究影像传播（电视新闻方向），毕业后在华南理工大学新闻与传播学院从事电影电视与新媒体传播的研究与教学。读博期间，师从罗以澄教授，主攻研究媒体发展。从所选论文研究内容来看，均未离开"影像传播"与"媒体发展"范围。

　　出版论文自选集通常是成名成家之后的事情。是我的同事赵泓副院长热情鼓励再三，使我终有集结出版的动力。

　　回顾我 10 年来发表的文章，发现内容涉及电视新闻、纪录片、网络电视、地铁电视、民营影视、传媒教育、粤港媒体、新媒体影像传播等诸多方面，其内容、观点并未随着时间的推移而过时，今天仍有参考和应用价值，于是便有了这部抛砖引玉之作。

　　回想 10 年学术之路，要感谢的师友甚多，是他们引领我走向学术之路。拙稿也凝聚了他们的心血与智慧。

　　成书过程中，华南理工大学新闻与传播学院 2009 级编辑出版专业梁嘉欣同学负责本书内文的版式设计与封面设计，世图广东公司的责任编辑阮清钰先生以及领导给予了鼎力支持，在此一并致谢。

2013 年 2 月 1 日于华南理工大学